Beck-Wirtschaftsberater
Investmentclubs

dtv

Beck-Wirtschaftsberater

Investmentclubs

Gemeinsam den Schritt an die Börse gehen

Von Martin Aehling

Deutscher Taschenbuch Verlag

Orginalausgabe

März 1998
Redaktionelle Verantwortung: Verlag C.H. Beck, München
Umschlaggestaltung: Fuhr & Partner Design-Agentur, Frankfurt a. M.
Satz: Fotosatz Otto Gutfreund GmbH, Darmstadt
Druck und Bindung: C.H. Beck'sche Buchdruckerei, Nördlingen
ISBN 3 432 508175 (dtv)
ISBN 3 406 436765 (C.H. Beck)

Vorwort

Seit dem Börsengang der *Telekom* im November 1996 und den folgenden Kurssteigerungen der T-Aktie hat sich auch bei vielen Anlegern herumgesprochen, daß die Wertpapierbörse nicht nur ein Parkett für Profis und Spekulanten ist. Die erfolgreiche Werbekampagne der *Telekom*, zahlreiche spannende Neuemissionen und die boomende Börse in den Jahren 1996 und 1997 haben den Banken eine Flut von Depoteröffnungen beschert. Etwa 700 000 „neue" Aktionäre wagten den Einstieg ins Börsengeschehen, viele sind trotz anfänglichem Zögern doch auf den Zug mit aufgesprungen.

Gleich ob Student, Betriebswirt, Hausfrau oder Handwerker: alle wollten mit dabeisein oder hatten den Traum vom schnellen Geld. In den Banken spielten sich zum Teil absurde Szenen ab, einen Termin für eine Depoteröffnung zu bekommen war vielfach nicht einfach und auch die Telefonzentralen der Direktbanken waren zeitweise der Überlastung kaum gewachsen. Viele der Anleger erzielten in kurzer Zeit hohe Gewinne, andere nicht so risikobereite schauten der Entwicklung hinterher.

Ob sich damit allerdings eine nachhaltige Wandlung im Denken von Anlegern vollzogen hat, wird sich erst herausstellen, wenn die Kurse auch mal in die entgegengesetzte Richtung laufen und Verluste realisiert werden. Manfred Krug hat zwar als Werbeträger der *Telekom*-Emission mit seiner Erläuterung des Unterschiedes zwischen einer Flasche Bier und einer Aktie sicherlich einiges für den Erfolg des Börsengangs geleistet, zur Aufklärung von Anlegern war das allerdings kaum geeignet. Am Neuen Markt kam es denn auch zu heftigen Kurssprüngen, bei denen sich viele Anleger verspekuliert haben.

Ganz anders machen es da etwa 5000 Anlegergemeinschaften, zumeist Investmentclubs, in denen sich rund 120 000 Anleger zusammengeschlossen haben. Unter dem Motto „Gemeinsam geht es besser" bündeln sie Gelder in einem Topf, um sie selbständig an den Wertpapiermärkten anzulegen. Unzufrieden mit hohen Mindestgebühren, schlechter Beratung, Bevormundung oder dem

„auf sich allein gestellt sein", aber auch aus Interesse an Wissensaustausch, gemeinsamer Erfahrung und unabhängigen Entscheidungen nehmen sie ihr Börsenschicksal selbst in die Hand und sind dabei oft recht erfolgreich. Die Gründe hierfür liegen auf der Hand:

Aktien sind langfristig die rentabelste Form der Geldanlage, als Beimischung zu anderen Anlageformen erhöhen sie den Ertrag und die Sicherheit der gesamten Geldanlage. Je länger der Anlagezeitraum, um so positiver fällt das Ergebnis für die Aktie aus, sowohl hinsichtlich des Ertrages als auch hinsichtlich der Sicherheit. Im langfristigen Vergleich ergibt sich dabei ein durchschnittlicher Gewinn von mehr als 10 % pro Jahr. Erstaunlich ist da manchmal eher die Naivität von Sparern, die es den Banken überlassen, mit ihren hohen Spareinlagen im Eigenhandel, mit Beteiligungen oder im Firmenkreditgeschäft Gewinne von 10 bis 25 % pro Jahr zu realisieren. Daß von dem gesamten Geldvermögen deutscher Haushalte in Höhe von ca. 5 Billionen DM immer noch 60 % auf Bankkonten und bei Versicherungen liegen, während nur etwa 6 % in Aktien angelegt werden, spricht allerdings nicht für eine Berücksichtigung dieser Tatsache.

Die Einzelberatung in den Banken kann die nötige Aufklärung und Erläuterung der Vor- und Nachteile einzelner Wertpapiere für viele Kleinanleger nicht leisten. Oft werden standardisierte' hauseigene Produkte angeboten oder Tips gegeben, die nicht besser oder schlechter als eine eigene Zufallswahl sind. Wissensvermittlung und Hintergrundinformationen, um das Börsengeschehen nicht nur nachvollziehen, sondern aktiv Anlageentscheidungen treffen zu können, sind dort kaum zu erwarten. Auch mit Zeitschriften und Börseninformationsblättern, Tips von guten Bekannten oder Empfehlungen professioneller Berater machen viele Anleger nicht nur gute Erfahrungen. Daß Bankberatungen oft Mängel aufweisen und Infobriefe mit ihren Tips meist danebenliegen, hat schon die Zeitschrift „Finanztest" der Stiftung Warentest im Mai 1995 ausführlich dargelegt.

Dabei gehört ein Mindestmaß an Erfahrung im Umgang mit Wertpapieren und ein Grundwissen über das Börsengeschehen und die Bestimmungsfaktoren der Kursbildung dazu, um die Vorteile dieser Anlageform richtig nutzen zu können. Gerade die Risiken der Wertpapieranlage sind vielen Neueinsteigern nicht bewußt. Dauerhaften Erfolg erzielt man eben nicht durch kurzfristiges Handeln, sondern mit einer ausgewogenen und langfristig angelegten Anlagestrategie. Diese Erfahrung machen viele Anleger erst nach schmerzlichen Verlusten oder sie wenden sich nach Anfangsfehlern von dieser Anlageform ab. Sicherlich ist ein Sparbuch oder eine Kapitallebensversicherung unkomplizierter und erfordert weniger Aufmerksamkeit. Von den Renditen, die z. B. die Versicherungswirtschaft für ihre Anteilseigner erwirtschaftet, können die Versicherungskunden allerdings nur träumen: Seit Ende 1987 haben Assekuranzaktien im Schnitt um jährlich 15 % zugelegt.

Andererseits halten bestehende Vorurteile, Unwissenheit und das Fehlen verläßlicher Informationen viele Anleger davon ab, sich überhaupt mit der Wertpapieranlage zu beschäftigen. Die verbreitete Verunsicherung bei diesem Thema ist groß. So finden sie nicht den Zugang zu dieser Anlageform, sei es, weil sie das Risiko scheuen oder falsche Vorstellungen davon haben. Zudem sind die Kosten der Wertpapieranlage vielfältig sowie unübersichtlich und für kleine Anlage- oder Sparsummen zu hoch. Die Direktbanken liegen mit ihren Gebühren zwar niedriger, jedoch ist hier der Anleger aufgrund fehlender Beratung ganz auf sich allein gestellt.

Angesichts dieser Tatsachen haben sich in den letzten Jahren immer mehr Clubs gegründet, um gemeinsam dazuzulernen, eigene Anlagestrategien zu diskutieren und an der Börse in die Tat umzusetzen. Man mag dazu stehen wie man will, aber die Börse ist das faszinierendste und spannendste, was die Marktwirtschaft hervorgebracht hat, denn an ihr werden Erwartungen gehandelt. Hier selbständig und gemeinsam mit anderen anzulegen, macht nicht nur Spaß, sondern ist langfristig auch sehr ertragreich. So gibt es zahlreiche Investmentclubs unter Kollegen, Clubs im Freundes- und Bekanntenkreis, unter Studenten, Fraueninvestmentclubs und ökologisch orientierte Investmentclubs. Diese Clubs geben sich zum Teil recht phantasievolle Namen wie „Future Bonns", „Kursknacker" und „Power Bit".

Diese Form der Teilnahme am Börsengeschehen bietet eine gute Möglichkeit für alle, die für die Wertpapieranlage aufgeschlossen sind, bisher jedoch den Schritt dahin noch nicht unternommen haben. Sie stellt zudem eine sinnvolle Alternative zu anderen Formen der Teilnahme dar, bei der der spielerische und bildende Aspekt eine wichtige Rolle spielen und auch der Spaß oder die Geselligkeit nicht zu kurz kommen. Zudem ist der persönliche Gewinn für den Umgang mit Geld für den einzelnen sicherlich nicht hoch genug anzusetzen.

Ich bin davon überzeugt, daß diese Idee in Zukunft weit mehr Beachtung und Verbreitung finden wird. Im Zuge der Diskussion über die Sicherheit der Renten und der zunehmenden Wichtigkeit privater Altersvorsorge und Vermögensbildung kann sie mit Modell stehen. Ein zusätzlicher Vorteil dieser Form gemeinsamer Wertpapieranlage liegt darin, daß sie sehr flexibel ist und viel individuellen Gestaltungsspielraum läßt. Für die Belegschaft oder für Mitarbeiter kleinerer Unternehmen kann sie beispielsweise zu einer spannenden Investmentgeschichte werden. Dies belegt der Erfolg betrieblicher Investmentclubs seit den sechziger Jahren. Kommunikation, Teambildung und Motivation sind dabei nützliche Effekte, die auch auf Unternehmensseite nicht geringzuschätzen sind. Eine Förderung seitens des Unternehmens wird damit vielleicht erreichbar, und falls der Staat die langfristige Wertpapieranlage für Arbeitnehmer zusätzlich fördert, ergibt sich ein weiteres Argument für diese Idee.

Das Buch soll eine praktische Anleitung bei der Gründung und Gestaltung von Investmentclubs sein. Es zeigt, wie man die Idee in die Realität umsetzt und dient dabei als Ratgeber. Angesprochen werden interessierte Menschen, die sich in einem Kreis ab etwa 4 bis 5 Personen zusammenschließen wollen oder sich ganz allgemein über diese Form der Teilnahme am Börsengeschehen informieren möchten. Fragen zu möglichen Vorgehensweisen und Handhabungen werden beantwortet und Problematiken aufgezeigt. Von Nutzen ist das Buch auch für bestehende Clubs, die anhand der praktischen Vorschläge und Lösungen Anregungen für eigene Gestaltungsmöglichkeiten und konkret für mögliche Wertberechnungsverfahren erhalten. Die im Buch vorgenommene inhaltliche Gliederung erlaubt es zudem, das Buch als Nachschlagewerk zu nutzen. Einige der angesprochenen Punkte sind darüber hinaus auch für Einzelanleger interessant, wenn sie sich z. B. für Beteiligungen an BGB-Gesellschaften oder aber für die Börse interessieren.

Zu Beginn wird zunächst der Frage nachgegangen, wie die Gründung eines Clubs organisiert werden kann, was bei einer Gründung zu beachten ist und was vertraglich festgelegt werden sollte. Anhand von Beispielen, Text und praktischen Hinweisen wird eine möglichst praxisnahe Darstellung der notwendigen Überlegungen, möglichen Gestaltungen und Lösungen gegeben. Der Vertragsentwurf im Anhang wird dabei im einzelnen erläutert. Im folgenden Abschnitt werden die Punkte angesprochen, die das Verhältnis des Clubs zu einer Bank betreffen, also die Depot-/ Kontenführung, Verfügungsberechtigung und die Abwicklung von Aufträgen. Alles, was in der Geschäftsbeziehung mit einer Bank zu beachten ist, kommt hierbei zur Sprache.

Daran schließen sich Vorschläge für Regelungen und Verfahren hinsichtlich Buchführung und Wertberechnungen sowie ein Verwaltungssystem mit einem konkreten Modell an. Einen breiteren Raum nimmt dann die Diskussion der internen Gestaltung und Entscheidungsfindung bei der Wertpapieranlage ein. Hier werden Anlagegrundsätze und -politik, mögliche Verfahren sowie deren Vor- und Nachteile besprochen. Darüber hinaus wird die Information und Kommunikation zwischen den Mitgliedern behandelt. Auch das Depotmanagement, die Börsenbeobachtung und verschiedene Analysemethoden sind wichtige Themen, die genauer beleuchtet werden. Mit eingeschlossen ist dabei eine Darstellung der wichtigsten Bestimmungsfaktoren von Börsen- und Kursentwicklungen.

Nicht zuletzt soll der Nutzen des gemeinsamen Investments und das Vergnügen – sei es an Diskussionen oder Gewinnen und Feiern – vermittelt werden. Daß dabei auch über die Börse gesprochen wird, ist selbstverständlich. Es wird erläutert, was an der Börse passiert und wie sie funktioniert, die einzelnen Marktsegmente werden beschrieben und die Kursfeststellung erklärt. Im letzten Abschnitt wird dann die Frage beantwortet, was steuerlich zu beachten ist, sowohl beim Investmentclub selbst als auch bei den einzelnen Mitgliedern. Im Anhang befinden sich ein Glossar zu den im Buch verwandten Fachausdrücken und wichtigen Börsenbegriffen, einige Adressen und Literaturangaben zum Thema Börse und Geldanlagen sowie einige Hilfstabellen für ein Verwaltungssystem und ein ausführlicher Vertragsentwurf.

Excel-Modul für Verwaltung und Wertberechnung

Ein komplettes Depotverwaltungs- und Wertberechnungssystem für Investmentclubs auf der Basis der Standardsoftware *Microsoft Excel* kann mit anhängender Bestellkarte per Fax oder Email (Adresse und Beschreibung im Anhang) beim Autor bestellt werden.

[Voraussetzung für die Nutzung des Programms ist eine installierte *Microsoft-Excel* Tabellenkalkulation ab Version 5.0. Das Modul ist für Investmentclubs mit bis zu 50 Mitgliedern ausgelegt und umfaßt neben einer übersichtlichen Benutzerführung mit Dateneingabemasken verschiedene Auswertungsroutinen, Übersichts-, Druck- und Archivierungsfunktionen sowie sämtliche notwendigen mitgliederbezogenen Zuordnungen von Anteilen und Erträgen.]

Bonn, im Januar 1998   *Martin Aehling*

Inhaltsverzeichnis

Anhang

1. Worum es bei einem Investmentclub geht

Sinn und Zweck eines Investmentclubs ist es, eine Gemeinschaft zu bilden, in der mehrere Anleger (kleinere) Geldbeträge zusammenlegen, um sie gemeinsam in Wertpapieren anzulegen. Dazu zählen vorrangig Aktien und Anleihen aber auch andere Anlageklassen, aus denen sich der Club mit den Einzahlungen seiner Mitglieder ein Portfolio, d. h. ein Depot mit mehreren Wertpapieren, aufbaut. Im Vordergrund steht dabei nicht die kurzfristige Spekulation, sondern der langfristige Vermögenszuwachs. Das funktioniert letztendlich nicht anders als bei einem Investmentfonds, jedoch ist man hier eben selbst das Management. Man überläßt es also nicht einer Bank oder Investmentgesellschaft, wann, wo und wie Gelder angelegt werden, sondern diskutiert und bestimmt selbst die Anlagepolitik. Das ist spannend, und die Anlagepolitik kann nach den Interessen der Mitglieder ausgerichtet und gestaltet werden.

Meist kommen dabei Personen zusammen, die aus ganz unterschiedlichen Branchen und Bereichen Wissen und Erfahrung mitbringen, so daß die Entscheidungen lebhaft diskutiert werden und oft besser sind, als Empfehlungen von Banken. Sicherlich werden auch in einem Investmentclub Fehlentscheidungen getroffen, die zu Verlusten führen, aber man gewinnt mit der Zeit an Erfahrung. Auch die Verantwortung und das Engagement wachsen mit dem Vermögen. Dabei kann man mit einer kleinen Summe die Vorteile der Aktienanlage am eigenen Leib schätzen lernen. Die Wertsteigerungen, die man dabei mit Aktienengagements langfristig erzielen kann, sind erheblich und liegen bei einigen Investmentclubs über den Vergleichszahlen für deutsche Aktien von ca. 10 % Rendite pro Jahr.

Es ist das etwas Spielerische und die gemeinsamen Treffen, was diese Anlageform attraktiv macht. Sie bietet zudem die Möglichkeit, sich auf hochinteressante wie auch ganz praktische und erfolgversprechende Art mit dem Wirtschaftsgeschehen zu beschäftigen und damit Zusammenhänge, die uns alle angehen, zu begreifen. Man analysiert gemeinsam bestimmte Unternehmen und

Branchen und zieht wirtschaftliche Entwicklungen und Erwartungen mit in seine Entscheidungen ein. Der persönliche Kontakt und Austausch darüber macht nicht nur Spaß, sondern man gelangt auch zu mehr Wissen und Kompetenz.

2. Vorüberlegungen und erste Schritte

2.1 Personenkreis

Jeder, der sich für die Wertpapieranlage interessiert oder in Wertpapieren anlegt, spricht darüber mit Freunden oder Bekannten. Die Initiative, einen Investmentclub zu gründen, kann sowohl von ihm selbst als auch der anderen Person ausgehen. Weitere Partner, die sich Gedanken über den Umgang mit Geld machen, guten Ertrag erwirtschaften wollen oder sich einfach für die Börse interessieren, sollten sich leicht finden. Dies können z. B. Kollegen oder andere gemeinsame Bekannte sein. Auch ein Aushang oder eine kleine Anzeige sind hilfreich. Wichtig ist, daß mindestens eine Person schon Erfahrung im Umgang mit Wertpapieren hat oder zumindest über ein Grundwissen zur Wertpapieranlage verfügt. Wenn dies nicht der Fall ist, sollte man eine Bank finden, die das nötige Wissen vermittelt.

Für zwei oder drei Personen ist die Gründung eines Investmentclubs angesichts des Aufwandes sicherlich kaum von Interesse, außer es kommen bald neue Mitglieder hinzu. Der Teilnehmerkreis sollte allerdings auch nicht allzu groß sein. Einerseits leidet bei einer sehr hohen Mitgliederzahl der persönliche Kontakt unter den einzelnen und es kann – je nach Gestaltung – beim Handling der Entscheidungsfindung kompliziert werden. Andererseits könnte unter Umständen der Fall eintreten, daß der Club als solcher bei einer Mitgliederzahl von weit über 30 und starker Fluktuation der Mitglieder steuerpflichtig wird.

2.2 Vorbesprechung

Hat sich nun ein Kreis von Interessierten gefunden, kann man in einer Vorbesprechung die Grundsätze bei der Wertpapieranlage diskutieren und sich grundsätzlich über das Projekt einigen. Entweder übernimmt es dann der Initiator des ersten Treffens oder jemand wird beauftragt, die Gründungsversammlung vorzubereiten und zu leiten. Dazu gehört auch eine erste Kontaktaufnahme mit verschiedenen Banken bzw. Sparkassen, um sowohl die mögliche Handhabung einer Geschäftsbeziehung zu besprechen als auch um deren Konditionen vergleichen und eventuell aushandeln zu können. Falls aus Sicht der Interessierten erforderlich, kann dabei schon eine mögliche Beratung bei Gründung und/oder Betreuung durch einen Bankmitarbeiter angesprochen werden.

Besonders wichtig ist, daß derjenige, der die Gründungsversammlung leiten wird, sich mit den zu besprechenden Punkten und möglichen Gestaltungen eines Vertrages vertraut macht. Dies mag auf den ersten Blick vielleicht nicht ganz so nötig erscheinen, ist aber hinsichtlich der Klarheit für die Mitglieder und eines effektiven, erfolgreichen Ablaufs der Gründungsversammlung von entscheidender Bedeutung. Da auf dieser Versammlung die Weichen für die zukünftige Gestaltung gestellt und Grundsätzliches festgelegt wird, sollten alle Diskussionspunkte gut vorbereitet werden. Wenn man sich an den Vertragsentwurf im Anhang dieses Buches hält und die im folgenden gemachten Erläuterungen berücksichtigt, ist die Gründung eine einfache Sache.

2.3 Rechtsform

Wenn Personen schriftlich oder mündlich vereinbaren, bei der Erreichung eines gemeinsamen Zweckes zusammenzuwirken, so entsteht dadurch regelmäßig eine rechtliche Verbindung in Form einer Personengesellschaft. Dies kann z. B. ein Café, das von zwei Freunden betrieben wird, eine Bauarbeitsgemeinschaft oder auch eine Skatrunde mit gemeinsamer Kasse sein. Das gilt gleichermaßen für Investmentclubs. Die für einen Investmentclub zur Verfügung stehenden Rechtsformen sind die der Vereine und der Gesellschaften des bürgerlichen Rechts (GbR), die durch das Bürgerliche Gesetzbuch (BGB) geregelt werden.

Es gibt also zwei Möglichkeiten: Entweder gründet man sich als Verein oder als Gesellschaft des bürgerlichen Rechts. Vereine sind zwar Personenvereinigungen und werden durch das BGB geregelt, haben jedoch eine körperschaftliche Verfassung. Sie führen, ähnlich wie Kapitalgesellschaften, ein Eigenleben und sind unabhängig von Bestand und Wechsel der Mitglieder. Vereine können sowohl in der Rechtsform eines eingetragenen (rechtsfähigen) als auch nichteingetragenen (nichtrechtsfähigen) Vereins gegründet werden. Als rechtsfähiger Verein gegründet, kann der Verein sowohl Kläger sein als auch beklagt werden. Das BGB unterscheidet zwischen dem nichtwirtschaftlichen (ideellen bzw. gemeinnützigen) und dem wirtschaftlichen Verein. Ein Investmentclub verfolgt nun keinen ideellen, sondern einen wirtschaftlichen Zweck, nämlich die Mehrung des Vermögens der Mitglieder. Rechtsfähigkeit kann ein wirtschaftlicher (Zweck-) Verein nur durch staatliche Verleihung nach § 22 BGB erlangen.

Dies ist in der Praxis heute für neue Vereine nicht mehr möglich. Hier setzt sich zunehmend die Auffassung durch, daß die Rechtsform eines rechtsfähigen Vereins „Idealvereinen", welche Rechtsfähigkeit durch Eintragung ins Vereinsregister erlangen können, vorbehalten bleiben soll. Ein Investmentclub könnte sich also nur als nichtrechtsfähiger Verein gründen. Damit entsteht allerdings ein Problem für Banken, denn beim nichtrechtsfähigen Verein bestehen keine rechtlich klaren Verhältnisse. Es gibt keinen verantwortlichen Vorstand und es ist unklar, nach welchen Bestimmungen des BGB die Mitglieder behandelt werden. Für die meisten Kreditinstitute ist ein nichtrechtsfähiger Verein nicht „kontenfähig", da es keinen direkten und dauerhaften Partner gibt. Sie lehnen daher in der Regel eine Geschäftsbeziehung ab oder machen die Einsetzung eines Treuhänders zur Bedingung. Dies ist aber für einen Investmentclub keine Lösung.

Ein weiteres Problem für die Rechtsform Verein ergibt sich dadurch, daß Vereine, solange sie keinen gemeinnützigen oder ideellen Zwecken dienen, nach dem Körperschaftsteuergesetz unbeschränkt körperschaftsteuerpflichtig (KStG § 1, Absatz 1, Punkt 4 und 5) sind. Die als „Idealverein" mit einer Gemeinnützigkeit verbundenen Steuervergünstigungen kann ein Investmentclub nicht in Anspruch nehmen, da er, wie gesagt, kein Idealverein ist. Somit ergeben sich für die beiden Rechtsformen der Vereine sowohl große praktische Schwierigkeiten als auch erhebliche steuerrechtliche Bedenken.

Die GbR dagegen ist eine Personengesellschaft, die per definitionem, d. h. allein aufgrund ihrer Rechtsform, nicht der Körperschaftsteuer unterliegt. Da die GbR eine ausschließlich personenbezogene Gesellschaft ohne eigene Rechtspersönlichkeit ist, werden Gewinne auch nur bei den Gesellschaftern besteuert. Ein Investmentclub in der Rechtsform einer GbR wird in der Regel auch nicht gewerbesteuerpflichtig, da die Gewinne dem privaten Bereich der Gesellschafter zuzuordnen sind (siehe Abschnitt 7.1.2 Gewerbesteuer). Seitens einer Bank stellt die Geschäftsbeziehung, hier die Konto- und Depoteröffnung, mit einem Investmentclub in der Rechtsform GbR in der Regel kein Problem dar. Da die GbR ganz eng mit den Namen der einzelnen Gesellschafter verbunden ist und keine eigenständige juristische Person bildet, erfolgt die Konteneröffnung auf die Namen aller Gesellschafter. Jede Bank hat für die Konteneröffnung von GbR-Gesellschaften Vordrucke; in der Regel sind auch individuelle Vereinbarungen hinsichtlich der Geschäftsbeziehung möglich. Sowohl im Innen- als auch im Außenverhältnis bietet die GbR weitreichende Möglichkeiten der Gestaltung. Ein Vertrag wird bei einer GbR im allgemeinen als Gesellschaftsvertrag und die Mitglieder werden als Gesellschafter bezeichnet.

Aus den oben dargestellten Gründen wird hier die Rechtsform einer Gesellschaft des bürgerlichen Rechts (GbR) empfohlen. Damit ist gemeint, daß alle Teilnehmer des Investmentclubs Mitgesellschafter der GbR werden. Davon wird im folgenden auch ausgegangen. Durch die dabei zwingende Konto- und Depotmitinhaberschaft aller Gesellschafter ist auch für eine grundlegende Sicherheit hinsichtlich der Kontenführung und Vertretungsberechtigung gesorgt. Eine Innen-GbR, bei der z. B. nur drei Teilnehmer eine GbR bilden und die Beziehungen zu den anderen Teilnehmern in Art einer „Interessengemeinschaft" organisiert werden, schließt sich aufgrund der großen steuerrechtlichen, gesellschafts- und haftungsrechtlichen Schwierigkeiten aus. Eine ernsthafte und für einen Investmentclub adäquate Alternative zu der hier empfohlenen Rechtsform gibt es nicht. Daher kann auch nicht von den Finanzbehörden auf eine andere Rechtsform, mit einer evtl. anderen steuerlichen Behandlung, verwiesen werden. Allein in sehr seltenen Ausnahmefällen, falls die Zahl der Gesellschafter sehr hoch ist und eine ständige Fluktuation von Mitgliedern herrscht, wäre das denkbar. Um völlig sicherzugehen, empfiehlt es sich, die Mitgliederzahl von vornherein auf 30 zu beschränken.

3. Gründung und Gesellschaftsvertrag

Im folgenden wird alles das angesprochen, was die Gründungsversammlung selbst betrifft und welche Überlegungen dabei anzustellen sind. Dazu gehören insbesondere die gesellschaftsrechtlichen Fragen, die Frage der Haftung bzw. der Sicherheit und eine schriftliche Vereinbarung, d. h. die Vertragsgestaltung zwischen den Mitgliedern. Die Varianten eines Vertragsentwurfes werden mit Vor- und Nachteilen bzw. Problematiken und Lösungsmöglichkeiten der einzelnen Punkte dargestellt. Die meisten dieser Punkte betreffen das Innenverhältnis, also das Verhältnis und die Beziehungen unter den Teilnehmern, einige Punkte wiederum betreffen das Außenverhältnis, d. h. hier die Geschäftsbeziehung des Investmentclubs mit einer Bank.

Hierbei erschien es logisch, im Aufbau und der Erläuterung der einzelnen Punkte dem BGB und einem GbR-Mustervertrag zu folgen, natürlich mit den für einen Investmentclub spezifischen Schwerpunkten. Die Punkte des im Anhang enthaltenen Vertragsentwurfes stehen dabei als eine Art Inhaltsverzeichnis. Einzig bei der Besprechung möglicher Bewertungssysteme von Vermögensanteilen sowie dem Verfahren bei der Wertpapierauswahl und der Anlagepolitik wird hiervon abgewichen. Da diese Punkte breiteren Raum einnehmen und näher erläutert werden müssen, werden sie im Anschluß an die Vertragsgestaltung gesondert betrachtet. Auch auf die Geschäftsbeziehung mit dem depot- und kontoführenden Institut wird – soweit sie nicht schon zuvor angesprochen ist – erst später im einzelnen eingegangen, da sie weit mehr als die vertragliche Regelung betrifft.

Sicherlich sind hier nicht alle gesellschaftsrechtlichen und haftungsrechtlichen Sachverhalte abschließend oder endgültig zu klären. Das würde den Umfang dieses Buches sprengen. Zudem unterliegen die anzuwendenden Bestimmungen des öfteren Hinzufügungen und Änderungen. Auch sollte man sich darüber bewußt sein, daß die maßgeblichen Gesetze und Bestimmungen von den Gerichten und Behörden zum Teil unterschiedlich ausgelegt und gehandhabt werden. Die Praxis der Rechtsprechung tut ihr übriges dazu. Dies würde allerdings nur in extremen Fällen, z. B. bei der Anstrengung einer Klage eines Mitgliedes, zum Tragen kommen. Ansonsten gilt, daß die vertraglichen Festlegungen das Innenleben des Clubs auf eine bestimmte Weise regeln sollen und vorbeugend bzw. klärend wirken.

Andererseits mag es sein, daß manchen Lesern die Erörterung einzelner Punkte oder Themen zu sehr ins Detail geht oder mögliche Problematiken überzeichnet erscheinen. Es soll hier jedoch zum Verständnis beigetragen und über eine Anleitung hinaus dargestellt werden, wo Schwierigkeiten liegen oder Diskussionen entstehen könnten. Oft herrscht ganz einfach Unklarheit über Konsequenzen vertraglicher Gestaltungen und Verpflichtungen bzw. über Konsequenzen, die aus einer fehlenden Besprechung und der Nichtberücksichtigung wichtiger Punkte entstehen können. Falls alle Mitglieder sich darüber klar sind, wohin die Reise geht, sind mögliche Streitfälle weit weniger wahrscheinlich. Auch bleiben oft viele Fragen, wie z. B. die Haftung oder die Bewertungsgerechtigkeit bei schon bestehenden Clubs längere Zeit ungeklärt. Treten dann Diskussionen darüber auf, sind entstehende Probleme schwieriger zu lösen. Hier wird also eine Grundlage für eigene Entscheidungen bzw. Gestaltungen an die Hand gegeben. Jeder Club kann sich so die individuelle vertragliche Form geben, die für ihn adäquat und richtig ist und auf Unbedeutendes später bei Bedarf oder Interesse zurückkommen.

3.1 Notwendigkeit einer vertraglichen Vereinbarung

Es ist z. B. zu klären, welche Erwartungen die Mitglieder haben und was sie mit dem Investmentclub verbinden. Geht es grundsätzlich um eine eher spekulative oder eine mehr sicherheitsorientierte Ausrichtung? Wer trifft die Anlageentscheidungen und wer kümmert sich um die Verwaltung und Abwicklung? Hat derjenige, der am meisten einzahlt auch am meisten zu sagen? Sind einige dabei, weil der Bekannte oder Freund mitmacht? Haben andere besondere Vorlieben für bestimmte Branchen oder etwa für Optionsgeschäfte? Gibt es Mitglieder, die z. B. nicht in Rüstung und Atomkraft investieren wollen? Wie sollen Gewinne verwandt werden? Zu welchen Zeitpunkten kann man austreten und wie schnell kommt man an sein Geld? Bleibt man ein fester Kreis oder sind Neuaufnahmen möglich?

Da die Motive und Vorstellungen hierüber recht weit auseinander liegen können, ist es notwendig, einen Vertrag aufzusetzen, der das Verhältnis unter den Mitgliedern regelt. Dieser Vertrag ist eine Art Verfassung oder Statut des Clubs. Darin legt man alle Dinge fest, über die Einigkeit besteht, und einigt sich dort, wo Meinungsverschiedenheiten bestehen, bevor man startet. Dabei sollten alle möglichen Vertragspunkte diskutiert und einvernehmliche Lösungen erzielt werden. Es ist z. B. notwendig, daß die Mitglieder sich über die Anlagegrundsätze verständigen und festlegen, welches Risiko bei der gemeinsamen Wertpapieranlage eingegangen werden soll. Auch wenn man sich im Freundes-, Bekannten,– und/oder Kollegenkreis zusammenschließt, ist eine klare Übereinkunft und Festlegung in den meisten Punkten wichtig, da es um Ersparnisse der Mitglieder geht. Bei unklaren oder keinen Absprachen kann es schnell zu Diskussionen oder Schuldzuweisungen kommen, gerade wenn es einmal nicht so gut läuft. Allein die Überlegung, daß der Vertragsinhalt unter Umständen nachgewiesen werden muß, sollte zum schriftlichen Festhalten der Vereinbarungen führen.

In diesem Zusammenhang ist auch zu klären, inwieweit mit Verantwortung beauftragte Gesellschafter für ihr Tun oder Unterlassen haftbar sind. Vor allem aber müssen Rechte und Pflichten der Mitglieder sowie Aufgaben und Kompetenzen der Geschäftsführung geklärt und das Verfahren bei der Wertpapierauswahl besprochen werden. Wichtig ist zudem, ein gerechtes, transparentes und nachprüfbares Bewertungssystem für die anteiligen Guthaben der einzelnen Mitglieder am gemeinsamen Vermögen einzurichten. In seiner praktischen Form kann dies zu einem späteren Zeitpunkt erfolgen, allerdings sollte das Verfahren dazu schon bestimmt werden. Ansonsten ergeben sich nämlich Probleme bei z. B. dem späteren Eintritt neuer Mitglieder oder unterschiedlichen Einzahlungen der Mitglieder. Ein Vertrag kann, je nachdem wie er gehalten ist, interpretiert oder verändert werden. Man hat damit jedoch etwas in Händen, auf das später bei Unklarheiten oder Fragen Bezug genommen werden kann.

Auch in der Geschäftsbeziehung mit einer Bank, d. h. im Außenverhältnis, ist es aus steuerlichen Gründen notwendig, ein gemeinsames Depot einzurichten. Hierfür ist eine schriftliche Vereinbarung, aus der die Vertretungsbefugnis hervorgeht und in der die Mitglieder einzeln benannt sind, unumgänglich. Ansonsten wäre die Zuordnung der steuerpflichtigen Erträge auf die einzelnen Mitglieder in der Praxis schwer möglich. Würde eine Person mit den Geldern anderer auf seinem Depot, d. h. auf eigene Rechnung, Geschäfte tätigen, so wäre er allein für alle steuerpflichtigen Erträge Steuerschuldner. Würde er auf fremde Rechnung handeln, ist fraglich, auf wessen Rechnung dies erfolgt. Darüber hinaus ergeben sich in diesem Fall Bedenken bezüglich der Haftung und der Sicherheit für die Gesellschafter.

Falls es zu keiner schriftlichen Vereinbarung kommt, regeln die Bestimmungen des BGB §§ 706 bis 740 alles weitere. Diese Bestimmungen sind als eine Art Mustervertrag anzusehen, der allerdings den spezifischen Erfordernissen eines Investmentclubs keine Rechnung trägt. Dieser „Mustervertrag" stellt für eine Normalfall-GbR Regelungen zur Verfügung, die zwar auf viele Gesellschaften passen und vernünftige Problemlösungen bieten. Für einen Investmentclub aber sind sie in vielen Punkten kaum sinnvoll oder sogar kontraproduktiv. Es besteht nun keine Verpflichtung des Investmentclubs, eine mehr oder weniger umfassende vertragliche Regelung zu vereinbaren und damit das Leben des Clubs zu gestalten. Die sich daraus ergebenden Konsequenzen sollten jedoch beachtet werden. Sie führen z. B. zur Auflösung der Gesellschaft bei Austritt eines Gesellschafters. Auch daher empfiehlt sich die Aufsetzung eines Vertrages mit den hier adäquaten, vom BGB abweichenden Bestimmungen.

Welche Punkte gestaltet werden können und welche Punkte dem BGB entgegenstehen würden, soll kurz erläutert werden. Im allgemeinen gilt jedoch die Vertragsfreiheit, die einen sehr großen Gestaltungsspielraum zuläßt. Nur wenige Punkte des gesetzlichen Mustervertrages sind so charakteristisch für eine GbR, daß sie nicht abänderbar sind, oder sie dienen erklärtermaßen dem Schutz von Gesellschaftsminderheiten oder Gesellschaftsgläubigern und sind daher einer Änderung entzogen. Wenn trotzdem Formulierungen oder Regelungen getroffen werden, die nicht ganz den gesetzlich festgelegten Bestimmungen entsprechen oder diesen entgegenstehen, so ist das keineswegs problematisch. Mit der sogenannten „salvatorischen Klausel" kann man sich für diesen Fall aushelfen. Diese Klausel besagt nichts anderes, als daß der Vertrag weiterhin Gültigkeit besitzt, auch wenn einzelne Bestimmungen unwirksam sein oder werden sollten. Auch bei nicht bedachten Lücken im Vertrag hat man die Möglichkeit einer ergänzenden Vertragsauslegung. Ein Formulierungsbeispiel ist im Vertragsentwurf (Anhang) enthalten. Es ist wie gesagt nicht zwingend, schriftlich eine vertragliche Regelung zu vereinbaren. Aus den beschriebenen Gründen ist es allerdings dringend geraten, dies zu tun.

Der gesamte Gründungsvorgang mit den Beschlüssen und Festlegungen sowie das Ergebnis der anschließenden Wahlen sind in einem Gründungsprotokoll festzuhalten. Wenn möglich, sollte auch der Gesellschaftsvertrag während oder direkt im Anschluß an die Gründungsversammlung in der verabschiedeten Weise ausformuliert und fertiggestellt werden. Falls man einen PC oder Laptop mit dem darauf kopierten Vertragsentwurf zur Verfügung hat, stellt das kein Problem dar. Die Grundsätze, nach denen Wertpapiere angelegt werden, hält man je nach Wichtigkeit entweder im Vertrag oder im Protokoll fest. In das Protokoll können zusätzlich Beschlüsse aufgenommen werden, die nicht so große Relevanz haben oder vorläufig bzw. befristet bis zur nächsten Gesellschafterversammlung gelten und daher nicht für die Aufnahme in den Vertrag vorzusehen sind. Das kann z. B. schon eine konkrete Festlegung hinsichtlich der Anlagepolitik für das kommende Jahr und ein vorläufiges Entscheidungsverfahren für die Wertpapierauswahl sein. Gesellschaftsvertrag und Gründungsprotokoll müssen im Anschluß von allen Gründungsmitgliedern unterzeichnet werden, da diese Unterlagen in Kopie der Geschäftsbeziehung mit der Bank zugrunde gelegt werden und alle Gesellschafter Konto- bzw. Depotmitinhaber werden müssen.

3.2 Vertragsänderungen

Nach Abschluß des Vertrages kann es natürlich durch Veränderungen, unpraktikable Regelungen oder notwendig erscheinende Ergänzungen erforderlich werden, den Vertrag zu überarbeiten. Auch können sich Lücken im Vertrag auftun oder Situationen ergeben, die zuvor nicht bedacht wurden, die man aber für die Zukunft vertraglich regeln will. Eine Abänderung des Vertrages ist grundsätzlich jederzeit möglich. Dabei können alle Punkte und Bestandteile des Gesellschaftsvertrages, auch z. B. der Gesellschaftszweck und die Beitragshöhe, neu festgelegt werden.

Allerdings hat die Rechtsprechung zum Schutz von Minderheitsgesellschaftern bei der Beschlußfassung hierüber einige Hürden aufgebaut, die auch vertraglich nicht umgangen bzw. außer Kraft gesetzt werden können. Diese Bestimmungen legen fest, daß die Einstimmigkeit der Gesellschafter in der Regel Voraussetzung für die Wirksamkeit von Vertragsänderungen ist. Zumindest aber muß sich der Beschlußgegenstand eindeutig aus dem Gesellschaftsvertrag ergeben und eine durch den Gesellschaftsvertrag bestimmte, qualifizierte Mehrheit der Änderung zustimmen. Damit sollen Gesellschafter vor den möglicherweise weitreichenden Folgen einer eventuell nicht bedachten Änderung bewahrt werden. Eine entgegenstehende Regelung zur Beschlußfassung würde also im Streitfall unwirksam sein und eine nicht einstimmig beschlossene Vertragsänderung folglich auch nicht wirksam werden. Eine Auseinandersetzung darüber hätte in der Regel die Auflösung der Gesellschaft zur Folge.

Der einmal beschlossene Gesellschaftsvertrag hat für alle Gesellschafter einen hohen Stellenwert, da er die Beziehungen sowohl innerhalb der Gesellschaft als auch nach außen regelt. Bei längerem Bestehen entwickelt sich der Club natürlich weiter, und das Gesellschaftsvermögen wächst bei gutem Anlagemanagement langfristig. Im Zuge dessen ist es sicherlich üblich und auch sinnvoll, notwendige Modifikationen und eine weitergehende Gestaltung des Vertrages, die den neuen Gegebenheiten entsprechen, vorzunehmen. Das können z. B. andere einschränkende oder erweiterte Grundsätze bei der Wertpapieranlage sein. Darüber hinausgehende häufige Änderungen tragen jedoch nicht zu Vertrauen und Verläßlichkeit bei. Die Identifikation und Motivation von Gesellschaftern kann, gerade wenn sie beschlossenen Änderungen kritisch oder skeptisch gegenüberstehen, verlorengehen. Aus diesen Gründen sollte im Interesse aller Gesellschafter an den wesentlichen Aussagen des einmal beschlossenen Gesellschaftsvertrages festgehalten werden und Änderungen eher die Ausnahme bleiben. Falls eine Vertragsänderung vorgeschlagen wird oder vorgenommen werden soll, ist es am besten, diese mit allen Gesellschaftern zu diskutieren und einvernehmlich eine gegebenenfalls neue bzw. zusätzliche Regelung zu finden.

3.3　Die Vertragsgestaltung im einzelnen

3.3.1　Entstehen der Gesellschaft, Vertragsinhalt und Vertragsform

Die Gesellschaft des bürgerlichen Rechts (GbR) ist die einfachste unter den möglichen Gesellschaftsformen und am besten überschaubar. Bei ihr besteht weitestgehende Vertragsfreiheit, es braucht kein Mindestkapital eingezahlt und auch keine Eintragung in ein Register vorgenommen werden. Viele Kleingewerbetreibende, aber auch Praxisgemeinschaften und Arbeitsgemeinschaften organisieren sich in dieser Rechtsform.

Die GbR, in diesem Fall der Investmentclub, entsteht durch Abschluß eines Gesellschaftsvertrages. Durch den Vertrag verpflichten sich die Gesellschafter gegenseitig, den gemeinsam vereinbarten Zweck in der durch den Vertrag bestimmten Weise zu fördern, insbesondere die genannten Beiträge zu leisten. Eine bloße Absichtserklärung genügt hierbei nicht. Es muß ersichtlich sein, daß die Beteiligten sich zu einer Leistung verpflichten wollen und sich nicht nur moralisch, sondern auch rechtlich an ihr gegebenes Wort gebunden halten. Mit Vertragsabschluß besteht dann eine rechtsgeschäftliche Verpflichtung aller Beteiligten mit den besprochenen und vereinbarten Konsequenzen. Für den Abschluß des Vertrages sieht das Gesetz keine besondere Form vor. Das bedeutet, daß die Beteiligten ihre Verpflichtungserklärung mündlich, schriftlich oder in beurkundeter Weise gegenüber den anderen Gesellschaftern abgeben können.

Die drei notwendigen Vertragsbestandteile enthalten nach dem BGB das gemeinsame Zusammenwirken, den gemeinsamen Zweck – hier allgemein die gemeinsame Anlage in Wertpapiere – und die Mitglieder der Gesellschaft. Über diese drei Bestandteile hinaus besteht für den Investmentclub keine Verpflichtung, Weitergehendes zu vereinbaren. Es ist allerdings zweckmäßig und sinnvoll, z. B. festzulegen, welche Art von Wertpapieren gekauft werden darf, wer über den Kauf entscheidet, wie die Bewertungen für die einzelnen Mitglieder erfolgen und welche Kündigungsmöglichkeiten es gibt. Es empfiehlt sich daher auf jeden Fall, ein eigenes Regelwerk zu schaffen. Dabei können sowohl eigene Regeln und Grundsätze aufgestellt als auch die gesetzlichen Bestimmungen des BGB abgeändert oder ganz gestrichen werden.

Nur wenige Vorschriften des BGB sind dabei unantastbar. Als wesentliches Merkmal der GbR sind z. B. die Aussagen des BGB über die gesamthänderische Bindung des Gesellschaftsvermögens anzusehen. Dies ist ein Hauptcharakteristikum der Personengesellschaft und wichtigstes Unterscheidungskriterium zu einer Kapitalgesellschaft, wie z. B. der GmbH oder AG. Im übrigen sind die Gesellschafter in der Vertragsgestaltung frei. Sollten die vertraglichen Vereinbarungen Lücken aufweisen, dann sind die jeweiligen Bestimmungen des BGB §§ 706 ff anzuwenden oder sie sind durch Auslegung im Interesse der Gesellschaft zu schließen. Für sich später herausstellende unzulängliche oder unwirksame Regelungen gilt bei Aufnahme der salvatorischen Klausel in den Vertrag entsprechend das gleiche.

3.3.2 Name der Gesellschaft

Die Gesellschaft des bürgerlichen Rechts ist keine eigenständige juristische Person. Sie hat keine Firma, ist kein Kaufmann und betreibt auch kein Handelsgewerbe nach dem Handelsgesetzbuch (HGB). Der Name einer GbR ist deshalb rechtlich gesehen gar keine Firmenbezeichnung, sondern nur eine (Geschäfts-)Bezeichnung. Diese bezieht sich auf die Gesamtheit aller Gesellschafter und ist untrennbar mit den Namen der einzelnen Gesellschafter verbunden. Die Gesellschaft tritt also im rechtlichen Sinne unter den Namen der Gesellschafter auf. Der Investmentclub gibt sich natürlich eine Namensbezeichnung, allerdings empfiehlt es sich, im Außenverhältnis immer den Zusatz „GbR" mit anzugeben. Damit wird eine Verwechslung mit anderen Rechtsformen ausgeschlossen.

Nimmt der Geschäftsbetrieb allerdings einen solchen Umfang an, daß er in kaufmännischer Weise geführt werden müßte, so wäre der Name eine Firmenbezeichnung im juristischen Sinn. In diesem Fall ist das BGB allerdings nicht mehr maßgeblich und die Rechtsform der GbR scheidet aus. Für einen „normalen" Investmentclub tritt dieser Fall auch bei sehr großem Depotvolumen nicht ein, da hier in der Regel keiner gewerblichen Tätigkeit nachgegangen wird. Die gemeinsame Geldanlage in einem Investmentclub wird dem privaten Bereich der Gesellschafter zugeordnet, u. a. da Dritten (Nichtgesellschaftern) keine Wertpapiere zum Verkauf angeboten werden. Auch der Handel mit Wertpapieren im großen Umfange stellt, solange er sich im privaten Bereich abspielt, keine gewerbliche Betätigung dar (siehe Abschnitt 7.1.2 Steuern).

3.3.3 Gesellschaftsvermögen

Charakteristisch und Prinzip der GbR ist, daß das Gesellschaftsvermögen nur allen Gesellschaftern gemeinsam, d. h. zur gesamten Hand zur Verfügung steht. Die Bestimmungen des BGB legen fest, daß die Beiträge der Gesellschafter gemeinschaftliches Vermögen werden und daß kein Gesellschafter über seinen Anteil am Gesellschaftsvermögen verfügen darf oder berechtigt ist, eine Teilung des Vermögens zu verlangen. Anders ausgedrückt besagt diese sogenannte „gesamthänderische Bindung", daß nur alle Gesellschafter gemeinsam die Teilung des Gesellschaftsvermögens beschließen können, in der Regel durch Auflösung der Gesellschaft. Am besten macht man es sich am Bild eines Kuchens klar. Jedem Gesellschafter gehört ein Stück des Kuchens. Er darf den Kuchen jedoch weder teilen oder aufschneiden noch sich sein Stück vom Kuchenblech nehmen. Der Kuchen steht also den Kuchenessern nur ungeteilt und unteilbar zur Verfügung und muß daher unversehrt bleiben. Würde entgegen gehandelt und die Aufhebung des „Gesamthandseigentums" betrieben, hätte dies zwangsläufig die Auseinandersetzung und Auflösung der Gesellschaft zur Folge.

Der Hintergrund dieser gesetzlichen Bestimmung ist wohl in erster Linie darin zu sehen, daß der Erreichung des gemeinsamen Zwecks der Gesellschaft Vorrang vor einer freien Verfügbarkeit eingebrachter Vermögenswerte eingeräumt wird. Nimmt man z. B. ein Werbestudio, das von mehreren Personen gemeinschaftlich betrieben wird, so soll das gewerbliche Geschäft und damit die Lebensgrundlage der Gesellschafter nicht dadurch leiden, daß ein Gesellschafter plötzlich Rückgabe seines Vermögensanteils fordert. Dieser Vermögensanteil besteht ja in Sachwerten, wie z. B. Anteilen an teuren Druckmaschinen, Einrichtungsgegenständen und eventuell einem PKW. Er kann auch nicht einfach den anderen Gesellschaftern einen neuen Gesellschafter, mit dem sie vielleicht gar nicht einverstanden sind, aufzwingen. Also macht der Gesetzgeber hier eine Auseinandersetzung der Gesellschafter, d. h. eine Auflösung entsprechend vereinbarter oder gesetzlicher Bestimmungen, und gegebenenfalls den Abschluß eines neuen Vertrages erforderlich.

Bei einem Investmentclub wird normalerweise ein Gesellschaftsvermögen im genannten Sinne gar nicht gebildet, zumindest nicht hinsichtlich Konto und Depot. Dies ist einleuchtend, da ein gewerbliches Geschäft wie oben beschrieben gar nicht geführt wird. Allenfalls der gesellschaftseigene Ordner und Taschenrechner stellen Gesellschaftsvermögen im genannten Sinne dar. Es ist auch keine Bedingung für die GbR, daß ein Gesellschaftsvermögen geschaffen wird. Der Gesellschaftsvertrag muß zwar eine wirtschaftliche Komponente enthalten, diese ist jedoch bei einem Investmentclub durch den Zweck, nämlich Gewinne für die Gesellschafter zu erzielen, gegeben. Der Zweck des Investmentclubs ist im Grunde eine rein (vermögens-)verwaltende Tätigkeit mit den Beiträgen bzw. Einzahlungen der Mitglieder. Diese Einzahlungen bilden kein „Sondereigentum", wie das Gesellschaftsvermögen einer GbR oft bezeichnet wird, sondern bleiben privates Vermögen der Gesellschafter. Die Gesellschafter sind „Miteigentümer" des gemeinsam verwalteten Vermögens und können über ihre Anteile verfügen, genau wie bei einer Bruchteilsgemeinschaft. Inhaber des Depots sind daher die Gesellschafter nach Bruchteilen. Zur Klarheit ist auch in den Vertragsentwurf (Anhang des Buches) aufgenommen worden, daß das gemeinsame Vermögen den Gesellschaftern nach Bruchteilen zusteht.

Eine Bruchteilsgemeinschaft ist z. b. eine Hauseigentümergemeinschaft, wo zwar die Verwaltung des Hauses den Eigentümern gemeinschaftlich zusteht, jeder allerdings das Recht hat, seine Wohnung oder seinen Anteil am Haus jederzeit zu veräußern. Ihnen steht das Haus also nicht zur gesamten Hand, sondern nach Bruchteilen, über die sie allein verfügungsberechtigt sind, zu. Der Unterschied zwischen einer *Gesellschaft* und einer *Gemeinschaft* besteht darin, daß die Gemeinschaft keinen gemeinsamen Zweck verfolgt und daher in der Regel auch kein gemeinsamer Vertrag besteht. Die Bruchteilsgemeinschaft ist daher als Vorstufe zur GbR anzusehen. Tatsache ist demgegenüber, daß der Investmentclub zwar eine Gesellschaft ist, daß aber kein Gesellschaftsvermögen gebildet wird, was nach dem oben Gesagten rechtlich auch keine Schwierigkeiten aufwirft.

Eine andere Situation würde vorliegen, wenn der Investmentclub z. B. beschließt, mit den erzielten Gewinnen ein Ferienhäuschen in der Toskana zu kaufen, um dort die Gesellschafterversammlungen abzuhalten. Das Ferienhaus wird in diesem Fall Gesellschaftsvermögen des Investmentclubs; kein Gesellschafter dürfte also allein über seinen Anteil am Haus verfügen. Die gesamthänderische Bindung ist nämlich in diesem Fall durch den gemeinsamen Zweck, eben die Gesellschafterversammlungen dort stattfinden zu lassen, gegeben. Konto und Depot blieben also weiterhin gemeinsames Vermögen der Gesellschafter nach Bruchteilen, während durch den Kauf des Ferienhauses nun auch Gesellschaftsvermögen gebildet würde. Natürlich würde die neue Situation und der hinzugekommene Gesellschaftszweck eine Änderung und Erweiterung des ursprünglichen Gesellschaftsvertrages erfordern.

3.3.4 Haftung

Die Frage der Haftung und der Sicherheit wird bei Personengesellschaften immer wieder angesprochen, da sie für die „Normalfall-GbR" von großer Bedeutung ist. Sie betrifft sowohl das Außenverhältnis, also die Geschäftsbeziehungen mit Dritten, als auch das Innenverhältnis, d. h. die Haftung der Gesellschafter untereinander. Hier geht es zunächst um die Haftung im Außenverhältnis einer BGB-Gesellschaft. Für einen Investmentclub beschränken sich diese Außenbeziehungen in der Regel auf die Geschäftsbeziehung mit dem konto- und depotführenden Institut.

Nach dem BGB haftet jeder Gesellschafter unbegrenzt und mit seinem gesamten Vermögen für die von der Gesellschaft eingegangenen Verpflichtungen. Geschäfte der Gesellschaft gibt es rein rechtlich gar nicht, sondern nur Geschäfte der Gesellschafter in ihrer gesellschaftlichen Verbundenheit. Jeder Gesellschafter ist daher Vertragspartner eines Gläubigers der Gesellschaft. Der Gläubiger kann von jedem Gesellschafter die Erfüllung seiner Forderungen verlangen, weil jeder Gesellschafter gesamtschuldnerisch haftet (§§ 426, 427 BGB). Dies kann für den einzelnen unter Umständen weitreichende Konsequenzen haben. Selbst wenn z. B. ein Geschäftsführer für die Gesellschaft Geschäfte tätigt, die von den anderen Gesellschaftern eventuell nicht gebilligt werden, sind für daraus entstehende Verpflichtungen alle Gesellschafter haftbar. Es ist für einen Dritten ja nicht erkennbar, ob das Geschäft im Interesse aller Gesellschafter abgeschlossen wurde oder nicht. Ist der Anspruch des Gläubigers begründet, so muß seine Forderung im Zweifelsfalle von jedem einzelnen erfüllt werden. Die Auseinandersetzung über diese Erfüllung verlagert sich dann ins Innere der Gesellschaft, in diesem Fall also auf die Inanspruchnahme des Geschäftsführers durch die anderen Gesellschafter. Entsprechendes gilt, wenn ein Gesellschafter seinen anteiligen Verpflichtungen nicht nachkommen kann. Dann sind die anderen Gesellschafter zum Ausgleich verpflichtet.

Diese Rechtslage führt oftmals auch bei Investmentclubs zu Fragen und Unsicherheit. Es ist nun allerdings so, daß im Außenverhältnis eines Investmentclubs eine Haftungssituation bei Beachtung einiger weniger Regeln nicht entstehen kann. Eine Haftungssituation bedeutet in diesem Fall, daß über das gemeinsame Vermögen hinaus, d. h. der Einzahlungen zuzüglich Gewinnen bzw. Verlusten, Verpflichtungen für die Gesellschafter entstehen. Nicht gemeint ist hierbei, daß eine AG, dessen Aktien man hält, in Konkurs gerät oder der Schuldner einer Anleihe, die man im Portfolio hat, ausfällt. Dies würde zwar im ungünstigsten Fall einen Verlust des eingesetzten Kapitals bedeuten, aber niemals eine darüber hinausgehende Verpflichtung gegenüber Dritten und damit Haftung auslösen. Daß eine solche Haftung nicht entstehen kann, ist auch einleuchtend, weil ein Investmentclub gar keine Anschaffungen beispielsweise von Ausstattung und Waren auf Rechnung oder die Anmietung von Büroräumen tätigt. Es entstehen daher keine Zahlungsverpflichtungen, wie sie bei einem Geschäft oder Gewerbebetrieb üblich sind. Eine Haftungssituation im Außenverhältnis eines Investmentclubs kann im ungünstigen Fall allein in drei Fällen entstehen, nämlich:

- erstens bei Wertpapiergeschäften auf Kredit,
- zweitens bei Investments in nicht börsennotierte Beteiligungen, bei denen es aufgrund von nicht voll einbezahltem oder kreditbehaftetem Kapital zu Nachschußpflichten oder Kredithaftung kommen kann,
- drittens bei nachschußpflichtigen Termingeschäften, wie Warenterminkontrakten oder Financial Futures.

Wie zuvor dargelegt, wird bei einem Investmentclub kein Gesellschaftsvermögen im Sinne des BGB geschaffen. Das gemeinsam verwaltete Vermögen steht den Gesellschaftern nach ihrer jeweiligen Beteiligung zu und ist dem privaten Bereich der Gesellschafter zuzurechnen. Dies heißt jedoch nicht, daß die gesamtschuldnerische Haftung von vornherein ausgeschlossen ist. Eine gesamtschuldnerische Haftung nach § 427 BGB kann zwar ausgeschlossen werden und sollte auch ausdrücklich in den Vertrag mit aufgenommen werden. Allerdings ist fraglich, ob die Bank eine dahingehende vertragliche Bestimmung hinsichtlich Konto und Depot einer GbR anerkennt. Die Bank wird sich auf den Standpunkt stellen, daß nur ihre jeweiligen Allgemeinen Geschäftsbedingungen (AGB) und eventuell getroffene individuelle Vereinbarungen gelten. Nach den AGB von Kreditinstituten haften die Mitinhaber von Gemeinschaftskonten in der Regel gesamtschuldnerisch. Dies gilt auch für etwaige Handlungen der Vertretungsberechtigten aus Delikt. Falls der Investmentclub jedoch die o. g. Geschäfte vertraglich ausschließt, ist es unmöglich, daß eine Haftungssituation im Außenverhältnis entsteht.

Die Bank begrenzt ihr Kreditrisiko in der Regel dadurch, daß der Umfang über die Verfügungsberechtigung dahingehend eingeschränkt wird, daß für den Abschluß von Kreditverträgen eine Vereinbarung mit allen Gesellschaftern erforderlich ist. Dies heißt, daß ohne Ausnahme alle Gesellschafter der Aufnahme eines Wertpapierkredits zustimmen müssen. Allerdings sind in diesen sogenannten Verträgen über die Vertretungsberechtigung bei BGB-Gesellschaften Kredite im „üblichen Umfange" und vorübergehende Kontoüberziehungen im „banküblichen Umfang" möglich. Wie weit dieser „übliche Umfang" geht, kann aus Sicht der Gesellschafter schwerlich eingeschätzt werden und ist auch von Bank zu Bank unterschiedlich. Nicht zuletzt ist dies abhängig von persönlichen Beziehungen sowie der Bonität der Gesellschafter beim konto- und depotführenden Institut. Aus diesen Gründen empfiehlt sich auch seitens des Investmentclubs dringend ein Ausschluß von Wertpapiergeschäften auf Kredit. Sollte nämlich aufgrund hoher Verluste das Gesellschaftsvermögen für die Rückzahlung des Kredits nicht ausreichen, müßten die Gesellschafter mit ihrem übrigen Privatvermögen einstehen. Außerdem könnte bei Wertpapiergeschäften auf Kredit zusätzlich zum Haftungsrisiko ein erhebliches steuerliches Problem entstehen, da bei solchen Geschäften in größerem Umfange von einer gewerblichen Tätigkeit ausgegangen werden könnte (siehe Abschnitt 7.1.2 Steuern).

Investitionen in nicht börsennotierte Beteiligungen an Unternehmen oder Projekten, wie z. B. neuen Anlagen bzw. Betrieben oder Wohnparks, können sicherlich auch für Investmentclubs eine gute Möglichkeit sein, gemeinsame Ersparnisse anzulegen. Allerdings ist hierbei in der Regel eine lange Bindungsdauer nötig, und es ergeben sich Schwierigkeiten bei der Bewertung des Gesellschaftsvermögens. Es ist z. B. kaum möglich, den auf jeden Gesellschafter entfallenden Guthabenanteil zu bestimmten Stichtagen oder bei Austritt eines Gesellschafters zu berechnen. Auch die haftungsrechtliche Problematik kann einen ganz anderen Umfang einnehmen, insbesondere falls ein erheblicher Teil eines Projektes fremdfinanziert ist. Je nach vertraglicher Gestaltung kann ein Mißerfolg des Projektes unter Umständen eine Kredithaftung und damit Verpflichtungen von Anteilseignern auslösen. Ferner fragt sich, ob noch eine lebendige Gestaltung und Entwicklung des Investmentclubs in dem hier verstandenen Sinne stattfinden kann, wenn vornehmlich Beteiligungen eingegangen werden. Zudem sind die eingerechneten Kosten bei vielen Beteiligungsangeboten nicht transparent und zehren am Ertrag. Die angenommene Rendite wird ja oft nur über einen Steuervorteil erreicht. Wie sich die steuerliche Situation für den einzelnen Gesellschafter dann darstellt, ist zumeist recht kompliziert. Die ganzen steuerlichen und haftungsrechtlichen Fragen können im Einzelfall so diffizil und unterschiedlich sein, daß hier nicht darauf eingegangen werden kann. Falls man sich zu solchen Investments entschließt, sollte auf jeden Fall ein Steuerberater und ein Rechtsanwalt oder Notar zu Rate gezogen werden.

Der dritte Fall, bei dem eine Haftungssituation für die Gesellschafter entstehen kann, ist bei Abschluß nachschußpflichtiger Termingeschäfte. Nachschußplicht bedeutet, daß über das eingesetzte Kapital hinaus bei bestimmten Marktsituationen Zahlungen, sogenannte Nachschüsse, geleistet werden müssen. Läuft der Markt nicht so wie erwartet, kann das gesamte zuvor eingesetzte Kapital verlorengehen. Die während des Investments enstandenen zusätzlichen Zahlungsverpflichtungen können so zu einem erheblichen Verlust über das eingesetzte Kapital hinaus führen. Für den Abschluß von Termingeschäften (Kontrakten) ist daher in der Regel ein hohes Kapital nötig, das mindestens 250 000 DM betragen sollte. Die Bedingungen für Börsentermingeschäfte an der Deutsche Terminbörse (DTB) sehen vor, daß für alle Aufträge zuvor Sicherheiten in bestimmten Höhen zu stellen sind. Aus erlaubten Termingeschäften entstehende Forderungen müssen nämlich auf jeden Fall erfüllt werden. Daher werden für den Abschluß von Termingeschäften besondere Anforderungen an den Anleger gestellt. Bei Investmentclubs ist diese sogenannte Termingeschäftsfähigkeit für jeden einzelnen Gesellschafter seitens der Bank festzustellen. Für den Abschluß von Termingeschäften ist also unabhängig vom Umfang der Vertretungsberechtigung eine Vereinbarung mit allen Gesellschaftern erforderlich. Werden dann allerdings Geschäfte abgeschlossen, sind diese für alle Gesellschafter immer verbindlich. Gegen entstehende Ansprüche aus Börsentermingeschäften können keine Einwände mehr erhoben werden, auch wenn dem einzelnen die Konsequenzen des Tuns nicht völlig klar sind. Dies gilt auch für in den Augen der Gesellschafter unstatthafte Aufträge des Bevollmächtigten.

Um das Entstehen einer Haftungssituation von vornherein unmöglich zu machen, empfiehlt es sich dringend, die o. g. Geschäfte im Gesellschaftsvertrag auszuschließen und dies auch gegenüber der Bank deutlich zu machen. Die Bank hätte dann selbst dafür Sorge zu tragen, daß solche Geschäfte nicht getätigt werden. Zwar steht eine solche Haftungsbeschränkung im Außenverhältnis der GbR dieser Rechtsform eigentlich entgegen, doch hat der Bundesgerichtshof in seinen Urteilen von 1985 und 1992 grundsätzlich die einseitige Haftungsbeschränkung bei BGB-Gesellschaften für zulässig erklärt (BGH, NJW 1985, 619 und BGH, ZIP 1992, 1500). Bedingung ist allerdings, daß die Beschränkung der Haftung nach außen erkennbar und offenkundig sein muß. Dies erreicht man z. B. mit der Vertragsüberschrift „Gesellschaft (Name); Haftung beschränkt sich auf das gemeinsame Vermögen: siehe §§ . . . ", wobei die entsprechenden Ausschlüsse genannt sein sollten.

Wie oben allerdings angedeutet, ist nicht eindeutig, ob dies für eine Bank hinsichtlich Konto und Depot bindend ist bzw. ob die Bank eine derartige Haftungsbeschränkung im Gesellschaftsvertrag akzeptiert. Sicherheitshalber sollte man in einer individuellen Vereinbarung mit der Bank versuchen, die genannten Geschäfte auszuschließen und vereinbaren, daß das Konto/Depot nicht debitorisch geführt werden darf. Darauf sollten sich Banken in der Regel einlassen. Man hat damit einen wirklichen Haftungsausschluß bewirkt. Weiterhin besteht die Möglichkeit, im Innenverhältnis den Umfang der Vertretungsberechtigung der Geschäftsführung zu beschränken und von daher eine Inanspruchnahme der übrigen Gesellschafter bei Haftung auszuschließen. Am sichersten geht man jedoch mit zuvor genannter Formulierung und/oder individueller Vereinbarung mit der Bank sowie eventuell zusätzlicher Einschränkung der Vertretungsmacht auf Ebene des Investmentclubs. Damit ist für alle Gesellschafter eine in dieser Hinsicht größtmögliche Sicherheit gegeben, eine Haftungssituation nicht eintreten zu lassen.

3.3.5 Mitgliedschaft

Die Gründungsgesellschafter eines Investmentclubs erlangen automatisch durch Abschluß des Gesellschaftsvertrages ihre Mitgliedschaft. Einen späteren Eintritt sieht das BGB, ebenso wie das Weiterbestehen der Gesellschaft bei Ausscheiden eines Gesellschafters, nicht vor. Daher müssen diese Möglichkeiten, falls sie aus Sicht des Clubs zulässig sein sollen, im Gesellschaftsvertrag vorgesehen werden. Dem steht vom Gesetz her nichts entgegen. Da die GbR eine personenbezogene Gesellschaft ist, stellt der spätere Beitritt neuer Gesellschafter allerdings immer eine Vertragsänderung dar, da der gemeinsame Zweck nun mit den alten und den neuen Partnern verfolgt wird. Falls nichts weiteres geregelt ist, wird die Beitrittserklärung des neuen Partners erst dann wirksam, wenn alle bisherigen Gesellschafter sich über die Neuaufnahme geeinigt haben bzw. wenn sie allen anderen Gesellschaftern bekannt gemacht worden ist und niemand ihr widerspricht. Es ist aber auch möglich, eine grundsätzliche Zustimmung zu Beitritten vertraglich vorwegzunehmen oder den Geschäftsführer zu bevollmächtigen, Neueintritte und die damit verbundene Vertragsänderung mit Wirkung für die bisherigen Gesellschafter vorzunehmen.

Für den Investmentclub ergeben sich damit eine Vielzahl von Möglichkeiten, den Eintritt neuer Gesellschafter zu regeln. Es kann z. B. festgelegt werden, daß nur bei Ausscheiden eines Gesellschafters ein neues Mitglied aufgenommen wird, oder man vereinbart, daß Neueintritte nur auf den Gesellschafterversammlungen möglich sind. Dabei ist zu überlegen, ob eine Neuaufnahme die Mehrheit oder die Einstimmigkeit der anwesenden oder aber aller Gesellschafter voraussetzt. Falls der Investmentclub nur wenige Mitglieder hat und keine Einstimmigkeit für Neuaufnahmen erforderlich sein soll, empfiehlt es sich, ein Einspruchsrecht gegen die Neuaufnahme einzuräumen. Dann kann niemand Gesellschafter werden, der für einen anderen inakzeptabel ist, aus welchen Gründen auch immer. Bei einer Neuaufnahme muß der Vertrag von dem Neueintretenden immer anerkannt und den darin enthaltenen Regelungen zugestimmt werden. Da er Mitgesellschafter und damit Kontomitinhaber wird, ist seine Unterschrift unter den Vertrag unabdingbar. Der konto- und depotführenden Bank muß diese Änderung (Neuaufnahme) schriftlich mitgeteilt und eine Kopie der Vertragsunterschrift ausgehändigt werden.

Eine Beschränkung der Zahl von Gesellschaftern ist zudem ratsam. Zum einen sprechen steuerliche Gründe gegen eine zu hohe Zahl von Mitgliedern, zum anderen wird die Mitwirkung an den Entscheidungen sowie das Reagieren auf Marktsituationen bei sehr vielen Mitgliedern zunehmend schwieriger. Es ist dann z. B. nicht so einfach, Termine für die gemeinsamen Treffen zu finden, an denen alle Gesellschafter teilnehmen können. Der Investmentclub kann natürlich die Geschäftsführung bzw. einen Ausschuß bevollmächtigen, die jeweiligen Anlageentscheidungen zu treffen und gemeinschaftlich nur die Grundsätze der Wertpapieranlage festlegen. Die konkrete Erfahrung bei der Wertpapieranlage und die Beteiligung aller an den einzelnen Entscheidungen ist dann aber in dem Maße nicht mehr gegeben. Zu berücksichtigen ist auch, daß je nach Regelung ein unterschiedlicher Aufwand in der Verwaltung, die ja in der Regel ehrenamtlich geleistet wird, entsteht. Gleich wie ein Investmentclub die Neuaufnahmen gestaltet bzw. beschränkt, sollte dies vertraglich festgehalten werden.

3.3.6 Rechte und Pflichten

Die Mitgliedschaft beinhaltet das Recht jedes Gesellschafters, die Gesellschaft nach außen zu vertreten, an Beschlüssen mitzuwirken, sich an der Geschäftsführung zu beteiligen, Einsicht in die Geschäftsunterlagen zu nehmen und am Gewinn beteiligt zu sein. Diese Rechte sind für jeden Gesellschafter grundsätzlich gleichwertig, das heißt, daß z. B. ein Gründungsmitglied nicht über mehr bestimmen kann, als ein Jahre später eintretendes neues Mitglied. Natürlich können im Gesellschaftsvertrag einzelnen Gesellschaftern größere Rechte, wie z. B. die alleinige Vertretungsbefugnis im Namen der Gesellschafter oder die Entscheidungsbefugnis bei der Wertpapieranlage, eingeräumt werden. Ferner hat jeder Gesellschafter das Recht, daß ihm die für die Gesellschaft entstandenen notwendigen Aufwendungen ersetzt werden.

Hauptsächlicher Zweck der Gesellschaft ist es, Gewinne für die Gesellschafter zu erwirtschaften. Daraus folgt, daß die Beteiligung am Gesellschaftsvermögen und am Gewinn das wichtigste Recht eines Gesellschafters ist. Weil die Gewinnverteilung so wichtig ist, muß im Vertrag darüber etwas ausgesagt werden. Grundsätzlich sollte der Investmentclub immer vereinbaren, daß sich die Beteiligung am Gewinn nach der Beteiligung am gemeinsamen Vermögen bestimmt. Das BGB sieht nämlich andernfalls vor, daß jeder Gesellschafter unabhängig von seinen geleisteten Beiträgen gleichen Anteil an Gewinn und Verlust hat.

Das Recht zur Einsicht in die Geschäftsunterlagen ergibt sich aus § 716 des BGB und ist unabdingbar. Es kann also auch vertraglich nicht ausgeschlossen werden. In der Regel geht es hierbei um Einsichtnahme von Gesellschaftern in Unterlagen des handelnden Geschäftsführers. Diese muß grundsätzlich jederzeit gewährt werden, auch z. B. kurze Zeit nach der Entlastung der Geschäftsführung durch die Gesellschafter, wenn Gründe für die Einsichtnahme geltend gemacht werden. Zur Offenlegung der Unterlagen gegenüber Dritten, also z. B. einem mitgebrachten Freund, ist der Geschäftsführer jedoch nicht verpflichtet. Diese Unterlagen sind ja schließlich vertrauliche Sachen aller Gesellschafter. Daher gilt auch, daß über die Gesellschaft betreffende wichtige Angelegenheiten nach außen nichts mitgeteilt werden darf, solange dies von den Gesellschaftern nicht erwünscht ist.

Wichtige Pflichten und Rechte betreffen die Mitwirkung bei der Geschäftsführung. Falls der Vertrag zur Geschäftsführung nichts aussagt, steht sie allen Gesellschaftern gemeinsam zu. Sie beinhaltet einerseits die Verpflichtung, den Zweck der Gesellschaft in der vereinbarten Weise zu fördern, andererseits ist sie Ausdruck der Teilhabe jedes Gesellschafters an der Gestaltung und Entwicklung des Clubs. Die Geschäftsführung ist hierbei nicht zu verwechseln mit der Vertretungsbefugnis nach außen, die einzelnen oder anderen Gesellschaftern als z. B. dem Geschäftsführer übertragen werden kann.

Die zur Geschäftsführung berechtigten (gewählten) Gesellschafter können ihre Aufgabe weder an andere Gesellschafter delegieren noch sich ihrer Aufgabe entledigen. Die meisten Gesellschafter eines Investmentclubs haben auch gar kein Interesse, die mit einer Geschäftsführung verbundenen Arbeiten zu erledigen. Andere wiederum haben große Lust, die Geschäfte der Gesellschaft zu führen. Daher ist es in der Regel so, daß einem oder mehreren engagierten Gesellschaftern die Geschäftsführung übertragen wird. Dies ist auch viel praktischer, allein wenn man daran denkt, daß mehrere Personen gemeinsam die Buchführung machen sollten. Allerdings ist jeder Gesellschafter unabhängig von der Regelung zur Geschäftsführung verpflichtet, durch aktive Mitwirkung und Teilnahme den Gesellschaftszweck zu fördern, hierbei vor allem durch die Leistung der vereinbarten Beiträge.

3.3.7 Beiträge und Einzahlungen

Sinn eines Investmentclubs ist es, Geldbeträge anzusammeln, die die Anschaffung von Wertpapieren im größeren Umfang erlauben. Daher kommt den Beiträgen oder besser Einzahlungen der Gesellschafter entscheidende Bedeutung zu. Es kommt nun sehr auf die Teilnehmer des Investmentclubs an, welche Vereinbarung über die Höhe der zu leistenden Einzahlungen getroffen wird. Möglich sind sowohl laufende monatliche Einzahlungen als auch einmalige Einzahlungen (Einlagen) zu Beginn. Auch eine Kombination von beiden ist sinnvoll. Im Vertrag könnten z. B. monatliche Zahlungen von DM 100,– und/oder Einmaleinzahlungen von DM 1000,– oder ein mehrfaches davon vorgesehen sein. Ziel sollte es sein, möglichst bald ein Portfolio mit mehreren Wertpapieren und unter vertretbaren Gebühren (siehe Abschnitt 4.3 Auftragserteilung) aufzubauen.

Welcher Betrag für die ersten Kaufaufträge notwendig ist, wird sicher von Club zu Club unterschiedlich beurteilt. Ein Betrag von mindestens 10000,– DM sollte jedoch schon zur Verfügung stehen, damit etwa drei unterschiedliche Wertpapiere gekauft werden können und so eine gewisse Streuung des Risikos einzelner Wertpapiere erreicht wird. Natürlich kann man auch mit 5000,– DM den Einstieg ins Börsengeschehen wagen, nur sind das Risiko oder die Gebühren dann im Verhältnis ungleich höher. Falls die Mitglieder mit kleineren Beträgen ansparen, dauert es eben etwas länger, bis eine geeignete Summe zusammenkommt. Für den weiteren Aufbau des Portfolios ist es jedoch sinnvoll, wenn aus regelmäßigen Einzahlungen mindestens 1000,– DM je Monat für die Wertpapieranlage zur Verfügung stehen. Hierbei empfiehlt es sich, zu vereinbaren, daß regelmäßige Einzahlungen per Dauerauftrag zu leisten sind. Damit beugt man auch eventuell entstehendem Ärger bei Anmahnungen säumiger Beiträge vor.

Wichtig ist zudem zu klären, ob neben den vereinbarten Beiträgen zusätzliche Einzahlungen geleistet werden können. Dabei stellt sich zunächst die Frage, ob sich das Stimmrecht nach Personen oder nach Anteilen richtet. Wenn vorgesehen wird, daß alle Mitglieder gleich hohe Beiträge einzahlen, erübrigt sich die Frage. Sollten allerdings zusätzliche Einzahlungen möglich sein und sich das Stimmrecht nach Anteilen richten, kann ein Gesellschafter durch größere Einzahlungen das Clubgeschehen bestimmen. Auch wenn laut Vertrag alle Gesellschafter unabhängig von ihrer Beteiligung gleiches Stimmrecht genießen, ist zu überlegen, ob der Club eine große unterschiedliche Beteiligung am gemeinsamen Vermögen zulassen will. Es können aber z. B. auch Mindest- und Höchstbeiträge vereinbart werden. Es gibt also viele Kombinationsmöglichkeiten, die von jedem Investmentclub individuell festgelegt werden können.

Die Klärung des Modus bei den Einzahlungen ist zweitens wichtig, da sich daraus je nach Regelung ein sehr unterschiedlicher Aufwand bei der Buchführung und der Wertberechnung ergibt. Legt man fest, daß alle Gesellschafter zu gleichen Zeiten gleich hohe Beiträge einzahlen und der Club ein geschlossener und feststehender Kreis bleibt, ist die Verwaltung sehr einfach. Allerdings beraubt man sich damit jeglicher Flexibilität, sowohl hinsichtlich der unterschiedlichen Zahlungsfähigkeit von Gesellschaftern als auch hinsichtlich des Eintritts und Austritts von Gesellschaftern. Gibt man sich diese Flexibilität, dann müssen die jeweiligen Einzahlungen bewertet und die jeweilige Beteiligung der einzelnen Gesellschafter am gemeinsamen Vermögen berechnet werden, um eine gerechte Bewertung anteiliger Guthaben zu erreichen (siehe Abschnitt 5.1 Wertfeststellung). Der zusätzliche Aufwand ist unter Berücksichtigung größerer Möglichkeiten gewiß vertretbar. Die weitestgehende Regelung, daß neben den Mindestbeiträgen zusätzliche Einzahlungen jederzeit und in jeder Höhe möglich sind, ist für die Entwicklung des Clubs und für unterschiedliche Situationen der Clubmitglieder vielleicht am günstigsten.

Falls man sich zu dieser etwas aufwendigeren Wertberechnung und Verwaltung entschließt, stellt auch das Ruhen der Beitragsleistungen kein Problem dar. Es kann z. B. sein, daß sich ein Gesellschafter aufgrund einer beruflichen oder familiären Veränderung nicht in der Lage sieht, für eine gewisse Zeit seine Beiträge zu zahlen. Für diesen Fall kann man eine Aussetzung der Beitragszahlungen ermöglichen. Unter welchen Voraussetzungen und bis zu welchem Zeitraum das gestattet werden kann, sollte vertraglich festgehalten werden, und eine Sanktionsmöglichkeit, wie z. B. möglicher Ausschluß, vorgesehen sein. Denn es macht keinen Sinn, wenn ein oder mehrere Gesellschafter im Gegensatz zu den anderen Mitgliedern über Jahre hinaus keine Einzahlungen leisten. Auch muß festgelegt werden, ob Beiträge nachentrichtet werden müssen oder ob freigestellt ist, in welcher Weise Beiträge nachentrichtet werden und wie diese in die Bewertung einfließen. Eine Regelung zum Ruhen von Beitragsleistungen ist sicherlich auch von der Höhe der vereinbarten Beiträge abhängig. Bei monatlichen Mindesteinzahlungen von 50,– DM ist die Möglichkeit einer Aussetzung eher unnötig, wohingegen sie bei Beitragszahlungen von monatlich z. B. 500,– DM eingeräumt werden sollte.

3.3.8 Beteiligung am gemeinsamen Vermögen

Für die Gesellschafter eines Investmentclubs ist ihre jeweilige Beteiligung am Vermögen mit einer der wichtigsten Punkte, die es zu regeln gilt. Insbesondere geht es hierbei um eine Klarheit, wie die Beteiligung zustande kommt, sowie um eine Gerechtigkeit zwischen den einzelnen Mitgliedern. Ein neu eintretender Gesellschafter soll z. B. nicht von Wertentwicklungen in Zeiträumen, in denen er noch nicht Mitglied war, positiv oder negativ betroffen werden. Auch müssen in Höhe oder Zeitpunkt unterschiedliche Einzahlungen so in die Bewertung einfließen, daß niemand bevorteilt oder benachteiligt wird.

Die Beteiligung eines Gesellschafters und damit sein „Guthaben" am Vermögen ist nun von mehreren Faktoren abhängig. Sie richtet sich zum einen nach der Höhe und den Zeitpunkten seiner Einzahlungen, zum anderen nach den Kursen der Wertpapiere, dem Kontostand und den Zeitpunkten der Vermögenswertfeststellung. Insofern muß der Vertrag diese Punkte ansprechen und klar regeln. Hierbei sind vielfältige und ganz unterschiedliche Gestaltungmöglichkeiten denkbar, die sich sowohl nach den jeweiligen Vorstellungen des Investmentclubs als auch nach den jeweiligen Regelungen in den übrigen Vertragspunkten, wie z. B. der Vereinbarung über die Beitragszahlung oder den Ein- und Austritt von Gesellschaftern, richten.

Wird z. B. vereinbart, daß alle Mitglieder den gleichen (monatlichen) Beitrag leisten, hat jedes Mitglied einen gleich großen Anteil am gemeinsamen Vermögen. Dann braucht auch nur festgehalten werden, wann und mit welchen Kursen das gemeinsame Vermögen bewertet wird. Wird dieses durch die Anzahl der Mitglieder geteilt, ergibt sich das „Guthaben" eines jeden Gesellschafters zu diesem Zeitpunkt. Das Problem der Bewertungsgerechtigkeit entsteht aber, wenn ein neuer Teilnehmer aufgenommen wird. Tritt er nicht an die Stelle eines Ausscheidenden mit genau dem gleichen (Einzahlungs-) Betrag, den der Ausscheidende ausgezahlt bekommen hat, ist diese Art der Berechnung der Beteiligung nicht mehr möglich, da dann die Beteiligungsquoten der einzelnen Gesellschafter nicht mehr gleich sind. Würde man in diesem Fall von den Einzahlungen der Gesellschafter ausgehen, so entsteht eine Ungerechtigkeit zu den Mitgliedern, die längere Zeit dabei sind.

Ein **Beispiel** mag dies verdeutlichen:

Gesellschafter A und B zahlt 1997 monatlich jeweils 100,– DM ein, die Einzahlungen betragen also insgesamt 2400,– DM zum Jahresende 1997. Das Vermögen hat sich 1997 durch gute Gewinne auf 3000,– DM bis Ende 1997 entwickelt. Tritt nun Anfang 1998 ein neuer Gesellschafter C ein und zahlt auch monatlich 100,– ein, so ergeben sich zum Ende 1998 Einzahlungen von zusammen 6000,– DM (2400,– und jeweils 3 x 1200,–). Angenommen, 1998 wird weder Gewinn erzielt noch Verlust gemacht, dann beträgt das gemeinsame Vermögen am Jahresende 6600,– DM (3000,– und jeweils 3 x 1200,–). Insgesamt wurden von A, B und C 60 Einzahlungen à 100,– geleistet. Teilt man nun das Vermögen durch 60, ergibt sich ein Betrag von 110,– DM. Multipliziert man diesen Betrag mit der Anzahl der Einzahlungen jedes Gesellschafters, besitzen A und B ein Guthaben von jeweils 2640,– DM und C ein Guthaben von 1320,– DM zum Ende 1998. C hat also bei einem Einsatz von 1200,– DM Gewinn gemacht, obwohl er nur in Zeiten Gesellschafter war, in denen kein Gewinn erzielt wurde. Das heißt, daß A und B einen Teil ihrer Gewinne aus 1997 an C verschenkt haben.

Aus diesem Grunde ist, auch wenn man nur in einer Hinsicht flexibel sein will, ein anderes Berechnungsverfahren notwendig. Hier bietet sich der Umweg über die Festlegung und spätere Feststellung eines Anteilswertes, sozusagen einer eigenen „Währung", und die Umrechnung der Einzahlungen in Anteile an (siehe Abschnitt 5 Wertberechnung). Das macht die Verwaltung zwar etwas komplizierter und aufwendiger, jedoch ist man damit in jeder Hinsicht flexibel. Im Vertrag sollten dann die Zeitpunkte, zu denen Einzahlungen in die Bewertung einfließen, und die zu regelnden Fälle, wie Austritt, Eintritt, Ruhen des Beitrags usw. hinsichtlich einer Bewertungsgerechtigkeit festgehalten werden.

Falls die Möglichkeit der Aussetzung von Beitragszahlungen eines Mitgliedes für einen bestimmten Zeitraum vorgesehen wird, muß festgehalten werden, daß nachentrichtete Beiträge erst nach der geleisteten Zahlung in die Bewertung einfließen. Würde man z. B. vereinbaren, daß Einzahlungen im nachhinein auf die abgelaufenen Monate übertragen und bewertet werden, ergibt sich die gleiche Ungerechtigkeit wie oben dargestellt. Wäre die Nachentrichtung zudem noch freigestellt, könnte ein pfiffiger Gesellschafter auf die Idee kommen, erst einmal aus „wichtigen Grund" nicht einzuzahlen und sich später, je nach Wertentwicklung in der vorangegangenen Periode, zu überlegen, ob er Beiträge nachzahlt. Sind die Kurse und damit der Vermögenswert zuvor gestiegen, würde er natürlich nachzahlen und ohne jegliches Risiko Gewinne einstreichen, da er ja im Grunde zu vorher bekannten Kursen kauft. Ist der Vermögenswert gefallen, würde er dies dann sicher nicht tun. Daher ist es wichtig, festzulegen, daß Einzahlungen, gleich zu welcher Situation, immer erst nach Eingang auf dem gemeinsamen Konto in die Bewertung einfließen. Man kann schließlich auch an der Börse keine Wertpapiere zu Kursen vom Vortag oder früher, d. h. zu schon bekannten Kursen, kaufen.

Die Zeitpunkte für die Feststellung des Vermögenswertes und

damit auch des jeweiligen Anteilswertes, zu dem Einzahlungen in die Berechnung einfließen, können natürlich unterschiedlich festgelegt werden oder auch sporadisch sein. Bei sporadischen Berechnungen ist jedoch eine Bewertungsgerechtigkeit nicht mehr voll gegeben, wenn laut Vertrag die Einzahlungen unterschiedlich nach Höhe und Zeitpunkt sein können. Gleiches gilt für die zuvor angesprochenen Fälle. Daher ist es zweckmäßig, einen Rhythmus für die Feststellung des Vermögenswertes festzulegen. Das kann z. B. zum Ende jeder Woche, jeden Monats, aller drei Monate oder auch nur zum Jahresende geschehen. Als ganz praktisch erweist sich der Rhythmus jeweils zum Monatsende. Festzuhalten ist auch, zu welchen Kursen die Vermögenswertfeststellungen erfolgen sollen, ob z. B. Kassa- oder Schlußkurse bei Aktien ausschlaggebend sind, welche deutschen Börsenplätze für die Kurse und Preisfeststellungen einzelner Wertpapiere maßgeblich sein sollen und welchem Medium die Kurs- bzw. Preisinformationen entnommen werden. Falls die depotführende Bank die Depotaufstellungen im vom Club gewünschten Rhythmus zu den Bewertungsstichtagen macht, erübrigt sich diese Frage (siehe Abschnitt 4.1.3 Dokumentation und Wertfeststellung).

Nicht zuletzt ist zu vereinbaren, wann, wie oft und in welcher Form die Bewertungen des gemeinsamen Vermögens und die Berechnung der anteiligen Guthaben allen Gesellschaftern zugesandt oder ausgehändigt werden. Falls sich die Mitglieder öfter treffen, sind sie über den jeweils aktuellen Stand gut informiert. Es empfiehlt sich dennoch, den Mitgliedern diese Aufstellungen schriftlich mitzugeben oder zuzustellen, um das Verfahren transparent und die Zahlen nachvollziehbar zu machen. Dies gilt insbesondere dann, wenn die Mitglieder weiter voneinander weg wohnen und sich nur selten sehen.

3.3.9 Verwendung der Einzahlungen und Gewinne

Dieser Punkt betrifft bereits die Anlagegrundsätze, weil hier die Arten von Wertpapieren und die Formen der Geldanlage, in die investiert werden darf, genannt werden sollten. Wie schon dargestellt, empfiehlt es sich aus haftungsrechtlichen und auch aus bewertungstechnischen Gründen, nur Investitionen in börsenno-

tierte Wertpapiere zu gestatten. Zusätzlich ist es sicherlich sinnvoll, Sparanlageformen sowie Fest- und Tagesgelder beim kontoführenden Institut als Anlagemöglichkeiten mit aufzunehmen.
Darüber hinaus ist zu überlegen, ob auch in Investmentfonds angelegt werden soll. Dies widerspricht jedoch eigentlich der Idee
von Investmentclubs, selbständig einzelne Wertpapiere auszu-
suchen. In ein Portfolio, wie es Investmentclubs strukturieren,
gehören Investmentanteile daher normalerweise nicht. Es steht
jedoch nichts dagegen, sie als Anlageform zuzulassen und
Fondsanteile zu kaufen.

Auch ist es nötig, zu besprechen, an welchen Börsen Wertpapiere gekauft werden können und diese im Vertrag festzuhalten.
Zuvor sollte man sich allerdings darüber informieren, welche Kosten jeweils anfallen und welche Handelspraktiken üblich sind.
Insbesondere gilt das für Geschäfte an Börsen in sogenannten
„Emerging Markets"-Ländern und Ländern mit wenig entwickelten Kapitalmärkten. Dort können die für Wertpapieraufträge in
Rechnung gestellten (fremden) Spesen und Gebühren über die
normalen Transaktionskosten hinaus leicht mehrere Prozent ausmachen. Nicht vorhandene Liquidität oder intransparente Han-
delsusancen sind des öfteren Grund dafür, daß man seine Papiere
tagelang nicht verkaufen kann. Oft ist auch nicht nachvollziehbar,
wie die Kurse von Wertpapieren zustande kommen. Will man also an solchen Börsen investieren, müssen die Risiken allen Mitgliedern klar sein. Ansonsten empfiehlt es sich, die Börsenplätze
auf die großen Industrieländer, wie z. B. die Bundesrepublik und
die USA oder die westeuropäischen Länder, zu begrenzen. Vielen
Investmentclubs reichen auch die deutschen Börsen, an denen
mittlerweile eine große Zahl von in- und ausländischen Aktiengesellschaften (ca. 2200 im Herbst 1997) gehandelt werden, für die
Auswahl von Wertpapieren völlig aus. Dies macht zudem die Beschaffung von Kurs- und sonstigen Informationen einfacher.

Die Frage, die oft zu längeren Diskussionen führt, ist, ob Optionsgeschäfte als Anlageinstrument aufgenommen werden und
wenn ja, ob sie vor allem zu Absicherungs- oder zu Spekulations-
zwecken eingesetzt werden sollen. Den einen oder anderen reizt
es z. B., hochspekulativ und chancenreich zu investieren, andere
dagegen favorisieren eine eher vorsichtige Anlagepolitik. Man

kann nun festlegen, welchen prozentualen Anteil die verschiedenen Wertpapierklassen höchstens am Portfolio haben dürfen (siehe Abschnitt 6.1 Anlagegrundsätze). Ob dies und wenn ja, wie dies geregelt wird, richtet sich immer nach den Interessen der Mitglieder und einem Konsens über die Risikobereitschaft, der beim jeweiligen Investmentclub sehr unterschiedlich ausfallen kann. Termingeschäfte sollten dagegen immer vertraglich ausgeschlossen werden, weil hier im Extremfall die Gefahr besteht, auch über das eingesetzte Kapital hinaus Verluste zu erleiden.

Den Investitionsgrad, d. h. der Betrag, der im Verhältnis zum gesamten Vermögen für die Wertpapieranlage vorgesehen wird, kann an dieser Stelle schon bestimmt werden. Dieser richtet sich zunächst danach, ob und wieviel Barvermögen, z. B. für Verwaltungsgebühren und eventuelle Auszahlungen, jederzeit zur Verfügung stehen sollte. Werden größere Beträge für Auszahlungen benötigt, so ist es dann nicht nötig, Wertpapiere zu einem vielleicht ungünstigen Zeitpunkt zu verkaufen. Eine darüber hinausgehende Liquiditätshaltung für mögliche Wertpapierkäufe plant man jedoch am besten im Rahmen der Anlagepolitik. Umgekehrt kann natürlich festhalten werden, daß der Anteil des Barvermögens am gesamten gemeinsamen Vermögen nicht über einen bestimmten Prozentsatz hinausgehen soll. Somit ist eine Verpflichtung gegeben, sich intensiv mit der Anlage der Gelder zu beschäftigen.

3.3.10 Ausschüttung und Wiederanlage von Gewinnen

Im Gesellschaftsvertrag kann bestimmt werden, wann und wieviel Gewinn an die Gesellschafter ausgeschüttet wird. Das BGB sieht bei keiner anderen vertraglichen Regelung vor, daß die Gewinnverteilung im Zweifel am Schluß jedes Geschäftsjahres erfolgt. Der Begriff Gewinn ist allerdings für Geldanlagen nicht konkret genug. Besser spricht man von Kursgewinnen sowie Bezugsrechtserlösen einerseits und von Erträgen wie Dividenden, Zinsen und steuerlich gleichgestellten Erträgen andererseits. Kursgewinne und Erträge zusammen ergeben die Rendite, die allgemein oft als Gewinn bezeichnet wird. Unter Wiederanlage – auch Thesaurierung genannt – von Gewinnen wird bei der Geldanlage in der

Regel aber nur die Wiederanlage von Erträgen und nicht von Kursgewinnen verstanden. Dem Anleger in sogenannten „ausschüttenden" Investmentfonds fließen jährlich denn auch nur die erwirtschafteten Erträge, nicht aber der Gewinn aus Kurssteigerungen zu. Dieser drückt sich in der Erhöhung des Anteilswertes eines Fonds aus.

Zur Stärkung der Substanz und Entwicklung des gemeinsamen Vermögens empfiehlt es sich auch für einen Investmentclub, realisierte Kursgewinne nicht auszuschütten. Die jährliche Ausschüttung von Erträgen kann dagegen vereinbart werden. Es fragt sich nun, ob es sinnvoll ist, diese Ausschüttungen vorzusehen. Zumindest für die ersten Jahre des Bestehens erscheint es hinsichtlich des Aufwandes und in der Regel noch geringer Ausschüttungsbeträge praktischer, daß der Club die Erträge nicht ausschüttet, sondern einbehält und wieder in Wertpapieren anlegt. Daraus ergibt sich zudem ein „Zinseszinseffekt" der im Vermögen verbliebenen Erträge. Angenommen, das Vermögen des Clubs beträgt am Ende des zweiten Jahres nach Bestehen 80 000,– DM und das meiste Geld ist in Aktien investiert, so werden die Erträge des abgelaufenen Jahres etwa 1600,– DM ausmachen, die dann auf beispielsweise 20 Mitglieder aufgeteilt und überwiesen werden müßten. Da erscheint es besser, die Erträge im Clubvermögen wieder anzulegen, oder aber diesen Betrag für etwas anderes vorzusehen, wie z. B. für eine große Party oder eine gemeinsame Unternehmung aller Clubmitglieder. Im Vertrag kann man die Gewinnverwendung auch vom Beschluß der jeweiligen Jahresversammlung abhängig machen und sich so größere Flexibilität geben.

3.3.11 Verwaltungskosten und zeitlicher Aufwand

Für die Verwaltung des Investmentclubs entstehen der Geschäftsführung Kosten und bisweilen ein nicht unbeträchtlicher zeitlicher Aufwand. Daher einigt man sich am besten zuvor darüber, was dem Investmentclub als Kosten in Rechnung gestellt werden darf. Darunter fallen z. B. benötigtes Büromaterial, Kopierkosten, Briefmarken usw., die anhand der zugehörigen Belege abgerechnet werden können. Schwieriger wird es bei den Kommunikations- und Informationskosten, die per Beleg nicht einzeln abzurechnen sind. Das sind z. B. Telefon-, Fax- und Onlinegebühren, Kosten für Zeitungen, Zeitschriften und Rechercheaufwand, die vielleicht am besten mit einem pauschalen Betrag angesetzt werden. Falls alle oder mehrere Gesellschafter in dieser Hinsicht Aufgaben übernehmen, erübrigt es sich, hierfür Kosten zu berechnen. Ist jedoch z. B. die Geschäftsführung hauptsächlich für die Auswahl der Wertpapiere zuständig und muß sie die notwendigen Informationen heranschaffen und auswerten, wird es nötig, sich auf einen Betrag zu einigen. Nicht einzeln abrechenbare Kosten, die bei der Übernahme dieser Aufgaben entstehen, machen bei größerem Depotvolumen insgesamt leicht mehrere hundert Mark im Jahr aus.

Zu klären ist auch, ob der Geschäftsführung für die Verwaltung des Clubs und die Zurverfügungstellung von persönlicher Infrastruktur, wie Büro, PC, Fax usw. eine Aufwandsentschädigung zugestanden wird. Zwar werden bei Investmentclubs Aufgaben und Funktionen in der Regel ehrenamtlich übernommen, jedoch ist zu überlegen, ob hohes Engagement und hoher Zeitaufwand einzelner Personen, die über die ihnen zugedachten Pflichten oder Aufgaben hinausgehen, nicht in der ein oder anderen Weise anerkannt werden sollten. Es ist nun nicht nötig, dies vertraglich im einzelnen zu regeln; besser ist es, darüber auf den Gesellschafterversammlungen im Einzelfall und je nach Stand des Vermögens zu beschließen.

Hinsichtlich der entstandenen Kosten sind mehrere Möglichkeiten der Abrechnung denkbar. Sie können entweder aus einer Barkasse, durch eine zusätzliche Umlage der Gesellschafter in das Vermögen oder direkt aus dem Gesellschaftsvermögen gedeckt werden. Je nach Vereinbarung bzw. Beschluß kann die Kostenverrechnung dann per Einzelbeleg, Pauschale, einem bestimmten Prozentsatz am Vermögen oder einer Kombination hiervon erfolgen. Eine weitere Möglichkeit besteht darin, bei Gründung oder Neueintritt einen festen Betrag jedes Gesellschafters für entstehende Verwaltungskosten vorzusehen. Man kann z. B. bei regelmäßigen Einzahlungen die jeweils erste Einzahlung abgrenzen und daraus die später anfallenden Kosten decken, das heißt, daß diese „Einzahlungen" nicht in die Vermögensbewertung einfließen. Da dieser Betrag in den Kontoständen enthalten ist, muß er, gekürzt um die schon abgerechneten Kosten, dann bei den jeweiligen Vermögenswertfeststellungen vom Vermögenswert abgezogen werden. Ist der Betrag nach zwei oder drei Jahren aufgebraucht, kann man weiter nach einer der genannten Möglichkeiten verfahren oder wieder die nächste Einzahlung für zukünftig entstehende Verwaltungskosten abgrenzen.

Die Kosten durch eine zusätzliche Umlage zu decken, ist vielleicht die transparenteste Methode. Die Clubmitglieder erfahren auf den Gesellschafterversammlungen, wieviel Kosten entstanden und dem gemeinsamen Vermögen entnommen worden sind, und überweisen ihren Anteil. Vorher einigt man sich darüber, ob bei verschieden hohen Beteiligungen am Vermögen alle den gleichen Kostenanteil zu tragen haben, was die Aufteilung auf die Gesellschafter natürlich einfacher macht. Um das gemeinsame Vermögen allerdings jeweils korrekt festzustellen, müssen im vorherigen Zeitraum die vergüteten und damit dem Konto abgeflossenen Beträge den jeweiligen Vermögenswerten bzw. Kontoständen zugerechnet werden. Eine Schwierigkeit könnte dann entstehen, wenn die Mitglieder ihre Kostenanteile nach der Aufstellung auf der Jahresversammlung nicht umgehend überweisen bzw. die Überweisungen in mehrere Wertberechnungszeiträume fallen. Das kann in der Praxis häufiger auftreten. Dann müssen bei den anschließenden Bewertungen des Vermögens Abgrenzugen vorgenommen werden.

Am praktischsten ist es, die Kosten direkt dem gemeinsamen Vermögen zu entnehmen und sie genau wie die Gebühren der Bank in die Wertberechnungen einfließen zu lassen. Der Vorteil liegt darin, daß keine Abgrenzungen vorgenommen werden müssen und daß man nicht darauf achten muß, daß, wie bei dem zuvor genannten Verfahren, alle Gesellschafter ihre anteiligen Kosten überweisen. Die prozentuale Wertentwicklung fällt damit zwar etwas geringer aus, allerdings ist die reale Wertentwicklung bei anderen Methoden unter Einberechnung des von den Gesellschaftern ins Vermögen geleisteten Kostenausgleichs genau gleich. Bei dieser Methode besteht allerdings eher die Gefahr, daß die Geschäftsführung bzw. einzelne Gesellschafter im Laufe der Jahre versucht sein könnten, mehr Kosten zu berechnen, als tatsächlich angefallen sind. Sicherlich wird auf den Gesellschafterversammlungen über entstandene Verwaltungskosten berichtet und eine Prüfung sowie Entlastung vorgenommen. Am besten nimmt man aber einen Passus in den Vertrag mit auf, wonach die Geschäftsführung bemüht ist, die Verwaltungskosten so gering wie möglich zu halten, und bespricht auf den Gesellschafterversammlungen für den jeweils zukünftigen Zeitraum im einzelnen die abrechenbaren Kosten. Falls alle Clubmitglieder sich regelmäßig treffen, kann es auch zweckmäßig sein, eine Barkasse einzurichten.

Eine weitere, allerdings unübliche Methode ist es, die Verwaltungskosten durch einen prozentualen Abzug von z. B. 1,2 % pro Jahr oder 0,1 %, pro Monat vom gemeinsamen Vermögen zu decken. Bei noch geringem Vermögen wie etwa 20 000,– DM macht das natürlich wenig aus und reicht kaum oder gerade zur Deckung anfallender Kosten, wohingegen man bei einem sehr hohen Vermögen wie etwa zwei Millionen DM schon fast von einer Vergütung für den Geschäftsführer sprechen kann. Wie letztlich der Verwaltungsaufwand gehandhabt wird, muß nicht von vornherein endgültig festgelegt werden. Es kann sein, daß man zunächst ein Verfahren wählt und Vereinbarungen trifft, die sich im nachhinein vielleicht als nicht so praktisch erweisen. Dann besteht die Möglichkeit, zu einer anderen Regelung zu finden. Auch hier gilt, daß Erfahrungen einzelner Clubs nicht unbedingt für andere Clubs maßgeblich und zutreffend sein müssen.

3.3.12 Gesellschafterversammlung

Bei der GbR bestimmen alle Gesellschafter gemeinsam über die Angelegenheiten der Gesellschaft. Die Geschäftsführung, die Vertretungsbefugnis, bestimmte Aufgaben und Kompetenzen werden vom Investmentclub jedoch einzelnen Gesellschaftern übertragen. Die wichtigste Funktion der Gesellschafterversammlung liegt daher in der Kontrolle der Geschäftsführung und einzelner mit Kompetenzen ausgestatteter Gesellschafter. Sie ist daher von den sonstigen Treffen der Mitglieder zu unterscheiden. Gesellschafterversammlungen werden mindestens einmal im Jahr abgehalten. Die mit Geschäftsführung und Aufgaben betrauten Personen berichten über ihre Tätigkeit und die Wertentwicklung des Depots, eine Aussprache findet statt, die Anlagepolitik wird diskutiert, neue Beschlüsse werden gefaßt und Wahlen abgehalten.

Die Gesellschafterversammlung bestimmt auch die weitere Entwicklung sowie die Ziele der Gesellschaft und hat umfassende Beschlußkompetenzen. Da sie im Recht der GbR des BGB nicht geregelt ist, sie andererseits aber wichtigstes Beschlußorgan ist, muß der Gesellschaftsvertrag zur Gesellschafterversammlung etwas aussagen. Zumindest sollte festgelegt werden, wann bzw. wie oft die Versammlung einberufen wird, wer zur Einberufung berechtigt ist und welche Beschlußkompetenzen mit welchen Mehrheiten ihr vorbehalten sind. Damit sie ihrer Kontrollfunktion gerecht werden kann, empfiehlt es sich, auch einer Minderheit von Gesellschaftern das Recht einzuräumen, die Einberufung zu verlangen.

In der Regel beschließt die Gesellschafterversammlung zumindest über:

- den Zweck der Gesellschaft,
- die Anlagegrundsätze,
- die Erteilung und Entziehung von Befugnissen gleich welcher Art,
- Änderungen des Gesellschaftsvertrages,
- die Aufnahme und den Ausschluß von Gesellschaftern.

Einzig und allein die Entziehung von Vertretungsmacht und Geschäftsführung für die Vergangenheit ist nicht möglich. Eine Rückgängigmachung von mit Verlust verbundenen Wertpapieraufträgen durch „nachträgliches" Entziehen der Vertretungsberechtigung ist ohnehin ausgeschlossen. Gleichfalls ist im Innenverhältnis nach der Entlastung eine nachträgliche Inanspruchnahme der Geschäftsführer seitens anderer Gesellschafter ausgeschlossen. Entlastung bedeutet, daß die Versammlung mit den dargestellten Handlungen der Geschäftsführer bzw. einzelner Gesellschafter einverstanden ist und diese billigt. Beschlüsse der Gesellschafterversammlung werden grundsätzlich mit einfacher Mehrheit gefaßt. Wichtige Beschlüsse sollten allerdings nur mit qualifizierter Mehrheit gefaßt werden, wobei die Quote im Vertrag anzugeben ist. Ferner sollte man die Übertragung des Stimmrechts bei Nichterscheinen regeln, z. B. indem man vorsieht, daß das

Stimmrecht schriftlich einem anderen Gesellschafter übertragen werden kann. Vernünftig ist es zudem, bei der Beschlußfassung ein Widerspruchs- bzw. Vetorecht gegen wichtige, die Gesellschafter persönlich angehende Beschlüsse zuzulassen. Zu denken ist hierbei z. B. an die Aufnahme neuer Mitglieder, an die Erhöhung der Pflichtbeiträge oder an hochspekulative Geschäfte.

Im Unterschied zur Gründungsversammlung, auf der die Vertragsgestaltung wichtigster Punkt ist, kann der Ablauf der folgenden Gesellschafterversammlungen ganz individuell und unterschiedlich gestaltet werden. Falls hauptsächlich die Geschäftsführung oder ein Anlageausschuß für die Wertpapierauswahl zuständig ist, steht natürlich die Darstellung der Gründe für die getroffenen Anlageentscheidungen und die Entwicklung des Portfolios im Vordergrund. Spannend ist es, die einzelnen Entscheidungen zu analysieren, zu bewerten und aus dieser Diskussion anschließend eigene Regeln und Grundsätze für das Management des gemeinsamen Vermögens aufzustellen. Ebenso interessant ist es, zu besprechen, ob sich das praktizierte Verfahren bei der Wertpapierauswahl bewährt hat und in welcher Art ein verbessertes Handeln möglich wäre.

Besonders wichtig für die Gesellschafter ist der Bericht über die Geschäftstätigkeit durch den Geschäftsführer und die Bestätigung der Richtigkeit der vorgelegten Zahlen durch den (Kassen-) Prüfer. Die Darstellung wird sicher von Club zu Club in Ausführlichkeit und Form unterschiedlich gehandhabt. Ein Handout mit den wichtigsten Angaben, wie Portfolioübersicht, Vermögens- bzw. Anteilswerte und die jeweilige Beteiligung am gemeinsamen Vermögen samt einigen Erläuterungen ist allerdings zu verteilen. Auf Grundlage dieser Informationen und der anschließenden Aussprache erfolgt die Entlastung. Für den weiteren Verlauf ist es am besten, die für alle interessantesten Besprechungspunkte und solche Punkte, zu denen Beschlüsse gefaßt werden müssen, zunächst zu diskutieren. Es kann nämlich durchaus sein, daß z. B. die Diskussion und Festlegung der Anlagepolitik bei 20 Mitgliedern mit teils unterschiedlichen Meinungen längere Zeit in Anspruch nimmt. In diesem Fall können noch folgende unwichtige Punkte weggelassen werden, um die anstehenden Wahlen durchzuführen zu können und die Versammlung zeitlich im Rahmen zu halten.

Zumeist will man ja anschließend noch gute Gewinne feiern oder sich bei einem entstandenen Verlust gegenseitig trösten.

3.3.13 Geschäftsführung und Haftung im Innenverhältnis

Die Festlegung der Aufgaben und Kompetenzen der Geschäftsführung ist einer der sensibelsten Punkte bei der Vertragsbesprechung, da sie die Sicherheit der Geldanlage berührt. Eine gemeinschaftliche Geschäftsführung aller Gesellschafter ist einfach unpraktikabel, weil für jede Handlung und jedes Geschäft die Zustimmung aller Beteiligter notwendig wäre. Bei einer Zwei- oder Drei-Personen-GbR mag das unter Umständen gerade noch gehen, aber bei Gesellschaften mit mehreren oder einer Vielzahl von Teilnehmern ist das aus praktischen Gründen ausgeschlossen. Daher ist es notwendig, die Geschäftsführung auf einen oder mehrere Gesellschafter zu übertragen.

Das BGB sagt dazu, daß bei Übertragung der Geschäftsführung die übrigen Gesellschafter von der Geschäftsführung ausgeschlossen sind. Gleiches gilt für die Vertretungsmacht, d. h. für Rechtsgeschäfte mit Dritten, in diesem Fall dem konto- und depotführenden Institut. Der Geschäftsführer kann also im Namen aller Gesellschafter rechtlich verbindliche Geschäfte tätigen, während die übrigen Gesellschafter dies nicht tun dürfen. Zwar sind Geschäftsführungsbefugnis und Vertretungsmacht unabhängig voneinander zu betrachten, jedoch sieht das BGB vor, daß bei keiner anderen vertraglichen Regelung beide in Verbindung miteinander erteilt werden. Daraus wird deutlich, welch hohe Vertrauensstellung die Geschäftsführung hat.

Die Geschäftsführung umfaßt zunächst einmal im Innenverhältnis alle Aufgaben, die für die Erreichung des Gesellschaftszweckes notwendig sind. Diese Aufgaben beinhalten hauptsächlich:

- die Gesellschafterversammlungen einzuberufen und zu leiten,
- die Gesellschafter regelmäßig zu informieren,
- die Wertberechnungen vorzunehmen und die Verwaltung zu erledigen,
- den Jahresabschluß zu erstellen und über die Geschäftstätigkeit zu berichten.

Die Tätigkeitsvorgaben und der Handlungsspielraum sollten im einzelnen im Vertrag benannt werden. Die Geschäftsführungsbefugnis kann nun auf mehrere Gesellschafter übertragen werden, eventuell mit einem jeweils bestimmten Aufgabenbereich. Dann ist allerdings auch festzulegen, ob Alleingeschäftsführungsmacht zugestanden wird oder ob alle Handlungen nur gemeinsam vorzunehmen sind. Dies erscheint für einen Investmentclub jedoch ziemlich unzweckmäßig, wenn man sich die zuvor genannten hauptsächlichen Aufgaben vor Augen hält. Es genügt also völlig, einen Geschäftsführer, einen Stellvertreter und den (Kassen-) Prüfer zu wählen, wobei dem Geschäftsführer und seinem Stellvertreter jeweils Alleingeschäftsführungsmacht eingeräumt sind. Falls der Geschäftsführer z. B. krank werden sollte oder er längere Zeit im Ausland verbringt, muß sein Stellvertreter ihn voll ersetzen können.

Hinsichtlich der Anlageentscheidungen können nun ganz verschiedene Regelungen vereinbart werden, die von der Geschäftsführungsbefugnis unabhängig sind. Dabei sind Möglichkeiten denkbar, daß Anlageentscheidungen nur von allen Gesellschaftern gemeinsam getroffen werden, bis dahingehend, daß die Geschäftsführung allein für die Anlageentscheidungen verantwortlich ist. Wenn diesbezüglich während des Bestehens des Clubs je nach Situation unterschiedliche Handhabungen möglich sein sollen, empfiehlt es sich, diesen Punkt im Vertrag offenzulassen. Allerdings ist es dann nötig, auf den Gesellschafterversammlungen festzuhalten, wie das Verfahren bei der Wertpapierauswahl aussehen und wer im einzelnen die Entscheidungen im jeweils kommenden Geschäftsjahr treffen soll (siehe Abschnitt 6.1.3 Auswahlverfahren).

Sind die Geschäftsführung oder einzelne Gesellschafter laut Vertrag oder Beschluß alleinig oder weitgehend für die einzelnen Anlageentscheidungen verantwortlich, so ist deren Haftung im Innenverhältnis, also gegenüber den anderen Gesellschaftern zu klären. Unter bestimmten Umständen könnte eventuell von einer Aufklärungspflicht der Geschäftsführung über die Risiken der Wertpapieranlage ausgegangen werden. Verspekuliert sich zudem der Geschäftsführer mit riskanten Wertpapiergeschäften, ist nicht völlig ausgeschlossen, daß ihm eine Mitschuld angelastet werden könnte. Dies insbesondere dann, wenn er als Anlageberater schon über längere Wertpapiererfahrung verfügt und davon ausgehen kann, daß die übrigen Gesellschafter dieses Risiko nicht eingegangen wären. Zwar ist der Geschäftsführer in seiner Funktion im eigentlichen Sinne kein Anlageberater, er hat jedoch eine Sorgfaltspflicht gegenüber den anderen Gesellschaftern.

Andererseits sind für niemanden die Entwicklung der Börsenkurse vorhersehbar. Der Geschäftsführer geht also mit der Kompetenz über Anlageentscheidungen persönlich ein nicht zu unterschätzendes Haftungsrisiko ein. Daher ist zu überlegen, ob nicht eine Haftungsfreizeichnung für Anlageentscheidungen mit in den Vertrag aufgenommen wird. Zwar gilt laut § 708 BGB, daß ein Gesellschafter oder Geschäftsführer nur für diejenige Sorgfalt haftet, die er in eigenen Angelegenheiten anzuwenden pflegt. Das Risiko, das bei Übernahme dieser Verantwortung seitens der Geschäftsführung eingegangen wird, ist jedoch nicht unerheblich und kann dem Risiko der Beratungshaftung gleichkommen. Dies betrifft zwar keine kurzfristigen Kursschwankungen. Wird aber z.B. vereinbart, daß vorrangig in spekulative Nebenwerte investiert werden soll und geht dann der Depotwert für längere Zeit kräftig nach unten, so ist im Streitfall gar nicht einfach zu klären, ob nun der Geschäftsführer nicht doch möglicherweise in Anspruch genommen werden könnte. Zumindest könnten so andere Gesellschafter denken. Es ist zwar unwahrscheinlich, jedoch vorstellbar, daß dann ein klagefreudiges Mitglied die Geschäftsführung für entstandene Verluste oder sogar für entgangene Gewinne haftbar machen will. Aus diesen Gründen empfiehlt es sich, die Haftung im Vertrag auf Vorsatz und grobe Fahrlässigkeit zu beschränken.

Andererseits kann es für den Geschäftsführer problematisch werden, wenn er angibt, im privaten Bereich nur hochspekulativ zu handeln und keineswegs seine Sorgfaltspflicht zu verletzen, wenn er gleichermaßen für den Club handele. In diesem Fall gilt eventuell ein „objektiver" wenn auch unkonkreter und auslegbarer Haftungsmaßstab.

Natürlich betrifft eine Haftungsfreizeichnung nie die Verletzung von Aufgaben und Pflichten oder die Nichtbeachtung von Beschlüssen, Anlagegrundsätzen sowie vertraglichen Regelungen.

Gleich also von welcher Warte man es betrachtet, es empfiehlt sich für einen Investmentclub immer, hinsichtlich von Haftungssituationen Anlagegrundsätze und damit eine ungefähre Risikobereitschaft der Mitglieder entweder vertraglich oder auf den Gesellschafterversammlungen schriftlich festzulegen. Je höher das einzugehende Risiko, desto enger sollte dabei die Abstimmung zwischen den Gesellschaftern erfolgen.

Bei Vorliegen eines wichtigen Grundes, wie grober Pflichtverletzung oder Unfähigkeit, kann die Befugnis zur Geschäftsführung dem einzelnen Gesellschafter durch Beschluß jederzeit entzogen werden. Dieses Kündigungsrecht darf laut BGB auch vertraglich nicht ausgeschlossen, sondern im Gegenteil nur ausgeweitet werden. Es ist z. B. möglich, festzulegen, daß die Befugnis zur Geschäftsführung ohne besonderen Grund und ohne Einberufung einer Gesellschafterversammlung entzogen werden kann. Damit einhergehend ist auch immer ein Entzug der Vertretungsmacht verbunden. Umgekehrt darf der Geschäftsführer sein Amt nur aus wichtigem Grund und nicht mit sofortiger Wirkung kündigen. Ein freies Kündigungsrecht des Geschäftsführers kann allerdings im Vertrag vorgesehen werden.

3.3.14 Kündigung und Ausscheiden

Die Kündigung durch einen Gesellschafter ist im Prinzip jederzeit möglich. Das Kündigungsrecht kann auch vertraglich nicht ausgeschlossen werden, da es zu den nicht abänderbaren Bestimmungen des BGB gehört. Es kann allerhöchstens auf die Kündigung aus wichtigem Grund beschränkt werden. Das wäre z. B. bei einer groben Pflichtverletzung eines anderen Gesellschafters oder, wenn ein Gesellschafter in der Erfüllung seiner Aufgaben behindert würde, gegeben. In solchen Fällen braucht der Gesellschafter auch keine vertraglich vorgesehene Kündigungsfrist einhalten. Andererseits steht den Gesellschaftern gemeinschaftlich ein Ausschlußrecht bei Vorliegen eines wichtigen Grundes, wie etwa ein die Gesellschaft oder einzelne Gesellschafter schädigendes Verhalten, zu. Soll die Gesellschaft bei Kündigung oder Ausschluß eines Gesellschafters fortbestehen, so muß dies im Vertrag schriftlich festgehalten werden.

Für den Investmentclub stellt sich die Frage, zu welchen Zeitpunkten und mit welchen Fristen ein (normales bzw. fristgerechtes) Ausscheiden ermöglicht wird. Wird ein Ausscheiden zu Stichtagen einer Vermögensbewertung vorgesehen, so brauchen keine zusätzlichen Bewertungen bei Kündigung vorgenommen werden und es entsteht diesbezüglich keine unnötige Arbeit. Falls monatliche Vermögensbewertungen und Kündigungsmöglichkeiten vorgesehen sind, ergibt sich bei unterjährigem Austritt allerdings ein größerer Aufwand bei der Verwaltung und Abwicklung. Dann müßten zum Ende des Jahres die steuerpflichtigen Erträge sowie eventuelle Spekulationsgewinne unterjährig anteilig für den jeweiligen Gesellschafter berechnet und von denen anderer Gesellschafter abgegrenzt werden. Dies macht die Steuererklärung des Clubs für seine Mitglieder recht kompliziert, da für die Zuordnung steuerpflichtiger Erträge nicht mehr allein von der Beteiligungsquote ausgegangen werden kann. Die Neuberechnung des Zuteilungsschlüssels für die Erträge nach Haltedauer bzw. die Berechnung von „Zwischengewinnen" ist zwar in Absprache mit dem jeweiligen Finanzamt möglich, wird jedoch insbesondere bei größerem Depotvolumen zeitaufwendig und erfordert einige mathematische Kenntnisse.

Daher empfiehlt es sich, ein Ausscheiden nur zum Jahresende zu ermöglichen. Dies trifft sich auch mit dem Zweck einer eher langfristigen Wertpapieranlage und der Maßgabe, den Verwaltungsaufwand so gering wie möglich zu halten. Sind allerdings monatliche Vermögensbewertungen vorgesehen, sollte austretenden Gesellschaftern bei Kündigung freigestellt sein, festzulegen, zu welchem Stichtag ihr anteiliges Guthaben abgegrenzt wird. Kündigt z. B. ein Gesellschafter schon im August zum nächsten Kündigungstermin am Jahresende und geht er von fallenden Kursen in den letzten Monaten des Jahres aus, so sollte er auch bestimmen können, daß sein anteiliges Guthaben nicht mehr an der Wertentwicklung des Gemeinschaftsdepots teilnimmt. Natürlich würde er in diesem Fall auch keine weiteren Einzahlungen bis zum Jahresende mehr leisten. Zwar kann sich bei einer solchen Handhabung auch eine geringe Unsauberkeit hinsichtlich der Zuordnung steuerpflichtiger Erträge nach Beteiligungsquote am Ende des Jahres ergeben, sie kann jedoch hier vernachlässigt werden.

3.3.15 Auflösung und Liquidation

Für die Auflösung des Investmentclubs kann es ganz unterschiedliche Gründe geben, sei es, daß die Beteiligten sich über zukünftige Ziele nicht einigen können oder ihre eigenen Wege gehen wollen, die engagierten Mitglieder aus beruflichen oder familiären Gründen keine Zeit mehr finden oder aber daß man mit dem gemeinsamen Vermögen ein neues, anderes Projekt starten möchte. Mit der Auflösung verschwindet die Gesellschaft jedoch noch nicht, sondern es beginnt die Liquidation, die eine gesellschaftsinterne Angelegenheit ist. Die Liquidation ist die praktische Umsetzung eines Auflösungsbeschlusses, wobei es darum geht, das Vermögen der Gesellschaft aufzulösen und einen Ausgleich zwischen den Gesellschaftern herbeizuführen. Die Regeln über die Durchführung der Liquidation können im Gesellschaftsvertrag frei bestimmt werden. Es steht auch nichts dagegen, daß die Gesellschafter die Fortsetzung der Gesellschaft beschließen, wenn sie ihre Meinung geändert haben. Wenn der Vertrag nichts anderes vorsieht, erlischt im Falle der Auflösung die vertragliche Geschäftsführungs- und Vertretungsmacht und es gilt wieder das Prinzip, daß Geschäftsführung und Vertretung allen Gesellschaftern für die Zeit der Liquidation gemeinsam zustehen. Aus praktischen Gründen sollte man jedoch entweder die Geschäftsführung als Liquidator vorsehen oder einen Liquidator bestimmen.

Der Ausgleich unter den Gesellschaftern und die Verteilung des gemeinsamen Vermögens geschieht letztlich genau so wie bei einer Vermögensbewertung. Bei Auflösung werden jedoch zunächst alle Wertpapiere verkauft, so daß nur noch ein Kontoguthaben vorhanden ist. Ausstehende Verwaltungskosten sind abzurechnen sowie eventuell bestehende sonstige Forderungen zu erledigen. Noch entstehende Kosten wie z. B. für Konto- und Depotauflösung und eventuell eine Entschädigung für denjenigen, der die letzte Steuererklärung (nachträglich) vornimmt, werden für die letzte Vermögenswertfeststellung abgegrenzt. Schließlich wird das verbliebene Vermögen auf die Gesellschafter entsprechend dem vertraglichen Verfahren zur Wertberechnung der anteiligen Guthaben verteilt. Nach der Verteilung und Überweisung aller anteiligen Guthaben und eventuell noch eingegangener, letzter Einzahlungen erlischt dann mit der Konto- und Depotauflösung das Lebenslicht des Investmentclubs.

4. Die Bankverbindung

Um mit der Bank gut verhandeln zu können, ist es wichtig, sich vorab klarzumachen, was der Investmentclub für seine Tätigkeit benötigt und was die Gesellschafter von der Bankverbindung erwarten sollten.

Notwendig sind ein Girokonto, auf dem alle Geldbewegungen der Gesellschafter abgewickelt werden, ein Gegenkonto zum Wertpapierdepot, das mit dem Girokonto identisch sein kann, und das eigentliche Depotkonto, auf dem die Wertpapiere verwahrt werden.

4.1 Konto- und Depoteröffnung

In der Regel gestaltet sich die Konto- und Depoteröffnung für einen Investmentclub ohne große Probleme. Hat man, wie hier empfohlen, die Rechtsform einer GbR gewählt, so werden alle Gesellschafter Konto- und Depotmitinhaber eines Gemeinschaftskontos und -depots. Das bedeutet, daß die Eröffnung gemeinschaftlich auf die Namen aller Gesellschafter erfolgt. Der Investmentclub gibt sich jedoch in der Regel eine Bezeichnung, unter der das Konto und das Wertpapierdepot nach Eröffnung geführt werden. Der Gesellschaftsvertrag wird dabei der Geschäftsbeziehung mit der Bank zugrunde gelegt (siehe Abschnitt 3.1 Gesellschaftsvertrag). Zwar macht dies etwas mehr Arbeit, doch ist so in der Beziehung zwischen Investmentclub und Bank für Kontinuität gesorgt. Es ist dann z. B. nicht mehr nötig, bei einem Wechsel der Verfügungsberechtigung ein neues Konto/Depot zu eröffnen und die Vermögenswerte zu übertragen. Darüber hinaus bietet diese Vorgehensweise den Mitgliedern des Investmentclubs eine größere Sicherheit.

Allerdings ist nicht jede Bank bereit, ein Konto und Wertpapierdepot für einen Investmentclub, bei dem alle Mitglieder Kontomitinhaber werden, zu eröffnen, da dies – verglichen mit Konten für Einzelpersonen – einen Mehraufwand für sie bedeutet.

Auch wissen Bankmitarbeiter oft nicht, wie die Kontoeröffnung und Abwicklung der Geschäfte für einen Investmentclub genau gehandhabt werden könnten, da ihnen einfach die Kenntnis im Umgang mit Clubs dieser Art fehlt. In vielen Fällen müssen sie sich nach einer ersten Kontaktaufnahme zunächst danach erkundigen, ob und wie bestimmte Handhabungen möglich sind. Es kann z. B. passieren, daß vom Bankmitarbeiter zwar eine problemlose Kontoeröffnung in Aussicht gestellt wird, man aber nach genauerer Überlegung seitens der Bank später mitgeteilt bekommt, daß „das so nun doch nicht möglich sei". Für den Club ist es wiederum wichtig, eine möglichst einfache und vorteilhafte Geschäftsbeziehung einzugehen. Das bedeutet, daß in den wenigsten Fällen direkt im Anschluß an das erste Gespräch eine Kontoeröffnung möglich sein wird.

Da die Erfahrungen mit Investmentclubs und auch die Bereitschaft zur Zusammenarbeit von Bank zu Bank sehr unterschiedlich sind, sollte man sich, wenn das Projekt Investmentclub konkret wird, möglichst frühzeitig um die richtige Bankverbindung kümmern. Vielleicht sind die Gründungsmitglieder auch an einer Begleitung und Beratung seitens der Bank in der Anfangsphase interessiert. Dann ist zu klären, inwieweit die Bank bereit und in der Lage ist, Aufklärung, Training und Hintergrundinformationen anzubieten, damit die Mitglieder aktiv Anlageentscheidungen treffen können.

Bei den Gesprächen mit einer Bank sind auf jeden Fall folgende Aspekte zu klären:
* Anforderungen der Bank an den Investmentclub hinsichtlich des Wertpapierhandelsgesetzes (WpHG),
* Vornahme der Legitimationsprüfung der Gesellschafter,
* Inhalt der Vereinbarung mit der Bank und Möglichkeit von Haftungsausschlüssen,
* Gebühren sowie sonstige Transaktionsbedingungen,
* Dokumentation der Konto-/Depotführung insbesondere im Hinblick auf die Wertfeststellungen,
* Umfang der Beratungsleistungen, bzw. Verzicht auf Beratung.

4.1.1 Aufklärungspflichten gemäß WpHG

Für die Gründungsgesellschafter geht es zunächst darum, eine Bank ausfindig zu machen, welche die Geschäftsbeziehung so unkompliziert wie möglich macht. Dies betrifft als erstes die von der Bank gestellten Anforderungen bezüglich des Wertpapierhandelsgesetzes (WpHG).

Aufgrund zahlreicher Falschberatungen und nach etlichen Urteilen zu Aufklärungs- und Beratungsfehlern von Kreditinstituten trat im Januar 1995 die Verpflichtung zu anlage- und anlegergerechter Beratung nach § 31 des WpHG in Kraft. Kreditinstitute haben demzufolge bei Wertpapiergeschäften von den Kunden Angaben über Kenntnisse und Erfahrungen bei derartigen Geschäften, über die mit den Wertpapiergeschäften verfolgten Ziele und über die finanziellen Verhältnisse der Kunden zu verlangen. Dies hat dazu geführt, daß Kunden seitdem mit von der Kreditwirtschaft entwickelten, speziellen Fragebögen zu ihrer Vermögenssituation befragt und hinsichtlich ihrer Kenntnisse und Risikobereitschaft eingestuft werden. Seitens des Anlegers besteht allerdings keine Pflicht, diese Fragen zu beantworten. Ist er jedoch zu keinen Angaben bereit, muß er damit rechnen, daß die Bank eine Kundenbeziehung ganz ablehnt. Zumindest sieht sich die Bank in diesem Fall haftungsrechtlich aus der Verantwortung genommen und besteht dann auf einer diesbezüglichen Bestätigung des Kunden.

Die Banken wollen sich durch diese Befragung sowie die Einstufung der Kunden in ‚Risikoklassen‘ zum einen absichern und zum anderen vermeiden, daß ein Haftungsanspruch möglicherweise entstehen könnte. Im Massengeschäft der Kreditinstitute waren Klagen von Kunden nämlich kein Einzelfall. Hohe Schadensersatzansprüche, Bußgelder bis zu einer halben Million Mark und die Schädigung des Ansehens als mögliche Folge einer Pflichtverletzung führten dazu, daß die meisten Kreditinstitute sich bei der Auslegung des WpHG zunehmend restriktiver verhalten. Dies gilt um so mehr, je risikoreicher ein Anleger investieren möchte und betrifft insbesondere Engagements in ausländische Nebenwerte, spekulative Anleihen oder aber Options-, Devisen- und Termingeschäfte, die den Nachweis einer sogenannten

Termingeschäftsfähigkeit erfordern. Die seit Mai 1997 geltende Richtlinie des Bundesaufsichtsamtes für den Wertpapierhandel, mit der die Verhaltensregeln für die Banken konkretisiert wurden, hat an dieser Praxis kaum etwas geändert.

Bei den Gesprächen mit der Bank ist daher zu klären, welche Aufklärungspflichten hinsichtlich des WpHG bei welchen Arten von Wertpapiergeschäften die Bank für die Mitglieder des Investmentclubs als unerläßlich erachtet. Falls der Club auch in ausländische Nebenwerte und Optionen investieren will, machen Banken es fast durchweg zur Bedingung, daß alle Gesellschafter einzeln nach ihren Anlagezielen und ihrer Vermögenssituation befragt werden. Eine solche aufwendige Einzelaufklärung/-befragung kann man eventuell durch eine dahingehende Absprache mit der Bank umgehen, daß die Gründungsgesellschafter gemeinsam zu einem Termin über die Risiken der gewünschten Anlageformen aufgeklärt werden. Wenn die Gesellschafter weit voneinander entfernt wohnen, ist diese Vorgehensweise jedoch praktisch kaum zu realisieren. Neu eintretende Mitglieder müssen sich später ohnehin einzeln beraten lassen.

Falls der Investmentclub auf risikoreiche Transaktionen, insbesondere auf Options- und Termingeschäfte, ganz verzichtet, ist die Bank eventuell dazu bereit, daß die Risikoaufklärung sich auf die Geschäftsführung bzw. Vertretungsberechtigten beschränkt. Insbesondere, wenn laut Vertrag allein die Geschäftsführung für die Anlageentscheidungen verantwortlich ist, wäre das denkbar. Dies muß aber in Einzelabsprache mit der Bank vereinbart werden und gilt nicht generell. Allerdings hätte eine solche Regelung Konsequenzen für die Haftung der Vertretungsberechtigen im Innenverhältnis, d. h. gegenüber den anderen Gesellschaftern. Man kann zwar dadurch Abhilfe schaffen, daß im Gesellschaftsvertrag ein Passus über die mit der Wertpapieranlage verbundenen Risiken aufgenommen wird, den alle Gesellschafter unterschreiben, jedoch ist insgesamt fraglich, ob eine solche Vorgehensweise für einen Investmentclub adäquat ist.

Sollte die Geschäftsbeziehung in den Jahren nach Eröffnung der Konten problemlos funktionieren, ist durchaus denkbar, daß die Bank im weiteren Verlauf auf eine Risikoaufklärung von Neugesellschaftern verzichtet, falls sehr risikoreiche Wertpapiergeschäf-

te vertraglich ausgeschlossen sind. Es lohnt sich also, eine Bankverbindung ausfindig zu machen, bei der die bürokratischen Hürden nicht allzu hoch liegen. Dies bedeutet auch, um die Geschäftsbeziehung so praktisch wie möglich gestalten zu können,
daß man bereits bei der Abfassung des Gesellschaftervertrages an
die Verhandlungen mit der Bank denken sollte.

4.1.2   Die Legitimationsprüfung

Das Geldwäschegesetz vom November 1993 verpflichtet alle Fi-
nanzinstitute, jeden Kunden bei Kontoeröffnung, bei allen größeren Bargeschäften und sonstigen Finanztransaktionen zu identifi-
zieren und diese Angaben festzuhalten. Da alle Gesellschafter eines Investmentclubs in Form einer GbR Mitinhaber des Kontos
werden, muß die Bank bei jedem Mitglied eine Legitimationsprüfung vornehmen. Das bedeutet, daß jeder einzelne Gesellschafter
mit Personalausweis oder Paß persönlich die Richtigkeit seiner
Identität, wie sie im Gesellschaftsvertrag angegeben ist, feststellen
lassen muß. Um den Anforderungen hinsichtlich der Legitimationsprüfung zu genügen und das Verfahren so einfach wie möglich zu halten, ist es zweckmäßig, mit der Bank zu vereinbaren,
daß ein Gesellschafter in jeder Filiale der Bank seine Legitimati-
on prüfen lassen kann. Dazu sind die Banken in der Regel bereit.
Gerade wenn die Gesellschafter nicht alle in einer Region wohnen, ist das von Vorteil.

Eine zusätzliche Vereinfachung wäre dann gegeben, wenn die
Vertretungsberechtigten der GbR diese Prüfung vornehmen könnten, indem sie Ausweiskopien sowie Vertragsunterschriften der
Gesellschafter entgegennehmen, diese bestätigen und an das kon-
toführende Institut weiterreichen. Falls der Vertretungsberechtig-
te der Bank bekannt ist und er in seiner beruflichen Tätigkeit Le-
gitimationsprüfungen vorzunehmen hat, ist es möglich, daß sich
die Bank darauf einläßt. Auch Finanzberater und Versicherungs-
vermittler nehmen in ihrer täglichen Arbeit fortwährend Legiti-
mationsprüfungen von Kunden für Banken und Versicherungen
vor. In der Regel ist allerdings davon auszugehen, daß die Gesellschafter eines Investmentclubs ihre Identität persönlich durch
Unterschrift nachweisen müssen.

4.1.3 Dokumentation und Wertfeststellung des Depots

Bei den Verhandlungen ist ebenfalls zu klären, inwieweit die Bank den Erfordernissen oder Wünschen des Clubs bei den Vermögenswertberechnungen und der Verwaltung des Depots entgegenkommt. Für eine ordnungsgemäße Buchführung und eine bessere Prüfungsmöglichkeit der Clubunterlagen ist es nämlich wichtig, Zeitpunkte festlegen zu können, zu denen die Kontoauszüge sowie Depotaufstellungen zugeschickt werden.

Wenn für die Wertberechnungen der Anteile regelmäßige Termine, wie z. B. zum Ende eines Monats oder zum Ende eines Quartals, vorgesehen sind, sollte die Bank auch jeweils genau zu dem vereinbarten Zeitpunkt den Wert des gemeinsamen Vermögens feststellen. Das jeweilige Vermögen ergibt sich aus dem Depotwert und dem Kontostand. Die Depotaufstellungen müßten also die Kursfeststellungen der Bewertungsstichtage enthalten. Weiterhin sollten die Kontoauszüge auf den Stichtag abgegrenzt sein, also genau die Umsätze und Buchungen enthalten, die jeweils bis zum Zeitpunkt der Vermögenswertfeststellung getätigt wurden. Damit erledigen sich eventuell erforderliche Abgrenzungen der Einzelbuchungen. Alle Buchungen, wie z. B. die Einzahlungen der Mitglieder, müssen dem jeweiligen Wertberechnungszeitraum auch klar zugeordnet werden können. In der Regel ist das für die Banken keine Schwierigkeit.

Kreditinstitute bieten nun zunehmend die Konto- und Depotführung über den PC an. Falls der Investmentclub in diesem Fall keine Depot- und Kontoauszüge mehr erhält, müßte der Geschäftsführer zu den Terminen der Vermögenswertfeststellungen die notwendigen Belege (Auszüge) bei sich ausdrucken lassen. Gerade in der Urlaubssaison kann das problematisch werden. Daher ist es auch bei Nutzung des Home-banking besser, mit der Bank zu vereinbaren, daß Depotwerte bzw. -aufstellungen und Kontoauszüge von der Bank zu den festgelegten Stichtagen festgehalten und zugeschickt werden. Es dient zudem der Transparenz und Sicherheit, wenn der Vermögenswert seitens der Bank und nicht allein von der Geschäftsführung ermittelt wird. Sicherlich ist es auch für die Geschäftsführung möglich, die Kursstände z. B. der Presse oder anderen Medien zu entnehmen und die Kontoumsätze jeweils auf die Stichtage abzugrenzen und damit selbst den Vermögenswert festzustellen. Dies bedeutet allerdings einen größeren Arbeitsaufwand und ist bei weitem nicht so transparent. Insbesondere hätte dann der Prüfer einen unangemessen hohen Aufwand, die Richtigkeit der vom Geschäftsführer angegebenen Zahlen zu prüfen und zu bestätigen.

4.1.4 Gebühren und Konditionen für Transaktionen

Ein weiterer wichtiger Punkt sind die Konditionen für Kontoführung und vor allem für Wertpapiergeschäfte. So liegen z. B. die Gebühren für einzelne Wertpapiertransaktionen je nach Kreditinstitut zwischen 0,4 % und 1,5 % des Auftragswertes. Das heißt zum Beispiel für den Kauf und Verkauf von Aktien im Wert von je 5000,– DM, daß die Gebühren zwischen 40 und 150.- DM betragen.

Nun werben insbesondere Direktbanken mit niedrigen Kosten und Gebühren. Die Direktbanken scheiden allerdings für einen Investmentclub als Bankverbindung praktisch aus. Sie eröffnen in der Regel nur für Privatkunden Depots und lehnen das Führen von GbR-Gemeinschaftskonten wie für einen Investmentclub ab. Die rechtlichen und organisatorischen Anforderungen sind den sogenannten Discountbrokern zu hoch. Es stellt sich auch die Frage, ob ein Investmentclub mit einer Bankverbindung gut beraten ist, bei der es weder Beratung noch einen festen Ansprechpartner gibt und Fragen oft nicht zu klären sind. Das gilt insbesondere für Clubs, dessen Mitglieder noch nicht viel Erfahrung bei der Wertpapieranlage haben. Dennoch sollte man auch als Investmentclub, insbesondere wenn man nicht absoluter Newcomer auf dem Börsenparkett ist, auch bei Direktbanken anfragen. Auch bei ihnen wird die Entwicklung nicht stehenbleiben. Die Erfolgsaussichten sind vorerst allerdings nicht sehr hoch.

Einige Geschäftsbanken und Sparkassen haben inzwischen mit nach Beratungsintensität gestaffelten Gebührendifferenzierungen auf die Provisionen der Discountbroker reagiert. Da die Preisunterschiede groß sind, lohnt es sich, die Gebühren genau durchzusprechen und, falls möglich, auszuhandeln. Mit Geschäftsbanken oder Sparkassen lassen sich unter Umständen auch Gebühren heraushandeln, die denen der Discountbroker nahe kommen. Zunächst sollte man sich die Konditionentableaus erläutern und alle Kosten aufschlüsseln lassen. Bei den vielfältigen und teilweise recht komplizierten Preismodellen und Gebührenstrukturen verliert man nämlich leicht den Überblick:

- Kontogebühr
- Grundgebühr
- Postengebühr
- Transaktionskosten
- Limitgebühren

- Maklercourtage
- Clearinggebühren der Börse
- fremde Bankspesen
- Auslagenersatz
- sonstige Abwicklungskosten

Nicht selten machen diese Gebühren drei Prozent und mehr der Anlagesumme (Kauf, Verkauf, Verwahrung und Kontenführung) aus und können sich bei Kauf von Wertpapieren in fremden Währungen oder an ausländischen Börsen noch erheblich steigern. Die wichtigsten, weil größten Gebührenposten sind:

- Kontogebühren für das normale Girokonto
- Kauf- bzw. Verkaufsgebühren (Transaktionskosten)
- Kosten der Depotverwahrung

Hinsichtlich dieser Gebühren macht es eine Bank zumeist von der Höhe des Depotvolumens, der Anzahl der Wertpapiertransaktionen und der Beratungsintensität für den Investmentclub abhängig, ob sie Preisnachlässe gewährt. Vielleicht ist es direkt bei Gründung noch nicht möglich, Gebührenrabatte zu erreichen. Wenn das Depot einen größeren Umfang angenommen hat und der Investmentclub die Anlageentscheidungen ohne Beratung der Bank weitgehend selbst trifft, bieten sich jedoch gute Argumente für ein Entgegenkommen der Bank. Ein gewichtiges Argument ist insbesondere der Verzicht auf Beratungsdienstleistungen. Für die Bank ist es natürlich von Vorteil, wenn einerseits der Beratungsaufwand gering ist und andererseits das Depotvolumen sowie der Umsatz von Wertpapieren im Vergleich zu kleineren Einzeldepots hoch sind. Wegen der Gebühren allein muß ein Wertpapieranleger, der auf Beratung verzichten will, heute auch nicht mehr zu einem Discountbroker wechseln. Die Banken lassen durchaus mit sich handeln. Zudem sollte ein Investmentclub auch den Service sowie die Sicherheit und Zuverlässigkeit der Orderausführung einer Bank mit im Auge behalten.

4.2 Vertretungsmacht und Verfügungsberechtigung

Von der Befugnis zur Geschäftsführung zu trennen ist die Vertretungsmacht für die Gesellschafter im Kontakt nach außen. Vertretungsmacht heißt: Konten und Depots auf die Namen der Gesellschafter zu eröffnen, über diese Konten verfügen und Aufträge erteilen zu können. Diese kann auch anderen Gesellschaftern als den Geschäftsführern übertragen werden. Mit der Geschäftsführung hat sie rechtlich gesehen nichts zu tun. Im Falle der GbR betrifft sie die Vertretung der einzelnen Gesellschafter und nicht die einer juristischen Person, wie z. B. einer Kapitalgesellschaft oder eines Vereins. Wenn im Vertrag keine andere Regelung getroffen wird, ist die Geschäftsführung (Geschäftsführer und Vertreter) vertretungsberechtigt. Das erweist sich im allgemeinen auch als praktisch. Die Vertretungsmacht kann dabei vertraglich sowohl einzeln den geschäftsführenden Gesellschaftern (Alleinvertretungsmacht) als auch nur gemeinschaftlich den geschäftsführenden Gesellschaftern zugestanden werden.

Bei der Entscheidung für eine gemeinschaftliche Vertretungsmacht oder eine Alleinvertretungsmacht ist folgendes zu bedenken:

Wird festgelegt, daß die Vertretungsmacht von den geschäftsführenden Gesellschaftern nur gemeinsam ausgeübt werden darf, können bei der Abwicklung von Geschäften in der Praxis erhebliche Schwierigkeiten auftreten. Die Erteilung eines Wertpapierauftrages muß bei einer derartigen Regelung immer von allen Vertretungsberechtigten bestätigt werden, keiner darf allein über das Konto oder Depot verfügen. Ein Auftrag gilt daher so lange als nicht erteilt, bis daß alle Vertretungsberechtigten der Bank gegenüber ihr o. k. gegeben haben. Damit ist die Möglichkeit eines kurzfristigen Handelns auf Börsensituationen hin stark eingeschränkt. Andererseits ist mit einer derartigen Regelung eine gegenseitige Kontrolle nicht nur für Wertpapiertransaktionen, sondern auch in bezug auf Überweisungen auf eigene oder fremde Konten hergestellt, die dann ebenfalls nur gemeinsam getätigt werden können. Der Investmentclub muß bei der Entscheidung hinsichtlich der Vertretungsmacht also zwischen höherer Sicherheit und einer größeren Flexibilität bei der Auftragserteilung abwägen.

Für ein professionelles Depotmanagement ist allerdings die Alleinvertretungsmacht des Geschäftsführers und seines Stellvertreters erforderlich. So können auch Aufträge erteilt werden, wenn einer der Geschäftsführer nicht erreichbar oder in Urlaub ist. Diese Regelung bedeutet allerdings, daß alleinige Handlungen eines jeden Vertretungsberechtigten für die Gesellschaft rechtlich so zu bewerten sind, als ob jeder Gesellschafter die entsprechenden Handlungen für sich vorgenommen hätte. Die Gesellschafter setzen damit erhebliches Vertrauen in die Handlungen der Geschäftsführung. Dies gilt insbesondere bei hohem Depotvolumen von z. B. mehreren hunderttausend Mark. Nicht auszuschließen ist, daß verantwortungsvolle Personen in bestimmten Situationen schon mal in Versuchung kommen könnten: Zu denken ist hierbei etwa an eine vorübergehende Kreditnahme, eine nicht ordnungsgemäße Inrechnungstellung von Kosten oder eine unkorrekte, nachträgliche Zuordnung von Aufträgen, falls der Geschäftsführer beim gleichen Institut weitere Depots führt.

Daher kommt dem Prüfer gerade bei einer solchen Regelung der Vertretungsbefugnis eine sehr wichtige Funktion zu. Diesbezüglich kann z. B. vereinbart werden, daß alle Auszüge, Abrechnungen und Belege der Bank nicht an den Geschäftsführer, sondern an den Prüfer gehen. Allerdings muß dann gewährleistet sein, daß der Geschäftsführer immer auf dem laufenden ist, d. h. umgehend von dem Prüfer über alle Wertpapierabrechnungen der Bank informiert wird. In der Praxis wird das allerdings schwierig. Eine gute Lösung wäre deshalb, wenn die Bank Auszüge und Abrechnungen zusätzlich auch an den Geschäftsführer schickt oder faxt.

Im Innenverhältnis des Investmentclubs ist es möglich, den Umfang der Vertretungsmacht einzuschränken. Insbesondere bei Erteilung der Alleinvertretungsmacht kann es z. B. sinnvoll sein, Kaufaufträge für einzelne Wertpapiere auf einen bestimmten Betrag zu begrenzen, Obergrenzen für das Engagement in einen Einzelwert festzulegen oder Wertpapiertransaktionen generell auf bestimmte Branchen und Indexwerte zu beschränken. Überschreitet der Geschäftsführer bei einer Kauforder oder anderen Transaktionen seine eingeschränkten Befugnisse, so ist er Vertreter ohne Vertretungsmacht. Die Bank ist allerdings in diesem Fall nicht zu belangen. Im Zweifelsfalle muß der Geschäftsführer aufgrund seiner

Pflichtverletzung entstandene Verluste aus eigener Tasche ersetzen und er muß damit rechnen, daß ihm seine gesamten Befugnisse entzogen werden. Ein isolierter Entzug der Vertretungsmacht ist nur zulässig, wenn dies ausdrücklich im Vertrag vorgesehen ist.

Die Festlegung der Art der Vertretungsmacht ist wie dargestellt eine Gratwanderung zwischen einer möglichst weitgehenden Handlungsfreiheit der in der Regel ehrenamtlichen Geschäftsführung und dem Sicherheitsbedürfnis der Gesellschafter. Dabei muß nicht zuletzt ein Ausgleich zwischen Vertrauen und Kontrolle gefunden werden, mit dem man sich im praktischen Handeln keine Hindernisse in den Weg legt. Der Vertragsentwurf (Anhang des Buches) enthält hierzu einen praktikablen Vorschlag.

Grundsätzlich ist die Sicherheit der Gesellschafter auch aufgrund ihrer Konto- und Depotmitinhaberschaft gewährleistet. Ein Widerruf der Bevollmächtigung ist daher für jeden einzelnen Gesellschafter jederzeit möglich, mit der Folge, daß die Vertretungsberechtigten fortan nur noch gemeinsam mit dem widerrufenden Gesellschafter Rechtsgeschäfte vornehmen dürfen oder Aufträge erteilen können. Die Vollmacht muß nämlich immer von allen Gesellschaftern erteilt sein. Sicherheitshalber sollte jedoch die Widerrufsberechtigung jedes Gesellschafters – falls sie nicht ohnehin im Kontoeröffnungsantrag der GbR enthalten ist – mit in die Vereinbarung mit der Bank aufgenommen werden. Eine Bank könnte sich eventuell auf den – rechtlich nicht zutreffenden – Standpunkt stellen, daß ihre eventuell anderslautenden Allgemeinen Geschäftsbedingungen Vorrang hätten. Auch ist zu überlegen und mit der Bank zu klären, ob noch weitere Absprachen in einer individuellen Vereinbarung mit der Bank getroffen und schriftlich festgelegt werden können. Hierbei kann es sich z. B. um eine Beschränkung der Vertretungsmacht, die ohne eine Individualvereinbarung für die Bank nicht bindend ist, handeln. Wie in Abschnitt 3.3.4 dargestellt, sollte auch der Ausschluß bestimmter spekulativer Geschäfte und von Geschäften auf Kredit Bestandteil dieser Vereinbarung sein. Zusätzlich kann festgehalten werden, daß Konto und Depot keinesfalls debitorisch geführt werden dürfen.

Zu beachten ist schließlich, daß auf den Gesellschafterversammlungen beschlossene Änderungen, wie das Erlöschen, der Wechsel oder der Entzug der Vertretungsmacht, umgehend der

Bank schriftlich angezeigt werden. Die Bank kann nämlich nicht
für ein Handeln nicht mehr vertretungsberechtigter Gesellschafter
zur Verantwortung gezogen werden, wenn ihr z. B. ein Wechsel
der Vertretungsmacht nicht mitgeteilt worden ist. Sie prüft allein
die ihr zum Zeitpunkt eines Auftrages schriftlich vorliegenden
Vertretungsberechtigungen. Sollten diese nicht mehr aktuell sein
und kommt es womöglich zu unstatthaftem Handeln ohne Vertretungsmacht, verlagert sich eine Auseinandersetzung immer in
das Innenverhältnis der Gesellschaft.

4.3 Auftragserteilung und Orderabwicklung

Die Auftragserteilung und Orderabwicklung betrifft sowohl das
depotführende Institut als auch den jeweiligen Börsenplatz. Dies
sind auch gleich die wichtigsten Stationen einer Order: Vom Kunden geht der Auftrag an die depotführende Bank. Von dort wird
sie dann via Handelssystem und Makler an die Börse weitergelei-
tet. Die wichtigste Schnittstelle in dieser Kette ist die Kunde-
Bank-Kommunikation, da es hier mitunter zu Mißverständnissen
oder aus Unkenntnis zu Nachteilen und Fehlern kommen kann.
Daher wird im folgenden erläutert, was bei der Auftragserteilung
an die Bank zu beachten ist. In bezug auf Börsenplätze beschränken sich die nachfolgend gemachten Angaben auf die deutschen
Börsen und können nur sehr allgemein gehalten sein. Dabei ist
zu berücksichtigen, daß sich die Handelsmöglichkeiten und
-usancen an den Börsenplätzen, insbesondere an den deutschen
Regionalbörsen, mit der Entwicklung und dem Wettbewerb der Fi-
nanzplätze sowie der Einführung der Europäischen Währungs-
union rasch verändern werden.

Die Banken sind bei der Entgegennahme von Aufträgen verpflichtet, diese mit Sorgfalt und Gewissenhaftigkeit im Interesse
des Kunden auszuführen. Wenn keine entgegenstehende Weisung
vom Kunden erteilt wird, sind Aufträge an eine Börse weiterzuleiten. Dabei haben Banken auch bei unvermeidbaren Interessen-
konflikten das Kundeninteresse zu wahren. Sie dürfen z. B. weder
Aufträge teilen, wenn dies für den Kunden nicht vorteilhaft ist,
noch den Auftrag an eine Börse weiterleiten, an der das Wertpa-

pier kaum gehandelt wird, falls es einen Börsenplatz gibt, an dem der Wert deutlich stärker gehandelt wird. Sie müssen Aufträge in der Weise ausführen, daß keine höheren Gebühren als nötig anfallen, und auch für alle Kunden eine gleichberechtigte und schnelle Bedienung von Kundenaufträgen sicherstellen. Dies gilt unabhängig von der Art der Auftragserteilung, gleich ob Telefon, Fax oder PC. Es empfiehlt sich auch, mit der Bank die Möglichkeit zur Nutzung mehrerer Orderwege offenzuhalten.

Die Bank kann allerdings nur von den Informationen ausgehen, die ihr mitgeteilt werden. Um Abwicklungsprobleme oder Nachteile von vornherein zu vermeiden, sollte man daher Aufträge klar und unmißverständlich erteilen. Dazu gehören folgende Angaben:

- Depotnummer des Kunden,
- Bezugskonto, auf dem der Geldbetrag für die Transaktion gebucht wird (i. d. R. Girokonto),
- Name der Aktiengesellschaft bzw. des Wertpapiers (möglichst Wertpapierkennnummer),
- Stückanzahl der Wertpapiere, die gehandelt werden sollen,
- Kauf- oder Verkauflimits,
- Börsenplatz,
- Orderabwicklung (Kassa oder Variabel).

Um eine zeitnahe Auftragsabwicklung zu erreichen und diese Angaben bestmöglich machen zu können, sind einige Überlegungen und Grundkenntnisse bezüglich der Handelszeiten, Auftragsfristen bei der Bank, Stückelungen von Wertpapieren, der Marktsegmente (im Abschnitt 6.3.4 Börse näher erläutert) und der Börsenplätze nötig.

Von den Geschäftsbanken werden in der Regel für Aktien rund 1 % vom Kurswert je Kauf bzw. Verkauf und für Anleihen 0,5 % je Kauf bzw. Verkauf als Gebühren in Rechnung gestellt. Da im allgemeinen alle Banken unabhängig von der Größe der Order eine Mindestgebühr zwischen 30,– und 50,– DM je Auftrag verlangen, empfiehlt sich für alle Wertpapierorders ein Mindestvolumen vorzusehen, damit die Gebühren im Verhältnis zum investierten Betrag nicht zu hoch werden.

Beispiel:
Werden 10 Aktien zu einem Kurs von 100,– DM gekauft und zum gleichen Preis später wieder verkauft, fallen bei einer Min-

destgebühr von 50,– DM pro Auftrag zusammen 100,– DM und
zusätzlich anderweitige Spesen an. Damit machen die Gebühren
bei einer investierten Summe von 1000,– DM schon mehr als 10 %
des investierten Betrages aus. Der Wert der Aktie muß also
zunächst um mindestens 10 % steigen, um bei einem Verkauf der
Aktien das eingesetzte Kapital zu erhalten. Das ist natürlich wenig sinnvoll. Investiert man dagegen einen Betrag von 5000,– DM,
liegen die Gebühren für Kauf und Verkauf ebenfalls bei 100,– DM.
Damit der Anleger bei einer solchen Ordergröße Gewinn macht,
müßte der Wert der Aktie demnach nur um mindestens 2 % steigen. Das ist sicherlich eine realistischere Gewinnperspektive.

Im Investmentclub sollte man daher festlegen, daß pro Order
ein Betrag von mindestens 3000,– DM eingesetzt wird, selbst
wenn der Club in der Anfangsphase nur über ein geringes Vermögen verfügt. Bei den oben genannten Standardkonditionen werden die anfallenden Gebühren für den Aktienhandel an deutschen
Börsen damit für Kauf und Verkauf auf insgesamt etwa 3 % begrenzt. Entsprechendes sollte auch für Geschäfte mit Anleihen
und Optionen in Betracht gezogen werden.

Beim Kauf von Investmentfonds sind die Konditionen sehr unterschiedlich. Die Kosten hängen zunächst davon ab, ob Anteile
an hauseigenen Fonds der depotführenden Bank oder Anteile an
‚fremden‘ Fonds der Konkurrenz für das Depot erworben werden.
Die großen Geschäftsbanken berechnen in der Regel bei Erwerb
fremder, nicht hauseigener Fonds zu den eigentlichen Gebühren
für Fondskäufe zusätzlich die oben erläuterten Transaktionskosten bei Wertpapieren. Damit können insbesondere Aktienfonds
recht teuer werden. Bei Erwerb von Anteilen hauseigener Fonds
werden diese Transaktionskosten von der Bank nicht gefordert. In
bezug auf die von der Investmentgesellschaft erhobenen Ausga-
beaufschläge und Managementgebühren für Investmentfonds differieren die Kosten sehr stark. Die verschiedenen Preismodelle
richten sich insbesondere nach den Anlageklassen und den Anla-
geschwerpunkten des jeweiligen Fonds und können im einzelnen
hier nicht dargestellt werden. Grundsätzlich läßt sich sagen, daß
Rentenfonds preisgünstiger als Aktienfonds sind; bei Aktienfonds
richten sich die Konditionen wiederum danach, wie aufwendig
das Management arbeiten muß: Ein Osteuropafonds bedeutet si-

cherlich mehr Arbeit als ein am DAX ausgerichteter Fonds. Bei
den sogenannten No-Load Fonds, d. h. Fonds ohne Ausgabeauf-
schlägen, sind die vergleichsweise höheren jährlichen Managementgebühren zu beachten.

Hinsichtlich der verschiedenen Abwicklungsmodalitäten für
Börsenaufträge ist die Stückzahl der zu handelnden Aktien, unabhängig vom Kurswert, zu beachten. Wertpapiere können sowohl im Präsenz- bzw. Parketthandel, der an den meisten deutschen Börsen von 10.30 bis 13.30 Uhr stattfindet, und im elektronischen Handelssystem XETRA (Exchange Electronic Trading)
auch außerhalb der Börsenzeiten der Präsenzbörse, gehandelt
werden. Allerdings ist der vor- und nachbörsliche (Computer-)
Handel ab etwa 7.30 bis ca. 17 Uhr aufgrund der bislang noch hohen Mindestumsätze für einzelne Aufträge zumeist institutionellen und großen Anlegern vorbehalten.

Der Präsenzhandel, also der Handel, bei dem die Börsenmakler
vor Ort im Handelssaal Wertpapiergeschäfte abwickeln, unterteilt
sich wiederum in den sogenannten Kassahandel und den Variablen Handel (siehe auch Abschnitt 6.3.4 Börse). Der Kassahandel
ist für die Wertpapiergeschäfte maßgeblich, bei denen nur kleine
Stückzahlen von Aktien umgesetzt werden. Dazu wird einmal
börsentäglich, etwa kurz nach 12.00 Uhr, ein Einheitskurs, der sogenannte Kassakurs, festgestellt, zu dem auch kleine und kleinste
Stückzahlen gehandelt werden können. Zum Kassakurs ist es damit möglich, nur eine Aktie zu kaufen oder zu verkaufen – was in
der Regel aber natürlich aufgrund der Gebührenstruktur nicht
vorkommt. Im Variablen Handel werden dagegen während des
Parketthandels für jedes Geschäft fortlaufend aktuelle Kurse ermittelt. Für diesen Handel sind allerdings an den meisten deutschen Börsen noch Mindeststückzahlen je Order erforderlich.
Diese liegen für Aktien im Nennwert von 5,– DM bei 100 Stück
und für Aktien im Nennwert von 50,– DM bei 50 Stück. Gehandelt werden kann nur in solchen Stückpaketen oder einem Vielfachen hiervon.

Beispiel:

Anleger A erteilt seiner Bank einen Kaufauftrag über 210 Stück
von Aktien der Firma *FAG* im Nennwert von 5,– DM. Er kann
nun bei Auftragsaufgabe wählen, ob er den Auftrag im Kassahan-

del („zur Kasse") oder im Variablen Handel abgewickelt haben möchte. Wählt er die Option Kassahandel, erfolgt der Kauf aller 210 Aktien zu dem einmal mittags festgestellten Kassakurs. Vorteil ist, daß dieser Auftrag nur einmal die Mindestgebühr kostet. Nachteilig kann sein, daß der Kurs im Handelsverlauf steigt und die Aktien mit dem Kassakurs zu höheren Preisen als zu Handelsbeginn gekauft werden. Im Variablen Handel ist ein Kaufauftrag über alle 210 Stück nicht möglich, da es sich bei den 210 Stück nicht um ein Vielfaches der Mindeststückzahl handelt. Im Variablen Handel können demnach nur 200 Aktien gekauft werden, die restlichen 10 Aktien würden zum Kassakurs gekauft. Da für die Bank damit jedoch quasi zwei Kaufaufträge entstanden sind, berechnet sie hierfür auch zweimal die Mindestgebühr. Bei Aufträgen im Variablen Handel sollte daher die Stückzahl immer durch die Mindeststückzahl teilbar sein. Vorteil des Variablen Handels ist der aktuelle Kurs im Tageshandel, insbesondere bei stark schwankenden Werten. Geht man davon aus, daß der Kurs im Laufe des Präsenzhandels steigt, ist es natürlich besser, vor Börsenbeginn einen Kaufauftrag im Variablen Handel aufzugeben, der dann gleich bei Handelseröffnung an den Markt gebracht wird. Entsprechend gleiches gilt für Verkaufaufträge.

Generell sind neben Aufträgen mit Angabe einer exakten Anzahl von zu kaufenden oder verkaufenden Wertpapieren auch Aufträge über einen festen Geldbetrag möglich. Die Bank ermittelt dann selbständig die zum jeweiligen Kurs höchstmögliche Anzahl der Aktien. Solche Aufträge sollten aus den oben genannten Gründen nur zum Kassakurs aufgegeben werden, da die Bank ansonsten möglicherweise eine Splittung des Auftrages in den Kassa- und den Variablen Handel vornimmt und damit doppelte Gebühren berechnet.

Aufträge, die noch am gleichen Tag ausgeführt werden sollen, müssen bei den Geschäftsbanken für den Kassahandel bis etwa 10.00 Uhr, im Variablen Handel für die meisten Regionalbörsen bis etwa 13.00 Uhr und im nachbörslichen elektronischen Handel bis etwa 16.30 aufgegeben werden. Es lohnt sich, die zeitlichen Fristen, die von Bank zu Bank etwas differieren, genau zu erfragen, um Überraschungen bei der Ausführung von Aufträgen zu vermeiden. Für einen Investmentclub werden zumindest zu Beginn nur der Kassahandel und der Variable Handel ernsthaft in Frage kommen. Im elektronischen Handel mit XETRA beschränkt sich die Auswahl der Aktien, die außerbörslich geordert werden können, zur Zeit auf etwa 110 Titel. Die Mindestvolumina für Einzelaufträge liegen dort für DAX-Werte bei ca. 100000,– DM und für M-DAX-Werte bei etwa 20000,– bis 50000,– DM. Damit ist es den meisten Privatanlegern unmöglich, auf kursrelevante Informationen nach Börsenschluß zeitnah zu reagieren. Allerdings sollen ab 1999 die Mindestvolumina wegfallen.

Neben Stückzahl sind bei Wertpapieraufträgen der Name des Wertpapiers, am besten auch die Wertpapierkennnummer (WKN oder WPKN), und eventuelle Limits anzugeben. Durch die Festsetzung von Kurslimits bei Kauf- und Verkaufaufträgen können Grenzen für Enstiegs- und Ausstiegskurse gesetzt und damit mögliche böse Überraschungen vermieden werden. Dies gilt insbesondere für Wertpapiere mit sehr starken Kursschwankungen. Bei einigen der 1997 am Neuen Markt der Frankfurter Wertpapierbörse eingeführten Unternehmen waren z. B. Kurssprünge und -verluste von bis zu 20 % am Tag keine Seltenheit. Hatte man dort den falschen Einstiegs- und Ausstiegszeitpunkt erwischt, waren hohe Verluste zu verzeichnen. Mit dem Setzen von Kurslimits kann das Risiko bei stark schwankenden (volatilen) Titeln erheblich eingeschränkt werden. Mit Kauflimits kann man sich vor dem Einkauf in den Markt bei zu hohen Bewertungen schützen, bei Verkauflimits beugt man dem Verkauf zu Dumpingpreisen vor. Aufträge werden nur ausgeführt, wenn der Kurs unter dem vereinbarten Kauflimit bzw. über dem vereinbarten Verkauflimit liegt.

Einen guten Schutz vor Kursverlusten bieten sogenannte Stop-Loss Marken (Limits) für Wertpapierpositionen, die im Depot gehalten werden. Stop-Aufträge werden mit einem Preislimit versehen. Sobald der Kurs die gesetzte Marke während des Handels erreicht oder unterschreitet, wird der Auftrag automatisch in einen unlimitierten Auftrag umgewandelt und das Wertpapier verkauft.
Beispiel:
Anleger B hat 200 Stück *Telekom*-Aktien zum Preis von 32,– DM erworben. Der Kurs steigt anschließend in kurzer Zeit auf über 42,– DM (plus 30 %), die Unternehmensnachrichten sind jedoch nicht allzu gut und die Märkte sehr volatil. Nun kann der

Anleger ein Stop-Loss Limit bei z. B. 39,– DM bis Monatsende aufgeben. Fällt der Kurs auf 39,– DM oder darunter, wird der Bestand von 200 *Telekom*-Aktien automatisch verkauft. Anleger B hat sich damit vor einem möglichen weiteren Kursrückgang abgesichert.

Sinnvoll ist das Setzen von Stop-Loss Limits dann, wenn man z. B. mit einem Wert bereits deutlich im Plus liegt, jedoch nicht sicher ist, ob der Kurs sich weiter positiv entwickeln wird, oder auch bei allgemeiner großer Unsicherheit im Markt mit der Gefahr von starken Kursrückschlägen. Zu beachten ist dabei, daß kleine Stückzahlen nur zum Kassakurs des Folgetages verkauft werden, der Kurs also inzwischen weiter gefallen sein kann. Größere Stückzahlen (s. o.) werden aber unmittelbar im Variablen Handel am selben Tag verkauft. Andersherum kann man mit einer Stop-Buy Order bei unerwarteten Kurssteigerungen an der Börse dabeisein. Die Bank kauft dann automatisch bei Erreichen der Buy-Marke, falls der Kurs also auf oder über das gesetzte Limit steigt, die gewünschten Werte.

Wie lange eine Limitvorgabe innerhalb Monatsfrist gültig sein soll, bestimmen Anleger selbst. Üblich sind Tages- oder Ultimo-Orders, die bis zum letzten Börsentag des Monats gelten. Sofern der Auftrag nicht ausgeführt wurde, erlischt er nach Ablauf der gesetzten Frist. Die Limitgebühren betragen bei den meisten Banken etwa 10,– DM pro Auftrag und werden in der Regel berechnet, wenn es nicht zur sofortigen Ausführung des Auftrages kommt. Falls es zur Ausführung einer Order, gleich ob limitiert oder unlimitiert, kommt, hat die Bank die Bestätigung und Abrechnung des Auftrages unverzüglich, d. h. spätestens am Folgetag, dem Kunden zu übermitteln.

Nicht zuletzt spielt der Börsenplatz, an dem der Auftrag ausgeführt werden soll, bei der Ordererteilung eine Rolle:

Die Präsenzhandelszeiten an den acht deutschen Regionalbörsen sind nicht überall gleich. In Bremen und Stuttgart kann man z. B. Auslands-, Nebenwerte und zum Teil auch DAX-100-Werte noch bis ca. 16 Uhr im Variablen Handel ordern. Darüber hinaus sind die Mindeststückzahlen für den fortlaufenden (variablen) Handel an einigen Börsenplätzen reduziert oder abgeschafft. Bei der Auswahl der Börsenplätze ist allerdings auch zu berücksichtigen, ob ein Titel dort liquide ist, d. h. Angebot und Nachfrage ausreichend sind. Die weitaus größte Liquidität ist an der Frankfurter Börse (FWB), an der die meisten deutschen und viele ausländische Titel gehandelt werden, vorhanden. Aktien regional begrenzt tätiger Unternehmen und kleinerer Unternehmen sind in einigen Fällen jedoch nur an der jeweiligen Regionalbörse gelistet. Die Regionalbörsen werden allerdings mit der schrittweisen Einführung des neuen elektronischen Handelssystems XETRA bis Ende 1999 an Bedeutung verlieren. XETRA wird aufgrund seiner umfassenden Handelsfunktionalität in Konkurrenz zum Präsenzhandel und damit auch zu den Regionalbörsen treten.

Die wichtigsten ausländischen Wertpapiere sind an der FWB in den verschiedenen Marktsegmenten gelistet und können ohne hohe zusätzliche Gebühren, wie deutsche Aktien auch, über die Bank geordert werden.

Dessenungeachtet besteht aber auch die Möglichkeit, direkt an den ausländischen Börsen in Auslandswerte zu investieren. Die Risiken und Informationsschwierigkeiten können allerdings je nach Auslandsbörse extrem hoch sein. Währungsrisiken, Bonität, Liquidität und Handelspraktiken sind für den einzelnen Anleger oft überhaupt nicht einzuschätzen. Zudem können die dabei anfallenden fremden Spesen und Gebühren ziemlich hoch sein und in Einzelfällen ein Vielfaches der Gebühren für in Deutschland gehandelte Aktien betragen. Daher ist es ratsam, sich zuvor über die Bedingungen und Gebühren genau zu informieren.

Sicherlich ist ein direktes Engagement an der New Yorker Börse (NYSE) oder der NASDAQ bei weitem nicht so risikoreich und teuer wie beispielsweise ein Engagement an der mexikanischen Börse. Im Gegenteil, der direkte Zugriff auf die US-amerikanischen Börsen NYSE und NASDAQ bietet eine ganze Reihe von Vorteilen, wie z. B. eine immens große Auswahl an chancenreichen kleinen Gesellschaften, die nicht in Deutschland gehandelt werden. Transparenz, Liquidität und Börsenaufsicht sind dort sogar in höherem Maße hergestellt als in der Bundesrepublik. Hinsichtlich der Transaktionskosten für Kauf und Verkauf von Wertpapieren an den dortigen Börsen muß man die (erhöhten) Konditionen des depotführenden deutschen Kreditinstituts sowie die Provisionen des amerikanischen Kontrahenten erfragen. Die Gesamtkosten an den beiden genannten Börsen dürften allerdings nicht wesentlich höher sein, als Gebühren im Vergleich zu Transaktionen an hiesigen Börsen. Ein wirkliches Engagement an ausländischen Börsen erfordert jedoch einen großen Rechercheaufwand sowie eine hohe Professionalität und sollte daher wohlüberlegt sein.

5. Wertberechnung und Verwaltungssystem

Da die geschäftsführenden Funktionen und damit auch alle anfallenden Aufgaben für den Investmentclub in der Regel ehrenamtlich wahrgenommen werden, sollte der Verwaltungsaufwand so gering wie möglich gehalten werden. Je nach Ausgestaltung und vertraglicher Vereinbarung kann nämlich der zeitliche Aufwand für den Geschäftsführer unter Umständen recht hoch werden. Um keine unnötige Belastung für einzelne Gesellschafter entstehen zu lassen, empfiehlt es sich, bei Vertragsbesprechung die notwendigen Aufgaben im einzelnen festzulegen und eventuell aufzuteilen.

Hinsichtlich der Buchführung ist zwischen den Angelegenheiten der Clubmitglieder und des Investmentclubs selbst sowie der Geschäftsbeziehung mit der Bank zu unterscheiden. Um Transparenz zu schaffen und Entscheidungen nachvollziehbar zu machen, sind über alle Vorgänge am besten getrennt nach beiden Bereichen die schriftlichen Aufzeichnungen, Belege und Abrechnungen zu sammeln und in zeitlicher Reihenfolge aufzubewahren.

Zum einen sind die Konto-/Depotvollmachten, Kontoauszüge, Belege über Verwaltungskosten, Wertpapierabrechnungen, Depotaufstellungen und Steuerbescheinigungen zu sammeln. Getrennt davon werden sowohl Originale des Gesellschaftsvertrages, des Gründungsprotokolls und der Protokolle anschließender Gesellschafterversammlungen als auch die Aufzeichnungen über zwischenzeitliche Treffen, die Informationen der Geschäftsführung an die Gesellschafter sowie schriftliche Mitteilungen der Gesellschafter an die Geschäftsführung abgeheftet.

Für die Verwaltung und Wertberechnung sind damit alle notwendigen Informationen zusammen. Zu überlegen ist, ob die gesamten Abrechnungen und Belege der Bank nur in Kopie beim Geschäftsführer verbleiben und die Originale direkt dem Kassenprüfer zur Verfügung gestellt werden. Damit wird eine laufende Kontrolle sichergestellt und eine Hektik vor Gesellschafterversammlungen oder Prüfungsterminen vermieden.

5.1 Wertfeststellung des Vermögens

Eine Bewertung des gemeinsamen Vermögens muß mindestens
einmal im Jahr zum Jahresabschluß des Investmentclubs durch
den Geschäftsführer erfolgen und allen Gesellschaftern ausgehändigt werden. Dabei ist auch die Höhe der Beteiligung eines
jeden Gesellschafters am gemeinsamen Vermögen anzugeben.
Falls die Möglichkeit zwischenzeitlicher Eintritte oder auch Aus-
tritte in den Investmentclub vorgesehen ist, sind diese Wertberechnungen auch zu jedem Eintritts- bzw. Austrittszeitpunkt notwendig. Bei einem Austritt ist das „Guthaben" des ausscheidenden Mitglieds für die Auszahlung festzustellen. Bei jedem
Neueintritt muß ebenfalls der Wert des Vermögens festgestellt
werden, um den Preis, zu dem sich der Eintretende mit seinen Einzahlungen in das gemeinsame Vermögen einkauft, berechnen zu
können. Würde dies nicht gemacht, würden unweigerlich Unge-
rechtigkeiten den anderen Gesellschaftern gegenüber entstehen.

Geht man nämlich allein von der Höhe der Einzahlungen der
Mitglieder für die jeweilige Beteiligung eines Gesellschafters am
gemeinsamen Vermögen aus und differenziert dabei nicht nach
den Einzahlungszeitpunkten, würde ein nach Jahren neu eintretendes Mitglied bereits mit seiner ersten Einzahlung am Erfolg
oder Mißerfolg des Investmentclubs in der Vergangenheit teilhaben. Bei erfolgreicher Arbeit des Clubs profitiert er also von bisherigen Gewinnen, obwohl er in diesem Zeitraum noch gar nicht
Gesellschafter war.

Sowohl unterschiedliche Einzahlungszeiträume als auch unterschiedliche Einzahlungen in der Höhe, machen daher die Berechnung eines Preises für einen Anteil am Vermögen, nämlich
den Anteilswert, erforderlich. Zu diesem mit jeder Vermögensbewertung neu festgestellten Preis erwirbt jeder Gesellschafter mit
seinen Einzahlungen Anteile bzw. Anteilsbruchteile. Diese werden dem einzelnen Gesellschafter in einer Übersicht kontenmäßig
gutgeschrieben. Bei Kündigung gibt der austretende Gesellschafter zu dem dann aktuell festgestellten Anteilswert seine Anteile
zurück, er erhält also den Geldbetrag, der sich aus der Anzahl seiner Anteile multipliziert mit dem aktuellen Anteilswert ergibt, als
Guthaben ausgezahlt. Der Club darf allerdings keine Verbriefung

von Anteilen, das heißt die Herausgabe eigener Anteilsscheine als Dokumente an die Gesellschafter, vornehmen. Dies ist laut Gesetz nur Kapitalgesellschaften erlaubt.

Man kann sich den Preis eines Anteils am gemeinsamen Vermögen demnach als eine Art eigene „Währung" des Investmentclubs vorstellen, der genau die Wertentwicklung des Portfolios ausdrückt. Dieser Anteilspreis wird bei Gründung, ähnlich wie ein Index, erstmalig festgelegt; z. B. in Höhe von 50,– oder 100,– DM je Anteil. Im weiteren Verlauf wird dieser Anteilspreis zu den vereinbarten Stichtagen der Vermögenswertfeststellung jeweils aktuell anhand des Vermögenswertes und der Anzahl der ausgegebenen Anteile ermittelt. In der Praxis bedeutet dies, daß regelmäßige Einzahlungen zu den jeweils aktuell festgestellten Anteilswerten in Anteile umgewandelt und den einzelnen Mitgliedern gutgeschrieben werden. Nicht glatt aufgehende Beträge werden hierbei in Anteilsbruchteilen ausgedrückt. Aus der Summe der gutgeschriebenen Anteile ergibt sich die Beteiligung am gemeinsamen Vermögen. Die Abbildung 1 veranschaulicht das Verfahren.

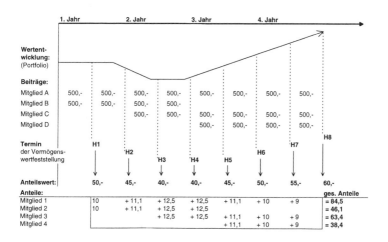

Abb. 1: Schematische Darstellung der Berechnung von Gesellschafteranteilen
hier als Beispiel: halbjährliche Wertberechnung

Der Graph unterhalb der Zeitachse spiegelt die Wertentwicklung des Portfolios wieder. Darunter sind die Einzahlungen von vier Mitgliedern sowie die Einzahlungszeiträume wiedergegeben. Das gemeinsame Vermögen wurde zu den halbjährlichen Stichtagen (Terminen) H1 bis H8 bewertet. Aus dem zu einem Stichtag ermittelten Vermögenswert und der Anzahl der Anteile ergibt sich der dargestellte Anteilswert, der sich entsprechend der Wertentwicklung des Portfolios ändert. Im unteren Teil des Schaubildes sind die mit den Einzahlungen der Mitglieder erworbenen Anteile angegeben. Da der Einzahlungsbetrag in jedem Halbjahr gleich hoch ist, der Anteilswert jedoch in Abhängigkeit von der Wertentwicklung steigt oder fällt, werden von den Mitgliedern auch bei gleichbleibenden Einzahlungsbeträgen zu den verschiedenen Stichtagen unterschiedlich viele Anteile erworben. Je größer die Wertsteigerung des Portfolios ist, desto höher ist der Anteilswert und desto ‚teurer' wird ein Anteil beim Kauf. Sinkt dagegen der Wert des Portfolios, wird ein Anteil ‚preiswerter'.

Wie sich diese Art der Anteilswertberechnung auf den Gewinn bzw. Verlust von Mitgliedern eines Investmentclubs auswirkt, sei kurz anhand des Schaubildes erläutert.

Mitglied A hat konstant in allen 8 Halbjahren 500,– DM, also insgesamt 4000,– DM eingezahlt. Dabei hat er in diesem Zeitraum sowohl vergleichsweise ‚günstig' Anteile (in den Halbjahren H3 und H4) als auch vergleichsweise ‚teuer' Anteile (Halbjahre H7 und H8) erworben. Kündigt nun Mitglied A zum Ende des vierten Jahres, so erhält er ein anteiliges Guthaben von 5070,– DM (84,5 Anteile x 60,– DM aktueller Anteilswert) ausgezahlt. Er erzielt also mit dem Einsatz von 4000,– DM einen Gewinn von DM 1070,– DM.

Mitglied B hat nur in den ersten vier Halbjahren für jeweils 500.– DM Anteile erworben. Falls Mitglied B zum Ende des zweiten Jahres kündigt, erhält er bei Einzahlungen von insgesamt 2000,– DM lediglich 1844,– DM (46,1 Anteile x 40,– DM) ausgezahlt. Er hat also mit seinem Investment einen Verlust von 156,– DM realisiert, da er die in diesem Zeitraum anfallenden Wertverluste des Portfolios, die sich in sinkenden Anteilswerten widerspiegeln, mit tragen muß. Bleibt Mitglied B jedoch im Investmentclub, setzt also lediglich mit seinen Einzahlungen aus, und kündigt er zum Ende des vierten Jahres, erhält er bei gleichem Einzahlungsbetrag ein Guthaben von 2766,– DM (46,1 Anteile x 60,– DM). Er hat damit trotz zunächst rein rechnerisch zugeteilten Verlusten (Buchverlusten) dennoch einen Gewinn von 766,– DM erzielt. Seine in den ersten vier Halbjahren geleisteten Einzahlungen nehmen an der weiteren Wertentwicklung des Portfolios teil, er profitiert also von den Gewinnzuwächsen des Portfolios in den folgenden beiden Jahren, auch wenn er in diesem Zeitraum nicht mehr eingezahlt hat.

Mitglied C ist nach einem Jahr in den Club eingetreten, hat also erst später seine regelmäßigen Einzahlungen von 500,– DM je Halbjahr aufgenommen. Insgesamt zahlt er in den drei Folgejahren 3000,– DM ein. Kündigt Mitglied C zum Ende des vierten Jahres wird ihm ein Betrag von 3804,– DM ausbezahlt. Auch Mitglied C erzielt mit seinem Investment einen vergleichsweise hohen Gewinn, da er die aufgrund seines späteren Beitritts vergleichsweise teuren Anteile im ersten Jahr nicht gekauft hat. Er ist also nicht an den Verlusten des Investmentclubs vom ersten zum zweiten Jahr beteiligt, was er auch keineswegs sollte, da er ja erst zu einem späteren Zeitpunkt beigetreten ist.

Der Investmentclub kann nun die Wertberechnungszeiträume individuell, wie z. B. halbjährlich, monatlich oder auch wöchentlich vereinbaren. Wie im oben erläuterten Schaubild sollten die Wertberechnungszeiträume jedoch in Verbindung mit der Möglichkeit des Neueintritts bzw. der Kündigungsmöglichkeit von Mitgliedern festgelegt werden. Ist z. B. ein monatlicher Eintritt und/oder Austritt vorgesehen, so müssen Vermögenswertfeststellung und Anteilswertberechnung ebenfalls mindestens monatlich erfolgen. Im übrigen sind die Mitglieder eines Investmentclubs natürlich daran interessiert, die Wertentwicklung des gemeinsamen Vermögens und ihre jeweilige Beteiligung bzw. ihr aktuelles „Guthaben" daran in regelmäßigen Abständen festzustellen und zu erfahren.

Eine nur einmal jährlich vorgenommene Vermögens- und Anteilswertfeststellung hätte zudem den Nachteil, daß alle Einzahlungen eines Jahres erst im nächsten Jahr in die Wertberechnung mit einfließen, da die Einzahlungen ja zunächst in Anteile umgewandelt werden müssen. Solange diese Umwandlung nicht erfolgt, finden die Einzahlungen keinen Eingang in das gemeinsame

Vermögen und stellen im Grunde zunächst Verbindlichkeiten des Clubs gegenüber den Gesellschaftern dar. Wenn regelmäßige monatliche Einzahlungen vorgesehen sind, empfiehlt es sich daher, auch die Vermögenswertfeststellungen und Anteilswertberechnungen monatlich vorzunehmen.

Mit einer solchen Vorgehensweise schafft man ein für alle Mitglieder gerechtes, laufendes Bewertungssystem, das den Investmentclub in jeder Hinsicht flexibel macht. Dies hat zudem den Vorteil, daß der Club über einen aussagefähigen Indikator für die Wertentwicklung des Gemeinschaftsdepots, den Anteilswert, verfügt.

Im Grunde funktioniert das genauso wie bei den großen Investmentfonds und entspricht in stark vereinfachter Form dem von den Investmentgesellschaften angewandten Verfahren. Zum Zeitpunkt der Vermögenswertfeststellung finden die Einzahlungen zu dem aktuell festgestellten Anteilswert Eingang in das gemeinsame Vermögen des Clubs. Der Rechenvorgang, der zeitlich nicht getrennt werden darf, sieht folgendermaßen aus:

Summe der Börsenkurse x Stückzahl (Depotwert)
+ Summe der liquiden Mittel (Kontostände)
– Verbindlichkeiten

= **Vermögenswert**
– eingegangene Einzahlungen
÷ durch die Anzahl der zuvor vorhandenen Anteile (alt)

= **Anteilswert** (aktuell)

Vermögenswert
÷ **Anteilswert**

= **vorhandene Anteile** (neu)

Zur Summe der Börsenwerte (Stückanzahl x aktueller Kurs) aller im Depot befindlichen Wertpapiere werden die Kontostände addiert; eventuell enstandene Verbindlichkeiten, wie z. B. abzugrenzende Verwaltungskosten, sind abzuziehen. Aus dem Wertberechnungszeitraum herausfallende Buchungen müssen dabei abgegrenzt werden, das heißt, daß die Kontostände den jeweiligen Stichtag der Wertberechnung wiedergeben. Damit ist der Wert des gemeinsamen Vermögens festgestellt.

Über einen Umweg werden nun der Anteilspreis und die Anzahl der Anteile berechnet: Die Einzahlungen, die noch nicht in Anteile umgewandelt wurden, das heißt, die nach der letzten Wertberechnung auf das Konto eingegangenen Zahlungen der Mitglieder, werden von dem ermittelten Vermögenswert subtrahiert. Indem man diesen Betrag anschließend durch die Anzahl der zuvor vorhandenen (bisher gutgeschriebenen) Anteile teilt, erhält man den aktuellen Anteilswert. Zu diesem Anteilswert werden schließlich die Einzahlungen des vorangegangenen Wertberechnungszeitraums (z. B. eines Monats) in Anteile umgewandelt und zu den vorhandenen Anteilen eines jeden Mitglieds addiert. In der Summe erhält man damit die (neu) vorhandenen Anteile. Exakt die gleiche Anzahl ergibt die Division von Vermögenswert durch den Anteilswert.

In der Praxis wird diese Berechnung tatsächlich erst vorgenommen, wenn man alle Werte (Kurse, etc.) und Auszüge des oder der Konten vorliegen hat, in der Regel also erst einige Tage nach dem Stichtag. Dennoch beziehen sich die so ermittelten Werte und Anteilszahlen immer auf den festgelegten Stichtag und gelten ab diesem Zeitpunkt bis zur nächsten Vermögenswertfeststellung. Da sich dieser Vorgang in der gleichen Weise immer wiederholt, bietet es sich an, das Verfahren mit einem Tabellenkalkulationsprogramm wie z. B. *Excel* weitgehend zu automatisieren.

5.2 Modell für eine Vermögenswertberechnung mit dem PC

Ein laufendes Bewertungssystem ist im Grunde einfach einzurichten, da es im Grunde nur auf zwei Datengruppen beruht:
• den Einzahlungen, zugeordnet nach Mitgliedern,
• den Werten des gemeinsamen Vermögens.
Diese werden nun für die definierten Wertberechnungszeiträume, z. B. einen Monat oder ein Quartal, miteinander in Beziehung gesetzt, und zwar mit Hilfe des Anteilswertes, der bei Gründung des Investmentclubs als Basis erstmalig festgelegt wird.

Bei einer monatlichen Wertberechnung ist es am zweckmäßigsten, in einem Tabellenkalkulationsprogramm Übersichtenblätter für jeweils 12 Monate anzulegen. In den folgenden Jahren werden die Übersichten, beginnend mit den jeweils letzten Zahlen des abgelaufenen Jahres (Übertrag), weitergeführt. So hat man auch gleich den jeweiligen Jahresabschluß in Zahlen vorliegen, aus dem der Jahresgewinn oder -verlust und die Beteiligung der Gesellschafter am gemeinsamen Vermögen hervorgehen.

Eine Übersichtstabelle für die Einzahlungen (Tabelle 1) würde folgendermaßen aussehen:

Mitglied Name	Übertrag bisherige Einzahl.	Jan	Feb	....	....	Nov	Dez	lfd. Jahr Einzahl.	gesamte Einzahl.
Mitglied A								0,00	0,00
Mitglied B								0,00	0,00
Mitglied C								0,00	0,00
....								0,00	0,00
....								0,00	0,00
....								0,00	0,00
....								0,00	0,00
....								0,00	0,00
....								0,00	0,00
....								0,00	0,00
Summe der Einzahlungen	0,00	0,00	0,00	....	....	0,00	0,00	0,00	0,00

Tabelle 1: Übersicht über die Einzahlungen im laufenden Jahr

Das gemeinsame Vermögen wird am besten anhand einer laufend aktualisierten Portfolioübersicht festgestellt. Entweder werden dort die von der Bank zu den Stichtagen erhaltenen Depotaufstellungen mit den jeweiligen Depotwerten eingetragen, oder man berechnet die Werte der im Depot befindlichen Wertpapiere (Stückzahl x aktueller Kurs) zum jeweiligen Stichtag selbst. Für die geführten Geldkonten ist ebenfalls jeweils eine Zeile vorzusehen. Die senkrechte Summe ergibt den aktuellen Vermögenswert. Zum Zwecke der Vermögenswertfeststellung kann die Portfolioübersicht in stark vereinfachter Form wie in Tabelle 2 skizziert angelegt werden:

Bezeichnung	Kauf Datum	Stück / Anzahl	Kurs Kauf	Kurswert netto	Übertrag 31.12.	Wert 31.01.	Wert 28.02.	Wert 31.03.	Wert 30.04.
Wertpapier A							+		
Wertpapier B							+		
Wertpapier C							+		
....									
....									
....							weiter bis Jahresende		
....							────────────────▶		
Konto 1							+		
....									
Vermögenswert					(Summe)	(Summe	(Summe	(Summe)	(Summe)

Tabelle 2: Portfolioübersicht und Vermögenswerte

Für die Berechnung der Anzahl der Anteile, des Anteilswertes und des Guthabens eines jeden Gesellschafters sind noch zwei weitere Übersichtenblätter, entsprechend dem Grundmuster des Tabellenblattes für die Einzahlungen anzulegen (Tabelle 3 und Tabelle 4):

Mitglied Name	Übertrag Anzahl Anteile	31.01.	28.02.	....	....	30.11.	31.12.	Jahresende Anzahl der Anteile
Mitglied A				....	....			
Mitglied B				....	....			
Mitglied C				....	....			
....				....	....			
....				....	....			
....				....	....			
....				....	....			
....				....	....			
....				....	....			
....				....	....			
Summe der **Anteile**	0,00	0,00	0,00	....	....	0,00	0,00	0,00

Berechnung	Anteilswert						
Vermögen		0,00	0,00	....	....	0,00	0,00
Einzahlung		0,00	0,00	....	....	0,00	0,00
Betrag		0,00	0,00	....	....	0,00	0,00
Anteile		0,00	0,00	....	....	0,00	0,00
Anteilswert	100,00	0,00	0,00	....	....	0,00	0,00

Tabelle 3: Übersicht über die Anzahl der Anteile und die Anteilswerte

Mitglied Name	Übertrag Wert der Anteile	31.01.	28.02.	....	....	30.11.	31.12.	Jahresende Wert der Anteile
Mitglied A				....	....			
Mitglied B				....	....			
Mitglied C				....	....			
....				....	....			
....				....	....			
....				....	....			
....				....	....			
....				....	....			
....				....	....			
....				....	....			
Vermögen	0,00	0,00	0,00	....	....	0,00	0,00	0,00

Tabelle 4: Übersicht über die Werte der Anteile (Guthaben)

Mit diesen vier vereinfacht dargestellten Schemata sind im Prinzip alle notwendigen Tabellen für ein Wertberechnungsverfahren angelegt. In den Tabellen 1 und 2 werden die Daten zunächst eingetragen, und in den Tabellen 3 und 4 werden dann die benötigten Werte anhand der eingetragenen Daten berechnet.

Man kann das zwar auch mit einem Taschenrechner machen und alle Ergebnisse einzeln eintragen. Dies ist jedoch sehr viel zeitaufwendiger als ein automatisches Verfahren. Die Nutzung eines Tabellenkalkulationsprogrammes erlaubt es, alle notwendigen Rechenschritte in den Zellen der Tabellen 3 und 4 durch Formeln zu definieren und anschließend zu übertragen. Dazu kopiert man die Formeln der zu berechnenden Zellen auf die festgelegten Wertberechnungszeiträume bzw. Ergebnisausgabefelder. Durch die Herstellung von Blatt- und Zellbezügen bei den Formeloperatoren werden die Tabellen dabei miteinander verknüpft.

Man beginnt zunächst in der Tabelle 1 mit der Eintragung erster Einzahlungen im ersten Wertberechnungszeitraum nach Gründung des Clubs. Diese werden durch den auf der Gründungsversammlung festgelegten Anteilswert dividiert, dadurch in Anteile umgewandelt und dann den Gesellschaftern in der Tabelle 3 in der Spalte des darauf folgenden Wertberechnungsstichtages (bzw. -zeitraumes) erstmalig gutgeschrieben. Damit sind die ersten Anteile und somit auch ein gemeinsames Vermögen vorhanden. Im folgenden werden die Einzahlungen des zweiten Wertberechnungszeitraums bei Erhalt der Kontoauszüge in Tabelle 1 eingetragen. Gleichzeitig wird der Vermögenswert zu dem dann aktuellen Wertberechnungsstichtag in Tabelle 2 wie angegeben festgestellt.

Zur Berechnung des Anteilswertes (W) in der Tabelle 3 übernimmt man durch Blatt- und Zellbezüge den festgestellten Vermögenswert (V) aus Tabelle 2, die Summe der Einzahlungen (S) aus Tabelle 1 und die vorhandenen (gutgeschriebenen) Anteile (A). Mittels der Formel:

W = (V – S) / A

, die in die entsprechenden Zellen der Tabelle 3 kopiert wird, berechnet sich dann der Anteilswert automatisch. Die im zweiten Wertberechnungszeitraum geleisteten Einzahlungen eines jeden Mitgliedes (E) werden nun mittels der zu übertragenden Formel:

A_{neu} = (E / W) + A

durch den festgestellten Anteilswert dividiert und zu den schon vorhandenen Anteilen eines Mitgliedes in Tabelle 3 addiert. Damit erhält man die aktuelle Anzahl der Anteile eines jeden Gesellschafters. In der Tabelle 4 berechnet sich durch Kopieren der Formel:

A_{neu} x W

schließlich das anteilige Guthaben eines jeden Mitglieds zum entsprechenden Wertberechnungsstichtag.

Es kann natürlich sein, daß das Vermögen zeitweise, insbesondere beim Start des Investmentclubs, nur aus liquiden Mitteln besteht, weil für den Wertpapierkauf angespart wird. Dann ändert sich der Anteilswert zunächst gar nicht oder geht – bei anfallenden Kontogebühren und auch eventuell abgerechneten Verwaltungskosten – nur sehr geringfügig zurück. Dies ändert sich jedoch spätestens mit dem Kauf erster Wertpapiere.

Ein zusätzlicher Vorteil der oben dargestellten Wertberechnung liegt darin, daß man die Wertentwicklung oder auch Performance des Investmentclubs anhand des Anteilswertes prozentual genau ermitteln kann. Damit wird die Wertentwicklung des Gemeinschaftsdepots mit der Wertentwicklung anderer Portfolios, aber auch mit Fonds oder Indizes vergleichbar. Das ist natürlich insofern reizvoll, als man sein eigenes Handeln besser bewerten kann.

Die vier dargestellten Tabellen mit den dazugehörigen Belegen umfassen im Grunde schon fast die gesamte nötige Verwaltung des Investmentclubs. Für eine bessere Wertpapierverwaltung und ein effizienteres Depotmanagement ist allerdings eine detailliertere Portfolioübersicht als die oben dargestellte mit individuellen Eintragungen zu den einzelnen Wertpapieren nötig. Diese Übersicht ist entsprechend den Anforderungen für das Wertpapiermanagement und hinsichtlich steuerlicher sowie weiterer Berechnungen des jeweiligen Clubs anzulegen. Sie kann etwa wie in Tabelle 5 dargestellt aussehen.

Bezeichnung	WKN	Kauf-datum	Stück / Anzahl	Börse	Kurs Kauf	Betrag	Gebühr
Wertpapier A							
Wertpapier B							
Wertpapier C							
....							
....							
....							
....							
						Geb. Kauf: (Summe)	
Konto 1							
(Abgrenzung Verw.-Kosten)							

⟶

Spekul.-frist	Kursziel	Limits	Stop Loss	Laufzeit / Verfall	Koupon / Hebel	Zusatz-erlöse	Bemerkung

Tabelle 5: Wertpapierverwaltung

Verkauf -datum	Stück / Anzahl	Kurs Verkauf	Betrag	Gebühr	Bestand aktuell	Gewinn / Verlust	Prozent netto
		Geb.Verk: (Summe)				Geb. ges.: (Kauf/Verk.)	

→

Bezeichnung	Übertrag Wert 31.12.	Wert 31.01.	Wert 28.02.	Wert 31.03.	Wert 30.04.	....
						....
Wertpapier A						....
Wertpapier B						....
Wertpapier C						....
....						....
....						,.........
....						....
....						....
						....
Konto 1						....
						....
Gesellschaftsvermögen	(Summe)	(Summe)	(Summe)	(Summe)	(Summe)	....
Einzahlungen insgesamt	0,00	0,00	0,00	0,00	0,00	....
Einzahlungen monatlich		0,00	0,00	0,00	0,00	....
Anteilswerte	100,00	**0,00**	**0,00**	**0,00**	**0,00**	....
Performance						
Monatsrendite einzel		0,00	0,00	0,00	0,00	....
Monatsrendite kumuliert		0,00	0,00	0,00	0,00	....

Fortsetzung Tabelle 5: Wertpapierverwaltung

Die Übersicht über Kurswerte, Kontostände, Vermögenswerte und Wertentwicklung (Performance) zu den Stichtagen der Vermögenswertfeststellung kann nun entweder an die Portfolioübersicht angehängt oder als neues Blatt angelegt werden. Der in einer Tabelle zusammengefaßte Gesamtüberblick über Portfolio und Performance ermöglicht es vielleicht am besten, sich rasch ein konkretes Bild der jeweils aktuellen Situation und der Disposition der Wertpapiere zu machen. Bei den Werten gibt man entweder die Werte aus der Depotaufstellung der Bank ein oder multipliziert die Stückzahlen aus der Spalte „Bestand" mit den jeweils aktuellen Stichtagskursen aus dem Wirtschaftsteil einer Zeitung.

Bei Teilverkäufen von Wertpapieren gibt man die Angaben und den verringerten Bestand jeweils in einer freien, neuen Zeile ein, vermerkt den Teilverkauf und führt die folgenden Werte (Kurse) in dieser Zeile weiter. Da der Gewinn bzw. Verlust in Zahlen und Prozent dann nicht mehr automatisch per kopierter Formel berechnet werden kann, muß dieser durch Definition einer neuen Formel oder von Hand berechnet werden. Sinnvoll ist es, bei Vollverkäufen den Gewinn oder Verlust immer netto, also unter Berücksichtigung der entstandenen Transaktionsgebühren, anzeigen zu lassen. Somit hat man auch gleich eine erste Berechnungsgrundlage für eventuell entstandene Spekulationsgewinne.

Zukäufe und Aktiensplits bzw. Aktienumstellungen sind auch jeweils in einer neuen Zeile einzutragen. Bei Aktiensplits, die z. B. schnell wachsende amerikanische Unternehmen des öfteren vornehmen, um die Aktie optisch zu verbilligen, werden die Kaufangaben übernommen, das Splitverhältnis vermerkt und der neue höhere Bestand eingetragen. In der Wertetabelle wird diese Aktie dann in der neuen, aktuellen Zeile weitergeführt.

Die Spalten für individuelle Vermerke zu einzelnen Wertpapieren können nun mehr oder weniger detailliert eingerichtet werden. Sie richten sich zunächst einmal nach der Art von Wertpapieren, die im Depot gehalten werden, und nach der Art des Depotmanagements. Zusatzerlöse wie Bezugsrechtserlöse oder auch Dividenden und Boni können zur Übersicht mit angeben werden. Informativ ist zudem, die Summen der jeweils aufgelaufenen Kauf- und Verkaufgebühren (Transaktionskosten) in der Tabelle anzeigen zu lassen. Natürlich sind die meisten Clubs auch daran interessiert, die Wertentwicklung des Gesamtportfolios festzuhalten.

Monatsgewinne und prozentuale Performancezahlen berechnen sich dabei wie auf S. 83 oben dargestellt.

Die Einzahlungen und Anteilswerte nimmt man durch Bezüge in die Übersicht über Portfolio und Performance wie in Tabelle 5 dargestellt auf und läßt die prozentualen Renditen (in den beiden Zeilen Monatsrendite) direkt durch Formeln nach den oben genannten Rechenschritten berechnen.

Vermögenswert aktuell
– Vermögenswert Vormonat
– Einzahlungen des laufenden Monats

= Monatsgewinn/-verlust

+ Summe bisheriger Gewinne/Verluste

= kumulierter Gewinn/Verlust

Anteilswert aktuell
– Anteilswert Vormonat
– Anteilswert Vormonat x 100

= Monatsrendite in Prozent

Anteilswert aktuell
– Anteilswert Jahresbeginn
– Anteilswert Jahresbeginn x 100

= kumulierte Rendite in Prozent

Für die Verrechnung von Verwaltungskosten sind, wie schon erläutert, mehrere Möglichkeiten denkbar. Eine Aufstellung der entstandenen Kosten sollte aber, gleich welche Regelung getroffen wird, unbedingt erfolgen. Am besten stellt man eine Jahresübersicht über alle Buchungen auf, wobei alle Einzahlungen eines Wertberechnungszeitraumes (Monats) jeweils als Summen angegeben werden, um die einzelnen Buchungen überschaubar zu halten. Damit hat man zu den verschiedenen Arten von Buchungsvorgängen am Jahresende gleich kumulierte Umsätze, also konkrete, nachvollziehbare Zahlen vorliegen. Die Tabelle kann, wie schematisch angedeutet (Tabelle 6), aufgebaut werden.

Nicht zuletzt ist es sinnvoll, schon im Jahresverlauf eine Übersichtstabelle der im Laufe eines Jahres zugesandten Steuerbescheinigungen anzulegen und diese zum Jahresende mit der Erträgnisaufstellung der Bank zu vergleichen. Die Summe der steuerpflichtigen Erträge des abgelaufenen Jahres müssen dann den einzelnen Mitgliedern nach der jeweiligen Beteiligungsquote zugerechnet werden. Hierzu mehr in Abschnitt 7.2.1 Steuern.

Als Fazit läßt sich zusammenfassend sagen, daß ein Investmentclub mit den dargestellten Tabellenübersichten die Wertberechnung und die Verwaltung sehr gut im Griff hat. Die Transpa-

Buchung Datum	Betrag	Vorgang	Einzahl.	Ausgang Depot	Eingang Depot	Kto.-Geb	Verwalt.- kosten	Auszahl. andere	Kontostd. aktuell
									0,00
Mär 98	9.000,00	Einzahl	9.000,00						
18.04.98	-46,50	Kosten					-46,50		5.953,50
22.04.98	-10,00	Limitgeb.		-10,00					5.943,50
Apr 98	1.800,00	Einzahl	1.800,00						7.743,50
14.05.97	-4.763,24	Kauf VW		-4.763,24					2.980,26
Mai 98	1.800,00	Einzahl	1.800,00						4.780,26
10.06.98	-4.288,63	Kauf SAP		-4.288,63					491,63
25.06.98	53,78	Dividende			53,78				545,41
30.06.98	-36,00	Kto.-Geb				-36,00			509,41
Summen			12.600,00	-9.061,87	53,78	-36,00	-46,50	0,00	509,41

Tabelle 6: Kontoübersicht und Zuordnung der Buchungen im Beispiel

renz für die Mitglieder ist gewährleistet, und die geschäftsführenden Gesellschafter haben jederzeit Klarheit über den Stand des Vermögens und die Entwicklung des Wertpapierdepots. Alle notwendigen Angaben und Zahlen für ein effektives Depotmanagement und zur Information der Gesellschafter stehen damit stets zur Verfügung. Das Bewertungssystem ist gerecht und paßt zu jedweder vertraglichen Regelung. Die Tabellen sind im Anhang nochmals zusammenhängend abgebildet.

Die Einrichtung eines automatischen Verfahrens wie oben beschrieben sowie die Überprüfung der Formeln und Bezüge von Kennwerten bedeutet allerdings einen erheblichen Zeitaufwand und sollte nur von Personen mit tiefergehenden Kenntnissen von Tabellenkalkulationsprogrammen realisiert werden.

Excel-Modul für Verwaltung und Wertberechnung

Ein komplettes Depotverwaltungs- und Wertberechnungssystem für Investmentclubs auf der Basis der Standardsoftware *Microsoft Excel* kann daher mit der Bestellkarte per Fax oder Email (Adresse im Anhang) bestellt werden. Voraussetzung für die Nutzung des Programms ist eine installierte *Microsoft-Excel* Tabellenkalkulation ab Version 5.0. Das Modul ist für Investmentclubs mit bis zu 50 Mitgliedern ausgelegt und umfaßt neben einer übersichtlichen Benutzerführung mit Dateneingabemasken verschiedene Auswertungsroutinen, Übersichts-, Druck- und Archivierungsfunktionen sowie sämtliche notwendige mitgliederbezogene Zuordnunge von Anteilen und Erträgen.

6. Die Wertpapieranlage

6.1 Anlagegrundsätze/-politik

Das spannendste bei einem Investmentclub ist natürlich die eigentliche Anlage der Gelder in Wertpapiere. Sicher fehlt zu Anfang bei manchen Teilnehmern die Erfahrung. Wie bei jedem Anleger sind gewisse Unsicherheiten bei Entscheidungen normal. Zunächst steht daher für die bis dahin unkundigen Mitglieder und auch für den Club insgesamt ein gemeinsamer Lernprozeß im Vordergrund. Das ist ja gerade für viele Investmentclubs auch ein Zweck der Gründung gewesen: daß die Mitglieder mit begrenzten Mitteln aktiv und gemeinsam die Börse und deren Mechanismen verstehen lernen.

Dies bedeutet jedoch nicht, daß man in der Anfangsphase keine guten Gewinne erzielen kann. Mit einigen Grundüberlegungen und bei Beachtung von wichtigen Börsenmechanismen sowie darauf aufbauenden klugen Entscheidungen stellen sich Börsenlaien und Amateure mit ihren Anlageentscheidungen oft genauso gut dar wie die sogenannten Experten. Neueinsteiger auf dem Börsenparkett sollten für einen dauerhaften Erfolg jedoch bedenken: Es geht nicht darum, alles auf eine Karte zu setzen und möglichst schnell Gewinne zu realisieren, denn mit einer solchen Vorgehensweise sind Flops nahezu vorprogrammiert. Vielmehr geht es um eine überlegte und ausgewogene Wertpapierauswahl. Die richtige Struktur eines Wertpapierdepots ist dabei der Schlüssel zu langfristig guten Ergebnissen.

Die Kunst einer erfolgreichen Gestaltung der Anlagepolitik im Investmentclub liegt denn auch darin, die richtigen Wertpapiere auszuwählen – und zwar zum richtigen Zeitpunkt. Dabei sollten die Mitglieder des Investmentclubs sich nicht auf die Empfehlungen und heißen Tips professioneller Berater oder Zeitschriften verlassen, sondern immer versuchen, sich eine eigene Meinung zu bilden. Die oft ganz unterschiedlichen Erfahrungen, beruflichen Einblicke und Meinungen der Mitglieder sind ein nicht zu unterschätzendes Potential des Investmentclubs. Verschiedene Erfahrungen, Kenntnisse und nicht zuletzt auch divergierenden Ansichten kommen bei den Anlageentscheidungen dem Club und damit allen Beteiligten zugute.

Jemand der z. B. in der EDV-Branche arbeitet, kennt sich im Bereich Computer und Software gut aus. Ein kaufmännischer Angestellter bei einem Fahrzeughersteller kann dafür die Situation seiner Branche besser einschätzen, und ein Einzelhandelskaufmann weiß, welche Produkte bzw. Markenhersteller besonders gut laufen. Ein Bankangestellter hat wiederum den besten Überblick bei Zinsen und Währungen. Auch im Kollegenkreis bündelt sich Wissen, gibt es unterschiedliche Ansichten und gute Vorschläge. Dieses Potential gilt es im Rahmen der Treffen, bei denen Anlageentscheidungen gefällt werden, zu nutzen. Aufgrund der gemeinsamen Diskussionen, auch über die Empfehlungen zu Wertpapieren in den verschiedensten Medien, schafft man mehr Sicherheit bei den Entscheidungen und begeht weniger häufig Fehler wie Einzelanleger.

Weil viele einzahlen, erreicht der Depotwert nach einiger Zeit ein solches Volumen, daß man intelligente Strategien austüfteln und diese in der Realität umsetzen kann. Außerdem ist die gemeinsame Wertpapieranlage ganz einfach vergnüglicher und kommunikativer. Zusammen die jeweils richtige Anlagestrategie zu entwickeln, macht nicht nur Freude und Spaß, es sammelt sich mit der Zeit auch beträchtliches Know-how bei den Teilnehmern an. Oft setzen Mitglieder die gewonnene Erfahrung auch bei ihrer privaten Anlage ein und holen sich die Favoriten des Clubs in ihr persönliches Depot. Mancher wird sogar zum Empfehlungs- und Börsenratgeber in seinem Bekanntenkreis, denn soviel ist sicher: man unterhält sich darüber.

Bis dahin ist allerdings ein Stück Weg zurückzulegen. Die Entwicklung von Börsenlaien und Amateuren zu einem mehr oder weniger professionellen Team vollzieht sich eher in Jahren als in Monaten. Die Ausgangslage bei Gründung und die jeweilige Situation des Clubs spielt dabei eine wesentliche Rolle. Wichtig erscheint, daß man getroffene Entscheidungen, Fehler sowie Entwicklungen im nachhinein stets analysiert und die dabei gewonnene Erfahrung verarbeitet. Man sollte allerdings vermeiden, ein bloßer Diskussions- und Debattierclub zu sein, sondern sich immer fragen: Wie ist die aktuelle Situation und wie können wir etwas besser oder effektiver gestalten? Funktioniert die gewählte Strategie und ist sie weiterhin geeignet, die gesetzten Ziele zu erreichen?

Diese Teamerfahrung ist übrigens nicht nur persönlich bereichernd, sie stellt auch ein gewichtiges positives Qualifikationsmerkmal für potentielle Arbeitgeber dar. Natürlich hängt die Entwicklung des Clubs und die Teambildung ganz entscheidend von der Motivation und dem Engagement der einzelnen Mitglieder ab. Interesse, Börsenwissen, Erfahrung und Mentalität in bezug auf Wertpapieranlagen können bei den Mitgliedern sehr weit auseinander liegen. Dies braucht kein Nachteil sein, doch sollte etwas verbindendes und damit eine persönliche Basis zwischen den Teilnehmern bestehen.

Auf der Gründungsversammlung wird der Rahmen für die gemeinsame Wertpapieranlage abgesteckt. Die dort von allen gemeinsam getroffenen Vereinbarungen und Regelungen sind ganz wesentlicher Ausgangspunkt für die Ziele und damit auch die zukünftige Gestaltung und Entwicklung des Clubs. Insbesondere geht es dabei um die grundsätzliche Ausrichtung der Wertpapieranlage sowie um das Verfahren, mit dem die ‚richtigen' Wertpapiere ausgewählt werden.

Zu den Grundüberlegungen gehören:
- die Zielsetzungen,
- die Anlagegrundsätze,
- zu beachtende Kriterien,
- das Verfahren bei Wertpapierauswahl.

Bei der weiteren Gestaltung der Wertpapieranlage sind zu besprechen:
- die Anlagepolitik,
- Depotaufbau und -struktur
- das Depotmanagement.

Die vorgenommene Aufteilung soll jedoch nicht heißen, daß der einmal abgesteckte Rahmen auf den anschließenden Gesellschafterversammlungen nicht weiter diskutiert und eventuell abgeändert werden sollte. Im Gegenteil, es ist vernünftig, Anlagegrundsätze, Kriterien und Entscheidungsverfahren jeweils zu überprüfen und weiterzuentwickeln.

6.1.1 Zielsetzungen und Anlagegrundsätze

Zunächst sollte die Risikobereitschaft und die voraussichtliche Anlagedauer der Teilnehmer geklärt werden. Davon ausgehend sind die Schwerpunkte nach Anlageklassen (welche Arten von Wertpapieren mit welchem Risikopotential) festzulegen. Die wichtigsten hierbei zu beachtenden Risiken der verschiedenen Wertpapierarten sind:

- das Kursänderungsrisiko (bei Aktien, Anleihen, Optionen),
- das Währungsrisiko,
- das Verlustrisiko (insbesondere bei Options- und Termingeschäften),
- das Bonitätsrisiko (Ausfall des Schuldners),
- das unternehmerische Risiko (Konkurs- oder Insolvenzrisiko),
- das Zinsänderungsrisiko,
- das Kündigungsrisiko (vorzeitiges Kündigungsrecht des Schuldners),
- das Haftungsrisiko (Termingeschäfte),
- das Marktrisiko.

Ein Grundsatz bei der Beurteilung der Risiken von Wertpapieranlagen ist: Ein geringes Anlagerisiko begrenzt immer auch die möglichen Gewinnchancen. Hohe Gewinnchancen bedeuten dagegen immer auch ein hohes Risiko.

Die Anlageklassen lassen sich entsprechend der oben genannten Risiken wie folgt einteilen:

Risiko	Anlageklassen
niedrig	auf inländische Währung lautende Anleihen bester/guter Bonität
	inländische Standardaktien, Wandel- und Optionsanleihen
	ausländische Standardaktien, inländische Aktien-Nebenwerte
hoch	ausländische Aktien-Nebenwerte, Anleihen geringer Bonität,
	Fremdwährungsanleihen
	spekulative Anleihen, Junk-bonds, spekulative Beteiligungen, Penny-stocks
sehr hoch	Options-, Devisenkurs- und Termingeschäfte

Nötig ist, daß sich die Gesellschafter über die Risiken und die damit verbundenen Chancen der verschiedenen Wertpapierklassen im klaren sind, um daraufhin eine gemeinsame Übereinkunft über die ins Portfolio aufzunehmenden Arten von Wertpapieren erzielen zu können. Besonders risikoreiche Anlageformen, wie z. B. Termingeschäfte, können nur in Betracht gezogen werden, falls alle Mitglieder zustimmen.

Im Rahmen dieser Klärung sollte man sich auch über die mit dem Investmentclub verbundenen individuellen Ziele der Mitglieder, sei es Spekulation, Vorsorge oder anderes, verständigen. Es versteht sich von selbst, daß die Gesellschafter nicht bis an ihr Lebensende auf das Gemeinschaftskonto einzahlen, sondern zu einem bestimmten oder noch unbestimmten Zeitpunkt ihr anteiliges Guthaben anderweitig verwenden wollen. Auf Ebene der Gesellschafter ist also die geplante Dauer der Wertpapieranlage bzw. der Clubmitgliedschaft zu berücksichtigen. Auf Ebene des Clubs gilt die Beachtung des Anlagehorizontes für den Fall, daß die Clubmitglieder mit dem gemeinsamen Vermögen nach einigen Jahren ein gemeinsames Projekt, wie z. B. den Kauf eines Hauses oder die Eröffnung eines Geschäftes, planen.

Für die realistische Einschätzung von Anlagezielen und den damit notwendigerweise in Kauf zu nehmenden Risiken muß der Zusammenhang zwischen Anlagezeitraum, Rendite und Risiko klargelegt werden. Die bei allen Geldanlagen zu beachtenden Kriterien Verfügbarkeit, Rentabilität und Sicherheit – das sogenannte „magische Dreieck" – sind nämlich ohne Kompromisse nicht miteinander vereinbar: Das Geld auf einem Sparbuch ist zwar sehr sicher und bringt eine stetige Verzinsung, die Rendite aber ist verhältnismäßig gering und kann unter Einbeziehung von Inflation und Steuern sogar negativ sein. Bei Auflösung des Sparbuchs tritt, gleich zu welchem Zeitpunkt, allerdings niemals ein Verlust auf.

Überdurchschnittliche Renditen sind durchweg mit höheren Risiken verbunden. Anlagen in Aktien bieten in der Regel größere Gewinnchancen als Anleihen, jedoch ist das Kursrisiko aufgrund stärker schwankender Kurse erheblich größer. Auch ist der Verlust des eingesetzten Kapitals bei Konkurs des Unternehmens nicht auszuschließen. Der Risikozuschlag, den man bei Aktien in Kauf nimmt, nivelliert sich jedoch bei langfristiger, diversifizierter

Anlage. Bei nur kurzfristigem Engagement ist die Möglichkeit von Verlusten jedoch hoch. Der geplante Anlagezeitraum spielt also bei vergleichsweise risikoreichen Anlageformen eine wesentliche Rolle.

Fast alle Investmentclubs haben eine langfristige Geldanlage zum Zweck, wobei von den Mitgliedern in der Regel eine mittlere bis hohe Risikobereitschaft vorhanden ist. Daher bauen die meisten Clubs ein aktienorientiertes Portfolio auf. Daneben finden sich zum Teil auch eher sicherheitsorientierte, gemischte Portfolios (Anleihen und Aktien) oder aber spekulative Portfolios (mit Anleihen oder Aktien unterlegte Optionsscheinportfolios) sowie hochspekulative Portfolios (Devisenkurs- oder Termingeschäfte). Bei der weiteren Betrachtung wird hauptsächlich auf aktienorientierte Portfolios abgestellt. Das ist für die meisten Teilnehmer am interessantesten und spannendsten, denn Unternehmen, deren Geschäftätigkeit sowie deren Produkte kann man sich am konkretesten vorstellen.

Zur Einschätzung des Risikos von Aktienanlagen sei *Rüdiger von Rosen* vom Deutschen Aktieninstitut e. V. zitiert: „Die Deutschen haben viel zu geringe Kenntnisse über Aktien... Dazu gehört vor allem die Überschätzung des Risikos einer vernünftigen Aktienanlage... Für einen Anlager mit einem breit gestreuten Akienportfolio besteht auf mittlere bis lange Sicht das Risiko nur darin, ob seine Rendite drei- oder viermal so hoch wie eine Sparbuchverzinsung wird" (Interview, Rheinischer Merkur, 16.10.97).

6.1.2 Kriterien bei der Wertpapierauswahl

Bei Gründung ist eine Vereinbarung darüber zu treffen, welche Anlageklassen für den Investmentclub in Frage kommen. Dies gilt insbesondere für die risikoreichen Anlageformen. Zusätzlich sollte man sich grundsätzlich darüber verständigen, ob Absicherungsstrategien mit Optionsgeschäften oder auch spekulative Geschäfte für einen Teil des Depotvolumens zulässig sein sollen. Dabei ist es sinnvoll festzulegen, welchen Anteil am Portfolio solche Geschäfte maximal ausmachen dürfen. Sowohl die Absicherung als auch die Spekulation setzen allerdings eine große Erfahrung zumindest einiger Mitglieder voraus. Bei der Spekulation bedarf es zudem einer höheren Verlusttoleranz der Teilnehmer, sowohl mental als auch finanziell.

Sind die Wertpapierklassen bestimmt, in die der Investmentclub investieren will, ist zu überlegen, ob nicht weitere Kriterien für die gemeinsame Anlage schon bei Gründung festgelegt werden sollen. Ein erstes wichtiges Kriterium ist die Branchenzugehörigkeit der Unternehmen, in die investiert werden soll. Zukunftsorientierte und innovationsstarke Branchen wie Telekommunikation, Hochtechnologie oder Biotechnologie können z. B. prinzipiell stärker gewichtet werden als Standardwerte aus dem Konsumsektor oder dem Maschinen- und Anlagenbau. Es kann auch eine Länderauswahl vorgenommen werden mit Quoten für Aktien aus bestimmten Ländern. Vielleicht gibt es auch ganz persönliche oder berufsbedingte Vorlieben der Mitglieder des Investmentclubs, die bei allen Anlageentscheidungen Berücksichtigung finden sollen. Es läßt sich z. B. gut vorstellen, daß ein Fraueninvestmentclub Unternehmen bevorzugt, in denen Frauen wichtige Positionen einnehmen.

Solche Einschränkungen, die die Auswahl an Wertpapieren begrenzen, erhöhen allerdings tendenziell das Risiko der Anlage. Eine Risikominimierung wird nämlich nicht allein über die Mischung von Anlageformen, sondern vor allem auch über die Streuung der Anlagegelder innerhalb einer Anlageklasse, wie Aktien, erreicht.

Darüber hinaus sind noch weitere Positiv- oder Negativkriterien bei der Auswahl von Wertpapieren denkbar. So gibt es eine Reihe von Investmentclubs, die bei der Auswahl der Unternehmen, in die investiert werden soll, bestimmte ethische Maßstäbe ansetzen und z. B. weder in die Rüstungsindustrie noch in die Gentechnik investieren und/oder einen Teil ihres Portfolios für Unternehmen aus bestimmten Branchen oder mit besonderen Unternehmensphilosophien reservieren. Andere Clubs schließen wiederum bestimmte, besonders umweltrelevante Branchen wie z. B. die Atomwirtschaft, die Ölindustrie und die Großchemie aus. Vorstellbar ist zudem, daß ein Club Unternehmen mit einer intransparenten Geschäfts- und Informationspolitik, bei denen z. B. der Eindruck besteht, daß dort undurchsichtige oder wettbewerbsschädigende Geschäfte betrieben werden, nicht berücksichtigt. Darunter können auch Unternehmen fallen, die kursrelevante Nachrichten und Entwicklungen erst verspätet oder nur spärlich an die breite Öffentlichkeit gelangen lassen.

Dahingehende Einschränkungen der Wertpapierauswahl können auch erst nach Gründung erfolgen, doch ist es sinnvoll, eine eventuell beabsichtigte Eingrenzung, wie z. B. eine ökologische Orientierung oder ein Ausschluß von bestimmten Branchen, schon bei Gründung anzusprechen. Damit beugt man einer möglicherweise entstehenden Unzufriedenheit einzelner Mitglieder vor. Wichtig ist, daß man über die Anlagepolitik auch nach einer vielleicht lebhaften und konträren Diskussion zu einem Konsens kommt, der von allen Mitgliedern getragen wird. Bei der Festlegung von Auswahlkriterien sollte zudem überlegt werden, wie und anhand welcher Informationsquellen die Einhaltung bzw. Nichteinhaltung von Kriterien überprüft werden kann. Gleichermaßen sollte eine Beschränkung nicht so weit gehen, daß man bei der Wertpapierauswahl und beim Timing nicht mehr genügend Handlungsspielraum hat. Hierbei kommt es also darauf an, daß bestimmte Festlegungen und Absprachen auch wirklich praktikabel sind.

6.1.3 Anlagepolitik und Auswahlverfahren

Sind die Anlagegrundsätze festgelegt und die mit der Wertpapieranlage verbundenen Motive der Mitglieder geklärt, hat man einen guten Ausgangspunkt für eine erfolgreiche und dauerhafte Gestaltung des Clublebens geschaffen. Dabei ist als nächstes festzulegen, wie und von wem Anlageentscheidungen getroffen werden. Dies kann sehr unterschiedlich gestaltet werden, richtet sich aber weitgehend nach:

• der Anzahl und dem Engagement der Teilnehmer,
• den Anlagegrundsätzen,
• dem Anlagevolumen.

Es ist nun möglich, das Verfahren bei der Wertpapierauswahl entweder vertraglich festzulegen oder offen und damit variabler zu lassen. Da ein statisches Verfahren aufgrund der zu erwartenden Entwicklung des Clubs unzweckmäßig ist, empfiehlt es sich, jeweils auf den Gesellschafterversammlungen über diesen Punkt zu diskutieren und vereinbarte Regelungen in den Protokollen festzuhalten. Voraussetzung für eine flexible Gestaltung und damit auch für ein effektives Depotmanagement ist allerdings die Alleinvertretungsmacht des Geschäftsführers und seines Stellvertreters (siehe Abschnitt 4.2 Vertretungsmacht). Es ist unsinnig, wenn etwa die Geschäftsführung nur insgesamt vertretungsberechtigt wäre, das Entscheidungsverfahren aber so abgesprochen ist, daß man auf bestimmte Börsensituationen möglichst schnell reagiert. Falls nicht die gesamte Geschäftsführung (Geschäftsführer, Stellvertreter und Prüfer) zugegen oder erreichbar sind, könnten in solchen Situationen keine Kauf- bzw. Verkauforders aufgegeben werden.

Hinsichtlich der Wertpapierauswahl und den Anlageentscheidungen können Absprachen getroffen werden, die in den Extremvarianten zum einen eine Abstimmung aller Mitglieder bei jeder Anlageentscheidung vorsehen oder zum anderen der Geschäftsführung völlig freie Hand bei den Einzelentscheidungen lassen. Hier wird jedoch von einer Beteiligung zumindest einiger Teilnehmer ausgegangen. Dies entspricht der Idee von Investmentclubs am ehesten und ist letztlich auch ein Zweck des Investmentclubs. Die Beteiligung an den Anlageentscheidungen erhöht die Identifikation der Mitglieder; zudem wird die Verantwortung für Erfolg und Mißerfolg auf mehrere Personen verteilt. Dazu sind regelmäßige Treffen und Absprachen zu vereinbaren. Wie dies praktisch geregelt und gehandhabt wird, entscheidet sich im Einzelfall nach der jeweiligen Situation im Club. Hat der Club viele engagierte Mitglieder, besteht jedoch die Gefahr, daß neue Vorschläge und Dispositionen des Depots nicht ergebnis- und entscheidungsorientiert besprochen werden. Die Diskussion kann sich erheblich in die Länge ziehen, wenn sich 20 Personen mit unterschiedlichen Ideen auf nur zwei Wertpapiere einigen sollen. Durch ein vernünftiges Auswahlverfahren und eine Aufgabenaufteilung begegnet man dieser Gefahr. Auch mit der Erfahrung bei den gemeinsamen Anlageentscheidungen wird das Team mit der Zeit zunehmend professioneller.

Bei kleinen Clubs oder Clubs mit nur wenig Mitgliedern, die an der konkreten Anlagepolitik interessiert sind, gestaltet sich die Wertpapierauswahl einfacher. Bei nur gemeinsamen Entscheidungen entsteht jedoch auch hier das Problem, kaum auf aktuelle Entwicklungen reagieren zu können. Falls das Depotvolumen noch gering oder das Depot spekulativ ausgerichtet ist, ist das allerdings wichtig. Die Steuerung und Optimierung der Depotzusammensetzung erfordert hier – neben einer ständigen Beobachtung – auch ein flexibles Handeln. Für ein Verfahren bei der Wertpapierauswahl sind grundsätzlich folgende Möglichkeiten zu überlegen:

Die Treffen für konkrete Anlageentscheidungen finden statt:
- nach Absprache (die Gesellschafter werden jeweils informiert),
- zu turnusmäßig festgelegten Terminen (z. B. monatlich).

Anlageentscheidungen werden getroffen von:
- der Geschäftsführung,
- einem Anlageausschuß,
- allen auf einem gemeinsamen Treffen anwesenden Gesellschaftern,
- allen Gesellschaftern gemeinsam.

Der Anlageausschuß besteht aus:
- der Geschäftsführung und mindestens zwei weiteren Gesellschaftern,
- aus mindestens drei Gesellschaftern,
- einem verantwortlichen Koordinator und interessierten Gesellschaftern,
- den auf den jeweiligen Treffen anwesenden Gesellschaftern.

Anlageentscheidungen werden getroffen mit:
- Mehrheit,
- qualifizierter Mehrheit,
- im Konsens,
- Einstimmigkeit.

Weitere Absprachen können betreffen:
- Anlageentscheidungen per Telefonkonferenz,
- die Einbringung von Anlagevorschlägen,
- die Auswahl nach Branchen und/oder Ländern (Depotstrukturierung),
- die Auswahl nach Marktsegmenten (Zulassungsbedingungen, Liquidität, Volatilität),
- die Informationsbeschaffung und das Research,
- die Zuständigkeit einzelner Gesellschafter für bestimmte Anlageklassen,

- die Zuständigkeit einzelner Gesellschafter für bestimmte Branchen oder Länder,
- die Beachtung von Positiv- und Negativkriterien (Praktikabilität, Einhaltung).

Da es hierbei eine Vielzahl von Kombinations- und Gestaltungsmöglichkeiten gibt, sei im folgenden Beispiel eine praktische Variante verdeutlicht. Angenommen, ein Investmentclub besteht seit zwei Jahren und hat aktuell 20 Gesellschafter, die jedoch zum Teil recht weit auseinander wohnen. Die Personen kannten sich zum größten Teil bereits vor der Gründung des Investmentclubs sind also miteinander vertraut. Hinsichtlich des Verfahrens bei Anlageentscheidungen und dem Depotmanagement werden auf der Gesellschafterversammlung folgende Regelungen zur Diskussion gestellt:

Anlageausschuß
Es wird ein Anlageausschuß eingerichtet, der fortan die Anlageentscheidungen trifft.
Alle Anlageentscheidungen werden auf der Basis der im Gesellschaftsvertrag sowie den Protokollen der Jahresversammlungen festgelegten Anlagegrundsätze getroffen.
Dem Anlageausschuß gehören neben der Geschäftsführung mindestens zwei weitere Gesellschafter an. Diese beiden Gesellschafter werden für die Dauer eines Jahres gewählt und sind als Organisatoren/Koordinatoren dafür zuständig, daß alle interessierten Gesellschafter zu den Treffen des Anlageausschusses eingeladen werden. Die auf den Treffen des Anlageausschusses jeweils anwesenden Gesellschafter bilden – unabhängig von der Teilnahme der Geschäftsführung – den Anlageausschuß.
Die Geschäftsführung ist an die Entscheidungen des Anlageausschusses gebunden und hat diese auszuführen. Der Anlageausschuß tagt mindestens achtmal innerhalb eines Geschäftsjahres.
Über ein Treffen des Anlageausschusses hat einer der Organisatoren des Anlageausschusses alle interessierten Gesellschafter eine Woche vor dem geplanten Termin zu informieren.
Der Anlageausschuß ist beschlußfähig, wenn mindestens fünf Gesellschafter an dem Treffen teilnehmen.
Es wird versucht, die Anlageentscheidungen im Konsens zu treffen. Ist dies nicht möglich, gilt die einfache Mehrheit der anwesenden Gesellschafter.
Die auf den Treffen gemachten Vorschläge für Wertpapieranlagen und die Gründe für getroffene Entscheidungen sind schriftlich festzuhalten.

Die Beobachtung bestimmter Märkte und Wertpapiere oder aber das Einholen von Informationen wird nach den Interessen der einzelnen Gesellschafter auf den jeweiligen Treffen auf die Teilnehmer aufgeteilt.

Diskussionspunkte:

Verfahrensweise beim An- und Verkauf von Wertpapieren

Regelung:
Anlageausschuß entscheidet – Geschäftsführer handelt nach Weisung
Problem:
Da die Treffen des Anlageausschusses lediglich etwa alle 4 bis 6 Wochen stattfinden, kann nur bedingt auf aktuelle, kurzfristige Entwicklungen an der Börse reagiert werden.

Lösungsmöglichkeit 1:

- Der Anlageausschuß legt bis zu einem definierten Termin eine Liste von Wertpapieren fest, in die investiert werden darf.
- Diese Liste kann im Laufe des Geschäftsjahres vom Anlageausschuß erweitert und/oder abgeändert werden.
- Die Kauf- und Verkaufentscheidungen sowie die Kauf- und Verkaufslimits werden allein von der Geschäftsführung auf Grundlage dieser Liste getroffen bzw. gesetzt.
- Der Kauf weiterer, nicht auf dieser Liste enthaltenen Wertpapiere durch die Geschäftsführung ist unzulässig.
- Nimmt der Anlageausschuß einen Wert aus der Liste und befindet sich dieser Wert im Depot, kann die Geschäftsführung verpflichtet werden, diesen Wert direkt zu verkaufen.

Lösungsmöglichkeit 2:

- Aufgrund aktueller kurzfristiger Entwicklungen an der Börse ist es in Ausnahmefällen zulässig, daß Anlageentscheidungen per telefonischer Absprache von mindestens drei Gesellschaftern, die regelmäßig zu den Treffen des Anlageausschusses kommen, getroffen werden. Das Wertpapier, das mittels dieses Verfahrens ge- oder verkauft werden soll, muß auf einem früheren Treffen des Anlageausschusses als potentieller Kauf bzw. Verkauf eingestuft worden sein.

Kurzzeitinvestments/Wertpapiere mit hoher Volatilität

Es wird ein Betrag von 6000,– DM für kurzfristige Dispositionen und zur Ausnutzung von Markt- bzw. Kursschwankungen festgelegt, über den die Geschäftsführung entsprechend der Anlagegrundsätze und ohne Hinzuziehung weiterer Gesellschafter frei verfügen kann. Eine Investition darf jedoch nur in solche Wertpapiere erfolgen, die auf einem Treffen des Anlageausschusses schon einmal besprochen oder vorgestellt worden sind.

Ordergröße

Mindestens 4000,– DM pro Order, höchstens 10 000,– DM pro Einzelwert

Kauf/Verkauf von Wertpapieren an ausländischen Börsen
Nicht zulässig

Kauf-/Verkaufslimits
Bei ausländischen Nebenwerten und deutschen Spezialwerten im Freiverkehr und am Neuen Markt erforderlich, ansonsten keine Pflicht

Kursziele
Kursziele sollten immer gesetzt werden. Entweder verfolgt die Geschäftsführung oder der Gesellschafter, der das jeweilige Wertpapier vorgeschlagen hat, die Kursentwicklung. Bei Erreichung des Kurszieles ist per telefonischer Absprache (analog Kurzzeitinvestments) zu klären, ob das Ziel erhöht wird oder eine (limitierte) Verkauforder aufgegeben wird.

Stop-Loss Marken
Nicht Pflicht

Portfoliostruktur nach Wertpapierklassen
Siehe Anlagegrundsätze
Mindestens 60 % der investierten Summe sollen in Aktien investiert werden. Optionsgeschäfte sind nur bis 10 % der investierten Summe zulässig.

Portfoliostruktur nach Branchen
Siehe Ausschlußkriterien, der Kurswert von Wertpapieren (Aktien) einer Branche soll 40 % des Kurswertes des Gesamtdepots nicht übersteigen. Eine definierte Depotstruktur nach Branchen ist nicht vorgesehen.

Portfoliostruktur nach Ländern
Eine feste Depotaufteilung nach Ländern (ausländische Wertpapiere) ist nicht vorgesehen. Schwerpunkte sind deutsche, europäische und US-amerikanische Standard- und Nebenwerte.

Liquidität
Eine Mindestliquidität ist nicht vorgesehen. In Abhängigkeit von Markt- und Börsensituationen kann der Investitionsgrad kurzzeitig bis auf 50 % zurückgefahren werden.

Research
Die Informationsbeschaffung und -auswertung ist einerseits wichtig, andererseits jedoch zeitaufwendig. Eine Aufteilung und bessere Absprache bei diese Aufgabe erscheint nötig.

Follow up
Anlageentscheidungen wurden bisher kaum im nachhinein analysiert und ausgewertet. Hierzu wird vorgeschlagen, ein Bewertungskatalog für die Analyse entsprechend den Kaufgründen und den tatsächlichen Markt- bzw. Kursentwicklungen aufzustellen.

Anhand des dargestellten Entwurfes könnte in der Anfangsphase die Vorgehensweise bei der Wertpapieranlage im Investmentclub diskutiert und gestaltet werden. Auch wenn im einzelnen noch keine konkreten Festlegungen erfolgen sollen, ist es
sinnvoll, die oben genannten Begriffe durchzusprechen. Unsicherheiten, die aus ungenügender Absprache resultieren – inbe-
sondere bei denjenigen, die die Anlageentscheidungen zu verant-
worten haben – werden dadurch weitgehend vermieden. Die Idee
des Depotmanagements im Team wird faßbarer und Ansätze eines
professionellen Handlings erkennbar.

Wem letztlich die Formulierung der Anlagepolitik und dessen
Umsetzung übertragen wird, ist natürlich von der spezifischen Situation des jeweiligen Investmentclubs abhängig. Hat der Club
weit mehr als zehn Mitglieder, die räumlich weiter auseinander
wohnen, empfiehlt sich die Einrichtung eines wie oben modellhaft
beschriebenen Anlageausschusses.

Alternativen zur oben dargestellten Variante sind:

- Der Anlageausschuß besteht ausschließlich aus festen, gewählten Personen, die sich regelmäßig treffen und über die Wertpapiergeschäfte entscheiden.
- Der Anlageausschuß hat nur beratende Funktion. Die Entscheidung über einzelne Wertpapiergeschäfte trifft letztlich allein die Geschäftsführung.

Dabei ist jeweils zu klären, welche Aufgaben und Kompetenzen
dem Anlageausschuß in Abgrenzung zu Geschäftsführung und
Gesellschafterversammlung übertragen werden.

Zumindest in der Anfangsphase eines Investmentclubs kann es
durchaus sinnvoll sein, daß der Anlageausschuß (vorerst) nur be-
ratend tätig ist, während die Geschäftsführung letztlich die Entscheidungen trifft. Das ist z. B. ratsam, wenn außer der Geschäftsführung kein anderer Gesellschafter Erfahrung bei der
Wertpapieranlage mitbringt, sich die übrigen Mitglieder also das
notwendige Wissen für Engagements an den Börsen erst aneignen
müssen. Vereinbart man andererseits, daß sich alle Gesellschafter
an den einzelnen Entscheidungen beteiligen können, nimmt man
möglicher Kritik an Anlageentscheidungen von vornherein den
Wind aus den Segeln. Dann kann sich hinterher keiner beschwe-
ren, wenn ein Investment nicht den erhofften Erfolg gebracht hat.

Die in dem obigen Modell angesprochene zulässige Telefonkonferenz für ‚Notfälle' ist überaus zweckmäßig. Das wird jeder bestätigen, der bereits einmal versucht hat, ein Treffen mit mehreren Personen kurzfristig zu organisieren. Schließt man derartige Absprachen als Möglichkeit aus, können sich kurzfristig bietende Chancen nur sehr eingeschränkt wahrgenommen werden. Auch auf überraschende negative Entwicklungen kann ansonsten kaum angemessen reagiert werden. Allerdings macht das Einräumen telefonischer Absprachen nur Sinn, wenn mehrere Mitglieder des Investmentclubs die Entwicklungen an den Börsen ständig beobachten. Wie man dies handhabt, muß sich mit der Zeit einspielen und von allen getragen werden. Es könnte nämlich schon problematisch werden, wenn nur zwei Mitglieder an einer telefonischen Anlageentscheidung beteiligt sind, andere aber diese Entscheidung im nachhinein für falsch halten. Wichtig ist daher die Kommunikation zwischen den Mitgliedern.

6.2 Depotaufbau und Depotmanagement

Eigentlich ist es ganz einfach: billig kaufen und teuer verkaufen. Marktentwicklungen lassen sich jedoch nicht vorhersehen. Kurse von Wertpapieren sind das Ergebnis des Aufeinandertreffens der Erwartungen der Marktteilnehmer: Eine Gruppe der Marktteilnehmer erwartet Kurssteigerungen (die Bullen), die andere Gruppe (die Bären) erwartet im Gegensatz dazu fallende Kurse. Wer sich in einer bestimmten Situation eine Meinung über die Marktentwicklung gebildet hat, hat dafür Gründe, die auf seinem Informationsstand basieren. Ein anderer Marktteilnehmer mit vielleicht anderen Informationsquellen kommt zu einem anderen Schluß. Objektiv gesehen sprechen meist ebenso viele Gründe für wie gegen eine bestimmte Entscheidung. Ein aktueller Kurs kommt nur über den Ausgleich von Meinungen und Gegenmeinungen zustande. Die Börse ist jedoch kein Spiel, bei dem der Zufall regiert: Festverzinsliche Wertpapiere hoher Bonität erbringen über ihre Laufzeit einen garantierten Zins; gute Unternehmen mit sinnvollen Produkten und einer starken Wettbewerbsposition erzielen hohe Erträge, die sich langfristig in steigenden Aktienkursen widerspiegeln.

Es steht allerdings außer Frage, daß die Erzielung von guten Ergebnissen nicht durch den Versuch erreicht wird, durch häufiges An- und Verkaufen (Trading) den Markt zu schlagen. Das spekulative Ausnutzen von Kursschwankungen ist zwar aufregender, gelingt jedoch gerade Börsenneueinsteigern nur selten und verdirbt eher die Rendite. Wann die beste Gelegenheit zum Kauf wirklich ist, läßt sich mit Sicherheit immer nur hinterher sagen. Die langfristig besten Ergebnisse werden vielmehr realisiert, indem vernünftige Anlageentscheidungen gefällt und beibehalten werden. Bei einer langfristigen Orientierung ist es wichtiger, überhaupt investiert zu sein, und in letzter Konsequenz auch ohne Rücksicht auf das aktuelle Kursniveau zu kaufen.

Das Depot sollte also im Fundament so aufgebaut werden, daß es an den langfristig erwarteten Entwicklungen des gesamten Marktes oder aber bestimmter Branchen bzw. Unternehmen teilhaben kann. Eine Streuung der Anlagesumme auf verschiedene Unternehmen sowie auf verschiedene Branchen ist dabei aus Sicherheitsgründen möglichst direkt mit Beginn der Börsenaktivitäten vorzusehen. Sollte man mit der Einschätzung eines Unternehmens falsch gelegen haben, gleicht eine Streuung der Anlagegelder die möglichen Verluste durch Gewinne mit anderen Wertpapieren wieder aus oder mildert den Verlust zumindest ab.

Bei dem Aufbau eines Depots ist natürlich der zur Disposition stehende finanzielle Rahmen in der Startphase des Investmentclubs zu berücksichtigen. Es macht natürlich einen Unterschied, ob die Gesellschafter mit einer größeren Einlage oder mit regelmäßigen Einzahlungen die gemeinsame Wertpapieranlage beginnen. Zahlen z. B. zehn Gründungsmitglieder zu Anfang je 5000,– DM ein, steht sofort ein Betrag von 50000,– DM zur Anlage zur Verfügung, während bei monatlichen Einzahlungen von nur 100,– DM je Gesellschafter nach sechs Monaten erst 6000,– DM vorhanden sind. Da die Ordergröße wegen der anfallenden Gebühren mindestens 3000,– bis 4000,– DM betragen sollte, ist eine Streuung auf mehrere Wertpapiere im letzteren Fall erst nach einiger Zeit möglich.

Vor dem Kauf erster Wertpapiere sind ausgehend von den vereinbarten Anlagegrundsätzen folgende Grundüberlegungen anzustellen:

- Der Zeitpunkt für den Ankauf von Wertpapieren sollte nie allein davon abhängig sein, wann Gelder zur Anlage vorhanden sind.
- Der Zeitpunkt für den Verkauf von Wertpapieren sollte nie allein davon abhängig sein, daß Liquidität für Neuengagements benötigt wird.
- Zu Beginn steht der Substanzerhalt im Vordergrund, allzu risikoreiche Engagements sind zu vermeiden.
- Beim Depotaufbau bilden Basiswerte (z. B. DAX-Werte) den Schwerpunkt.
- Eine ausgewogene Streuung begrenzt das Risiko erheblich.
- Entscheidungen rational fällen und begründen können. Nie emotional handeln.
- Die jeweilige Markt- und Börsensituation ist zu beachten.

Es ist einleuchtend, daß man sich nicht dazu verleiten lassen sollte, ausschließlich dann zu investieren, wenn das Clubkonto ein ausreichendes Guthaben aufweist. Wenn ein Markt oder eine Aktie offensichtlich überbewertet ist oder, z. B. aufgrund von anstehenden Zinsentscheidungen, große Unsicherheit über die weitere Börsenentwicklung herrscht, ist es oftmals vernünftiger, erst einmal abzuwarten und Liquidität zu halten. Die hohen Wertsteigerungen des deutschen Aktienmarktes von ca. 28 % 1996 und ca. 50 % von Januar bis August 1997 gaben z. B. Anlaß, sehr wachsam zu sein, zumal es an Warnungen über das überbewertete Niveau nicht gemangelt hat. Ein Neuengagement in der Börsenphase von Spätsommer 1997 war daher wohl zu überlegen, da eine zumindest kurzfristige Konsolidierung immer wahrscheinlicher wurde. Die dann tatsächlich eingetretenen deutlichen Kursrückschläge im Zuge der Turbulenzen an den asiatischen Börsen waren zwar nicht vorauszusehen, allerdings wahrscheinlicher als eine stetige Fortsetzung dieses ungewöhnlich starken Anstiegs der Kurse. Nach oder am Ende einer solchen Korrekturphase in große ertragsstarke Unternehmen zu investieren, macht dagegen Sinn.

Zwar finden sich während einer Korrekturphase auch vernachlässigte Werte, die sich gegenläufig zum allgemeinen Trend entwickeln. Diese gehören aber meist zu den risikoreicheren sogenannten Nebenwerten. Sicherlich ist es spannender, auch unabhängig von Marktsituationen zu Beginn der Wertpapieranlage solche Werte „entdecken" zu wollen. Setzt man allerdings bei noch kleinem Depotvolumen auf volatile Werte mit hohem Risiko und erleidet damit größere Verluste, ist das sehr schmerzlich und schränkt die ohnehin noch nicht große Handlungsfähigkeit unter Umständen erheblich ein: Zum Beispiel standen den überaus hohen Gewinnen einiger Aktienwerte 1997 am Neuen Markt der Frankfurter Börse hohe Kursrückgänge von bis zu 50 % innerhalb kurzer Zeit gegenüber, von denen sich einige Werte nicht so leicht erholen dürften. Bei kaum vorhandener Streuung wirkt sich ein Verlust stark auf das Gesamtdepot aus. Daher erscheint als adäquateste und vernünftigste Methode, bei Beginn des Engagements an der Börse zwei oder drei nicht so schwankungsanfällige Basisinvestitionen unter Berücksichtigung der allgemeinen Marktsituation zu tätigen und damit den Aufbau des Depots anzugehen.

Bei einem hohen Zinsniveau bietet sich auch an, ein oder zwei langlaufende Anleihen ins Depot zu nehmen. Fällt anschließend das Zinsniveau, erzielt man neben dem Zins, mit dem die Anleihe ausgestattet ist, zusätzliche Kursgewinne.

Eine weitere Möglichkeit besteht darin, anfänglich in einen Aktienfonds zu investieren. Zur Streuung des Risikos ist das sicherlich sinnvoll. Es widerspricht jedoch der Idee von Investmentclubs, selbst Wertpapiere auszuwählen und ein Depot – sozusagen einen eigenen Fonds – zusammenzustellen. Zudem entfallen die Mitwirkungsrechte wie beispielsweise das Stimmrecht auf Hauptversammlungen von Aktiengesellschaften, das ja für einzelne Clubs ebenfalls attraktiv sein kann. Falls der Club zunächst Fondsanteile kauft, ist die spätere Anlage in Einzelwerte natürlich genauso gut möglich. Spannender ist es allerdings, von Anfang an einzelne Aktienwerte auszuwählen und damit Erfahrung zu sammeln.

Bei der Aktienauswahl ist es zweckmäßig, zunächst eine grobe Einteilung und damit eine Eingrenzung passender Werte vorzunehmen. Aktien lassen sich in folgende Kategorien aufteilen:

- **Standardwerte** oder sogenannte Blue Chips sind große, hochkapitalisierte Unternehmen mit guter bis erstklassiger Bonität und hohem Umsatzvolumen. Die Werte haben eine gewisse Marktschwere, und die Kurse unterliegen in der Regel nicht so großen kurzfristigen Schwankungen. Häufig bewegen sie sich in enger Korrelation (Wechselbeziehung) zum jeweiligen Index. Beispiele sind die im Deutschen Aktienindex (DAX) enthaltenen Werte.

Anmerkung: Solche Werte gehören als Basiswerte in jedes Depot

- **Nebenwerte** sind mittelgroße, flexiblere Unternehmen, deren Kurse sich z. T. auch gegen den Markt entwickeln. Sie können ein Depot dynamisieren, da größere Kursbewegungen eher möglich sind. Einzelne Nebenwerte bleiben jedoch auch mal über eine längere Zeit unberücksichtigt, während andererseits zeitweise unerklärliche Kursschwankungen auftreten. Solche Werte finden sich z. B. in der Baubranche oder bei Autozulieferern.

Anmerkung: Bei längerer Erfahrung größere Gewichtung im Depot

- **Spezialwerte** sind kleinere, oft in Marktnischen tätige Unternehmen mit hochspezialisierten Produkten oder Dienstleistungen, deren Kurse eine hohe Volatilität aufweisen. Oft sind es marktenge Werte mit wenig Streubesitz und geringen Börsenumsätzen. Weil einerseits wenig Aktien im Handel sind und andererseits Angebot und Nachfrage nach diesen Werten stark schwanken können, verursachen größere Börsenaufträge heftige Kursausschläge. Beispiele sind *Temming, Pfaff* und *Drägerwerk*.

Anmerkung: Nur als Beimischung bei Kenntnis der Unternehmen ins Depot

- **Wachstumswerte** sind in der Regel kleine, sehr flexible Unternehmen, die erfolgreich agieren und deren Produkte oder Dienstleistungen ein sehr großes Marktpotential haben. Oft sind sie in ihrem meist eng begrenzten Tätigkeitsbereich markt- und/oder technologieführend. Die Kurse entwickeln sich oft überdurchschnittlich, reagieren allerdings sehr sensibel auf nicht erwartungsgemäße Unternehmensnachrichten und Marktkorrekturen. Beispiele sind insbesondere Technologiewerte in den USA, aber auch *McDonalds* und deutsche Unternehmen wie *SAP, SGL Carbon* und *Aixtron*.

Anmerkung: Hohe Gewinnchancen bei hohem Risiko, daher sorgfältig auswählen

- **Renditestarke Werte** sind eher große, stetige Unternehmen, die keine große Kursdynamik aufweisen und deren Geschäftsbereiche sich aufgrund einer bereits hohen Marktsättigung nicht allzusehr ausweiten. Die Kursbewegungen sind als vergleichsweise träge zu charakterisieren. Die Dividendenausschüttungen sind allerdings verhältnismäßig hoch. Beispiele sind die großen Versorger wie *RWE* und auch einige große Mischkonzerne.
  Anmerkung: Basiswerte

- **Zyklische Werte** sind große und mittelgroße Unternehmen, deren Umsätze sich stark in Abhängigkeit vom Konjunkturzyklus entwickeln. Zu berücksichtigen ist allerdings immer das Exportgeschäft. Ein hoher Exportanteil mit guten Gewinnen kann eine sinkende Inlandsnachfrage in Rezessionsphasen überkompensieren und so den Kurs stützen. Die Kurse zeichnen diese Entwicklungen im Gegensatz zu Versorgern und Nahrungsmittelherstellern langfristig nach. Beispiele sind die großen Unternehmen der Automobil- und Chemieindustrie.
  Anmerkung: Investition, wenn sich das Ende eines Konjunkturtiefs abzeichnet

- **Turn-around Werte** sind Unternehmen, die nach langer Verlustphase wieder auf dem Weg in die Gewinnzone sind. Allerdings besteht vor und während einer angestrebten Sanierung ein sehr hohes Konkursrisiko, die Aktien sind hochspekulativ. Wenn sich eine Gewinnschwelle abzuzeichnen beginnt, besteht nach einem längerem Kurstief großes Kurspotential. Beispiele sind *KHD/Deutz* und *Gildemeister*. Den Turn-around nicht geschafft haben beispielsweise *Traub* und *Nino*.
  Anmerkung: Als Einstieg niemals geeignet, da Gefahr von Totalverlust

Ausgehend von einer solchen Klassifizierung sind folgende Aspekte zu beachten:

Für den Einstieg empfiehlt es sich, nur Wertpapiere zu kaufen, die an einer deutschen Börse gehandelt werden. Spesen und Gebühren an ausländischen Börsenplätzen sind in der Regel deutlich höher, die Transaktionskosten für Kauf- und Verkauf von Aktien können in Einzelfällen ein Vielfaches der etwa 1,5 bis 2,5 Prozent, die an deutschen Börsen anfallen, ausmachen. An den deutschen Börsen besteht mittlerweile auch eine große Auswahl an deutschen und ausländischen Aktien. Allein an der Frankfurter Wertpapierbörse (FWB) sind ca. 440 inländische und weit über 900 ausländische Unternehmen gelistet. Insgesamt wurden an den acht deutschen Regionalbörsen in 1997 etwa 800 inländische und mehr als 1400 ausländische Aktien gehandelt. Dies ist zwar nur ein Bruchteil dessen, was z. B. an amerikanischen Börsen gelistet wird (dort sind es allein fast 9000 Aktienwerte), reicht jedoch für den Beginn der Wertpapieranlage völlig aus. Es ist zudem sinnvoll, sich zunächst nur mit den inländischen Börsen zu beschäftigen, da man ansonsten leicht die Übersicht verliert und sich bei der Beobachtung der Vielzahl von Märkten und Wertpapieren verzettelt. An den deutschen Börsen können neben vielen US-amerikanischen, europäischen und japanischen Unternehmen auch zahlreiche Exoten, wie russische, indische oder ägyptische Werte erworben werden.

Limitierung von Aufträgen

Kauf- und Verkaufaufträge für vergleichsweise marktenge Wertpapiere mit daher hohen Kursschwankungen, wie Spezialwerte und ausländische Nebenwerte, sollten immer limitiert werden, um unangenehme Überraschungen nach Auftragsausführung zu vermeiden. Bei der Festsetzung von Limits sollte man sich Gedanken über die zu erwartende Schwankungsbreite des Kurses machen und Limits nicht so knapp bemessen, daß nur geringe Chancen für eine Ausführung bestehen. Ist man von einem Wert überzeugt der vielleicht gerade ‚in' ist und will diesen kaufen, sollte das Limit nicht zu eng am aktuellen Kurs gesetzt sein, damit eine reelle Chance für die Ausführung besteht. Ansonsten kann es passieren, daß man dem Wert nachläuft, ihn aber nicht ins Depot bekommt. Andererseits kann man bei Aktien, deren aktuelle Bewertung zu hoch erscheint, einen eigenen „fairen", niedrigeren Preis festsetzen, zu dem man allein kaufen will. Fällt der Kurs nicht unter das Limit, wird eben nicht gekauft.

Entsprechend gleiches gilt natürlich auch für den Verkauf. Will man in einem fallenden Markt mit vergleichsweise rasch sinkenden Kursen einen Wert auf jeden Fall verkaufen und setzt das Verkaufslimit sehr nahe an den aktuellen Kurs, kann es sein, daß man auf dem Papier sitzen bleibt. In diesem Fall sollte das Limit nicht zu knapp bemessen werden. Bei einem Wert, den man nur zu einem hohen Preis verkaufen will oder bei dem man eine rasche Erholung des Kurses erwartet, setzt man das Limit auch über den aktuellen Kurs (siehe auch Abschnitt 4.3 Auftragserteilung).

Streuung des Risikos

Der schwerwiegendste Fehler, den man an der Börse machen kann, ist, alles auf eine Karte zu setzen. Beim Depotaufbau ist daher eine Streuung (Diversifikation) des Anlagevolumens nach Aktienkategorien (Basiswerte, Wachstumswerte etc.), Branchen und evtl. nach Ländern vorzunehmen. Natürlich ist man bestrebt, aus favorisierten Bereichen jeweils die Spitzenwerte auszuwählen oder ganz einfach interessante und aussichtsreiche Werte zu entdecken. Die Selektion von Einzelwerten, das sogenannte „Stockpicking", hat jedoch seine Grenzen, da es niemals gelingt, eine beste Aktie herauszufiltern. Auch wenn man sich auf der Basis seiner Informationen ganz sicher ist, den „optimalen" Wert gefunden zu haben, kann einem gerade die Information entgangen sein, die den Kurs nach dem Kauf sinken oder sogar abstürzen läßt. Das Ziel ist also die beste Mischung im Depot und nicht der einzelne Spitzenwert. Ein Depot, begonnen mit zwei oder drei Basiswerten, wird daher am besten nach und nach um spekulativere Werte mit höherem Kurspotential ergänzt. Die Auswahl dieser Werte ist natürlich spannend und interessant.

Es gibt kein Patentrezept für die Depotaufteilung. Dennoch begrenzt die Aufnahme unterschiedlicher Aktien in das Depot das Risiko erheblich. Dies betrifft zwar nicht das Risiko der Anlageform Aktie an sich, das sich z.B. in den Schwankungen des DAX ausdrückt. Das Risiko und die Volatilität eines gemischten Aktienportfolios liegt aber weit unter dem einer einzelnen Aktie, wobei die Rendite des Gesamtportfolios dem Mittelwert der Renditen aller Aktien entspricht. Will man das grundsätzliche Risiko von Aktienanlagen begrenzen, ist eine Mischung mit anderen Anlageformen wie z.B. Anleihen vorzunehmen.

Andererseits darf es kein Ziel sein, möglichst viele verschiedene Aktien in das Depot aufzunehmen. Bei einem kleineren Depotvolumen von vielleicht 50000,– DM sind sechs bis acht Einzelwerte für eine gute Streuung völlig ausreichend. Selbst bei größeren Depotvolumina von weit über 100000,– DM sind allzu viele Einzeltitel zu vermeiden, da das Depot sonst unübersichtlich

wird. Auch ein Depot mit bis zu zwölf Einzelwerten bietet ausreichend Möglichkeiten, die Zusammensetzung des Portfolios der
wirtschaftlichen Entwicklung, der Börsensituation und den individuellen Erfordernissen des Clubs jeweils anzupassen.

Bei mehr als 15 verschiedenen Aktien verzettelt man sich leicht,
die Strukturierung des Depots wird ungenau. Ist das Depot zu weit
aufgefächert, kann sich aufgrund mangelnder Beobachtung der
Einzelwerte das Gesamtergebnis des Depots verwässern. Man
konzentriert sich bei der Beobachtung vielleicht auf die zwei oder
drei sehr guten Werte des Depots und schleppt aus falscher Zu-
versicht langweilige Werte weiter mit. Bei Depots mit sehr vielen
Wertpapieren sind Fehleinschätzungen zudem häufiger anzutref-
fen als bei übersichtlichen Depots. Ziel des Depotmanagements
sollte es daher sein, die Ertragchancen bei einem definierten Risiko laufend zu verbessern, und nicht, möglichst viele verschiedene
Wertpapiere zu besitzen.

Depotmanagement

Beim Depotmanagement geht es darum, das Portfolio in bestimmten, natürlich möglichst regelmäßigen Zeitabständen unter
Berücksichtigung der jeweiligen Börsensituation zu bereinigen
und zu optimieren. Verluste sollten auf jeden Fall begrenzt, d. h.
schlechte Aktien verkauft, während auf der anderen Seite Gewin-
ner bei weiterbestehender positiver Einschätzung behalten werden. Durch eine bessere Aufteilung und/oder aussichtsreiche
Neuengagements wird das Depot dabei dynamisiert.

Hat der Investmentclub ein Depot mit einigen Wertpapieren
aufgebaut, stellt sich die Frage des weiteren Handelns. Wenn die
Vereinbarung so ist, daß alle Mitglieder monatlich Einzahlungen
leisten, steht in regelmäßigen Abständen Liquidität für Wertpapierkäufe zur Verfügung. Dies sollte allerdings nicht dazu verleiten, immer neue, vielversprechende Engagements einzugehen,
sich aber von Positionen im Verlust nicht zu trennen. Auf diese
Weise hat man leicht ein Depot mit 20 oder mehr Titeln zusammen, deren fundamentale wirtschaftliche Daten und Kursreaktio-
nen kaum mehr laufend überwacht werden können. Das führt in
der Regel zu einem schwerfälligen, wenig dynamischen Depot.
Dabei kann es durchaus sinnvoll sein, bei vorhandener Liquidität
von bereits im Depot befindlichen Werten Aktien zuzukaufen. Zu

beachten ist auch, daß Werte, die aufgrund neuer Informationen die gesetzten Kursziele wahrscheinlich nicht erreichen, aus dem Depot entfernt werden.

Wenn die Mitglieder eines Investmentclubs nur einmalige Einzahlungen leisten und es keinen Zufluß an Liquidität gibt, besteht andererseits die Gefahr, daß für neue, aussichtsreiche Werte die gut laufenden Aktien des Depots verkauft werden, um Liquidität für Neuengagements zu schaffen. Die verlustreichen Daueranlagen verbleiben hingegen oftmals aus Angst, Verluste zu realisieren, im Depot.

Es gibt nun eine Vielzahl von Gestaltungsmöglichkeiten hinsichtlich Anlagestrategien und weiterem Vorgehen, die von jedem Club individuell bestimmt und variiert werden. Dennoch lassen sich ausgehend von den dargestellten Überlegungen einige allgemeine Regeln für das Depotmanagement aufstellen:

• nicht zu viele Werte ins Depot nehmen,
• nicht alles zur gleichen Zeit investieren, in Etappen kaufen,
• niemals voll investiert sein, immer etwas Liquidität halten,
• die Kaufgründe festhalten und regelmäßig auf Stichhaltigkeit überprüfen,
• (Kurs-)Ziele festlegen und regelmäßig überprüfen,
• Gewinne bei positiver Einschätzung laufen lassen,
• Verluste begrenzen und Verlierer abstoßen,
• kurzfristige Schwankungen ignorieren,
• in außergewöhnlichen Situationen schnell und konsequent reagieren,
• die Depotzusammensetzung der Marktsituation anpassen.

Es ist sicherlich einfacher gesagt als getan, solche und zusätzlich eigene Verhaltensregeln konsequent einzuhalten, insbesondere wenn sich viele Mitglieder an der Ausarbeitung von Strategien und an den Anlageentscheidungen beteiligen. Um geschickt und rational agieren zu können, ist es daher zweckmäßig, auf den gemeinsamen Treffen die jeweilige Depotzusammensetzung mit aktuellen Kursen sowie aktuelle Börsen- und Unternehmensinformationen zunächst durchzusprechen. Anschließend werden die einzelnen Wertpapiere anhand der vorliegenden Informationen und dem eigenen Kriterienkatalog sowie den selbst gesteckten Zielvorgaben jeweils neu bewertet. Dies kann z. B. einerseits nach Einteilung in langlaufende Basiswerte gegenüber kurzfristigeren Investments und andererseits nach einer Skalierung von doppel plus bis doppel minus geschehen. Die Beurteilung kann nach aktueller (Kurs-)Bewertung und der Bewertung des Unternehmens an sich aufgeteilt werden. Wird aufgrund der neuen Bewertung ein Wertpapier als Verkauf eingestuft, sollte die Verkauforder umgehend aufgegeben werden.

Sinnvoll ist es zudem, die auf den Treffen gemachten Vorschläge und entstandenen Diskussionen stichwortartig festzuhalten, um nachträglich eine bessere Analyse und damit Auswahl zu ermöglichen. Neuvorschläge sollten dabei prinzipiell ähnlich behandelt werden wie bereits im Depot befindliche Werte. Auch hier gilt die Einordnung der Vorschläge in das aufgestellte Bewertungsraster. Vor- und Nachteile einer bestimmten Strategie oder Depotstrukturierung aber auch von einzelnen Wertpapieren sowie die jeweiligen Kauf- bzw. Verkaufgründe können darüber hinaus in die Dokumentierung aufgenommen werden.

Beim Abwägen verschiedener Anlagestrategien gibt es keine Patentrezepte, dies ist vielmehr eine Frage der Einstellung der Teilnehmer des Investmentclubs. Nun gibt es eine Vielzahl von Strategien, auf die an dieser Stelle einzugehen den Rahmen des Buches sprengen würde. Hier sei auf die zu diesem Thema vorhandene Literatur verwiesen. Ob der Investmentclub nun z. B. einen eher portfoliostrukturierten oder prognoseorientierten Ansatz verfolgt oder anders ausgedrückt eine mehr aktive Anlagepolitik mit häufigen Umschichtungen statt einer Buy-and-hold Strategie vorzieht, ist sehr von den Interessen und dem Engagement der Mitglieder abhängig. Die Strategie sollte sich nicht zuletzt auch danach richten, in welchem Turnus die regelmäßigen Treffen stattfinden, wie das Auswahlverfahren gestaltet ist und welche grundsätzlichen Vereinbarungen hinsichtlich der Anlagepolitik getroffen sind. Wichtig ist allerdings, daß die beschlossene Strategie für die an den Entscheidungen Beteiligten konkret faßbar ist und zuverlässig umgesetzt wird.

Zusätzliche Absicherungen

Aufgrund der in letzter Zeit zunehmenden Volatilität vieler Aktienmärkte ist auch zu überlegen, ob neben einer Diversifikation des Portfolios nicht auch spezielle Absicherungsstrategien eingesetzt, d. h. Risiken durch Optionen und andere Instrumente abgefedert werden:

Nun sind eine Vielzahl von Strategien mit Optionsscheinen möglich, sei es, daß mit Put-Optionen auf den jeweiligen Index ein Depot abgesichert wird, oder auf größere eigene Aktienpakete Stillhalterpositionen (Verkauf von Kaufoptionen) eingegangen werden. Mit Put-Optionen (Kauf einer Verkaufoption) auf den DAX kann man z. B. ein DAX-orientiertes Portfolio absichern. Dabei werden entsprechend dem Aktienbestand Put-Optionsscheine auf den DAX mit einjähriger Laufzeit und einem Basispreis, der in der Nähe des aktuellen Indexstandes liegt, gekauft. Steht nach einem Jahr der Index unter dem Basispreis des Scheins, erhält man die Differenz ausgezahlt und kann damit den Kursverlust seiner Aktien kompensieren. Verloren ist lediglich die gezahlte Optionsprämie. Notiert der Index hingegen auf oder über dem Niveau des Basispreises, verfällt der Schein wertlos.

Falls man solche Strategien allein zu Absicherungszwecken einsetzt, verringert sich die Wertsteigerung des Gesamtportfolios, da die Kosten eine Art Versicherungsprämie darstellen. Allerdings ist gerade bei der Auswahl von Optionsscheinen darauf zu achten, daß eine jederzeitige Handelbarkeit und ein fairer Preis gewährleistet sind. Optionsscheine und andere Derivate sind zwar sehr risikoreiche aber auch sehr universelle, intelligente Produkte, mit denen das ganze Anlagespektrum abgedeckt und alle möglichen Strategien konstruiert werden können. Die vielen Möglichkeiten erfordern eine große Erfahrung mit diesen Instrumenten und können an dieser Stelle im einzelnen nicht dargestellt werden. Bevor man sich jedoch an solche Finanzinstrumente wagt, sollte man die Mechanismen die dahinterstecken, verstanden haben. Zudem verlangen auch die Banken von den Kunden Erfahrungen und Kenntnisse über derartige Geschäfte. Über die Handelsbedingungen und die Abwicklung von Geschäften mit diesen Produkten geben die Banken Auskunft. Weiterhin sei auf die vielfältige Literatur und Magazine zu Optionsscheinstrategien verwiesen.

Eine wesentlich einfachere Methode ist dagegen das Setzen von Stop-Loss Limits für die mehr schwankungsanfälligen und auf Marktveränderungen sensibel reagierenden Wertpapiere. Solche Limits sind zur Sicherung von bereits erzielten Kursgewinnen oder zur Begrenzung von Verlusten gedacht. Stop-Loss Limits sind jeweils bis zum Monatsende gültig und kosten in der Regel 10,– DM. Aktien und auch Optionsscheine werden automatisch verkauft, sobald der Kurs unter die gesetzte Marke fällt.

Beispiel:

Ein Investmentclub hat 50 *Intel*-Aktien zum Preis von 140,– DM gekauft. In den nächsten Monaten steigt der Kurs auf 180,– DM. Der Club setzt zur Absicherung der Aktien eine Stopp-Loss Marke auf 170,– DM bis ultimo (Monatsende). Fällt der Kurs nun auf 170,– DM zurück, werden die 50 Aktien automatisch zum nächsten festgestellten Preis verkauft. Dadurch schützt man sich vor einem weiteren Kursrückgang. Für den Abstand des Stop-Loss Limits zum aktuellen Kurs sollte man sich überlegen, ob man für das abzusichernde Papier trotz Kursschwankungen grundsätzlich noch positiv eingestellt ist. Ist das der Fall, sollte das Stopp-Loss Limit nicht zu eng an den aktuellen Kurs gelegt werden, damit der Wert nicht aufgrund einer nur kurzfristigen Schwankung automatisch verkauft wird. Will man den bislang nur als Buchwert stehenden Gewinn eines Wertes jedoch möglichst vollständig sichern und beurteilt den Wert nicht mehr grundsätzlich positiv, sollte das Stopp-Loss Limit dagegen nahe am aktuellen Kurs liegen.

6.3 Börsenbeobachtung und Analyse

Wann soll man einsteigen? Welche Wertpapiere soll man kaufen? Ist es nötig, jeden Tag die Kursseiten einer Zeitung zu studieren und Unternehmensmeldungen zu analysieren?

Die Furcht, Chancen zu verpassen, verständliche Begehrlichkeiten aber auch mangelnde Entschlußfreude führen häufig dazu, daß das Timing, d. h. Kauf- und Verkaufzeitpunkt, bei der Anlageentscheidung nicht ausreichend berücksichtigt wird. Auch wird die Auswahl einzelner Wertpapiere oft weder von rationalen Argumenten bestimmt, noch aufgrund aussagekräftiger Informationen getroffen. Es ist einfacher, Anlageentscheidungen nach Marktströmungen, Gefühlen und Erfahrungen anderer auszurichten, als eine eigene Recherche zu betreiben und die Informationen zu verarbeiten. Andererseits verliert man bei dem Versuch, die tägliche Flut von Informationen zu interpretieren, leicht die Übersicht und kommt zu keiner klaren Bewertung. Es geht also im folgenden Abschnitt darum:

- Faktoren für den Zeitpunkt von Wertpapierkäufen und -verkäufen zu bestimmen,
- Methoden für die Auswahl einzelner Wertpapiere aufzuzeigen.

Hierbei wird erläutert, welche Informationen in welcher Weise auszuwerten sind. Inwieweit dies nötig erscheint, muß jeder Investmentclub selbst entscheiden. Es empfiehlt sich jedoch, zumindest in begrenztem Umfang ein eigenes Research, d. h. eine Marktbeobachtung, zu betreiben, um eine Basis für die Diskussion der Anlagepolitik und -entscheidungen im Club zu schaffen. Der Zweck ist, aus den vorhandenen Informationen konkrete und klare Anhaltspunkte für den Kauf oder Verkauf von Wertpapieren sowie den Investitionsgrad bzw. die Liquiditätshaltung und damit für eine optimale Depotzusammensetzung herauszufiltern.

Allerdings sind auch Entscheidungen, die mehr oder weniger auf objektiven Faktoren beruhen, immer vergangenheitsbezogen. Niemand weiß mit Sicherheit, ob sich aus momentanen Ist-Größen abgeleitete Prognosen in der Zukunft bewahrheiten. Obwohl keine eindeutigen Aussagen über zukünftige Entwicklungen gemacht werden können, ist es wichtig zu wissen, was die anderen Marktteilnehmer umtreibt und was die Kurse bewegt, um selbst zu einer fundierten Einschätzung zu kommen. Wenn man sich bewußtmacht, aufgrund welcher Informationen und Methoden welche Handlungen und Reaktionen bei den Marktteilnehmern erwartet werden können, hat man ein wesentliches psychologisches Entscheidungskriterium in die Überlegungen aufgenommen.

6.3.1 Timing

Bei dem Timing von Wertpapiertransaktionen spielt neben den Unternehmensinformationen die allgemeine Börsenverfassung eine wichtige Rolle. Dabei kann man der Börse ein gewissermaßen zyklisches Verhalten unterstellen. Auf Phasen allgemein steigender Kurse folgen immer wieder Phasen mit tendenziell sinkenden Kursen. Das gilt für den Gesamtmarkt, aber auch für einzelne Branchen und oft auch für einzelne Aktienwerte.

Daraus ergeben sich als Grundmuster für Börsenengagements die prozyklische und antizyklische Anlagestrategie. Aus der Devise: möglichst billig kaufen und möglichst teuer verkaufen, ergibt sich als vordergründig logische Schlußfolgerung ein antizyklisches Verhalten des Anlegers. Der antizyklisch agierende Anleger handelt bewußt gegen den Trend der Mehrheit der anderen Marktteilnehmer. Derjenige, der einkauft, wenn die Kurse fallen, spekuliert darauf, seine Aktien im anschließenden wieder steigenden Teil des Zyklus zu hohen Preisen mit Gewinn zu verkaufen. Das Problem für den Antizykliker ist jedoch, daß er niemals mit Sicherheit weiß, wann die Kurse die Talsohle erreicht haben. Der prozyklische Anleger handelt dagegen genau gegenläufig. Ein solcher Anleger steigt erst dann ein, wenn die Kurse nach etwa einer Phase mit fallenden Kursen wieder ein deutliches Stück gestiegen sind, wenn er also der Auffassung ist, daß nun eine längere Aufschwungsphase einsetzt. Allerdings muß auch der Prozykliker mit der Unsicherheit leben, daß er niemals sicher weiß, ob und wie weit ein gegenwärtiger Aufwärtstrend anhält.

Beide Strategien haben Ihre Vor- und Nachteile, und so bleibt es eine Mentalitätsfrage, für welches Grundmuster sich ein Anleger entscheidet oder ob er von Fall zu Fall die Strategie wechselt.

Es gibt allerdings Anhaltspunkte dafür, in welchem Stadium sich eine Börse insgesamt oder einzelne Branchen bzw. Werte gerade befinden. Ein Trend gilt z. B. als stabil, wenn etwa in einem Aufwärtstrend der Börsenumsatz steigt. Bei solchen positiven Trends wird oft davon gesprochen, daß viel Phantasie im Markt stecke. Ein Trend kippt um oder läuft aus, wenn sich bei den Marktteilnehmern die Überzeugung durchsetzt, nun sei des guten oder schlechten zuviel geschehen. Dies kann seinen Grund sowohl in positiven oder negativen Übertreibungen an den Börsen selbst, als auch in exogenen Faktoren, wie Zinsbeschlüssen, Wechselkursveränderungen oder Entwicklungen an ausländischen Börsen, haben. Die sogenannten technischen Analysten oder Charttechniker versuchen über statistisch-mathematische Verfahren anhand der Kurvenverläufe von Kursen Trends oder aber auch das Umschwenken von Trends abzulesen.

Die Zahl der sogenannten fundamentalen Faktoren, die den Verlauf von Kursen beeinflussen, ist vielfältig und ein logischer

Zusammenhang zwischen diesen Faktoren oft nicht gegeben. Insbesondere das Reagieren einer Börse auf die Entwicklungen an anderen Börsen ist auf den ersten Blick nicht immer plausibel. Festzuhalten bleibt jedoch, daß es, wenn die aktuelle Lage keine sichere Meinung erlaubt, besser ist, nicht mehr auf einen sich schon abschwächenden Trend aufzuspringen, sondern erst einmal abzuwarten. Hat man sich allerdings eine andere Meinung gebildet, sollte auch dementsprechend konsequent gehandelt werden.

Die Börse hat jedoch, abseits von fundamentalen Fakten und Wirtschaftsdaten, auch viel mit den Phantasien und Erwartungen der Marktteilnehmer zu tun. So wird oftmals auf ein bestimmtes Ereignis, wie z. B. Wahlen oder die Veröffentlichung von Unternehmenszahlen, z. B. Umsatz oder Gewinn, spekuliert. Haben viele Marktteilnehmer die gleiche positive Hoffnung, ist das Ereignis in steigenden Kursen schon vorweggenommen. Tritt das Ergebnis wie erwartet dann ein, fallen die Kurse oftmals sogar kurzzeitig nach dem Motto „Sell on good news". Man kann grundsätzlich davon ausgehen, daß die Börse die von der Mehrheit der Marktteilnehmer erwarteten Wirtschaftsentwicklungen und Konjunkturverläufe vorwegnimmt und in die Kurse einrechnet. Der Aktienkurs spiegelt damit im wesentlichen nicht die aktuelle Situation eines Unternehmens, sondern die von der Mehrheit der Marktteilnehmer erwartete zukünftige Situation wider.

Von grundlegender Bedeutung für die Beurteilung, ob ein (stärkeres) Engagement in Aktien zu einem bestimmten Zeitpunkt sinnvoll ist oder nicht, sind neben der wirtschaftlichen Lage das Zinsniveau und das Bewertungsniveau des Marktes.

Das Zinsniveau

Die Abhängigkeit von Kursen auf Zinsänderungen läßt sich ganz einfach damit erklären, daß bei hohem Zinsniveau Anleger ihre Gelder lieber in risikoarme Anleihen umschichten. Die Anlagealternative in festverzinsliche Wertpapiere ist attraktiver, daher werden Aktien verkauft, worauf das Angebot an Aktien steigt und die Nachfrage sinkt. Umgekehrt bedeuten niedrige Zinsen, daß die Rendite von Anleihen gering ist und daher Aktien als Anlageinstrument trotz des höheren Kursrisikos bevorzugt werden. Es gibt zwar nicht den direkten Zusammenhang zwischen Aktienkursen und Zinsbewegungen wie zwischen Anleihekursen und

Zinsen, dennoch lassen sich fast immer folgende Mechanismen beobachten:

- fallen die Zinsen, steigen die Kurse
- steigen die Zinsen, fallen die Kurse

Aktienkurse reagieren zwar nicht immer unmittelbar, aber zumindest mit einer zeitlichen Verzögerung auf Zinsänderungen und Zinsänderungssignale. Dabei ist der Zinsindikator oft zuverlässiger für die Prognose von Kursentwicklungen als Konjunkturdaten, insbesondere wenn er eine längerfristige Trendumkehr hinsichtlich von Zinsentscheidungen markiert. Bei Anleihekursen ist diese Korrelation sehr deutlich. Der Kurs einer langlaufenden Anleihe mit einem hohen Festzinssatz muß sich bei sinkenden Zinssätzen entgegengesetzt verhalten, damit der Abstand zwischen Zinskupon und aktuellem Marktzins ausgeglichen wird. Die Empfindlichkeit von Anleihen auf Zinsänderungen hängt wiederum von der Höhe des Kupons und der Restlaufzeit der Anleihe ab.

Zinsänderungen werden von der Bundesbank in Abhängigkeit von der wirtschaftlichen Lage vorgenommen. Viele Analysten starren daher gebannt auf neue Konjunkturdaten, wie Inflation, Auftragseingänge und Arbeitsmarktdaten, um mögliche Zinsänderungen und damit Kursbewegungen bei Aktien und Anleihen vorherzusehen. Dabei reagieren Aktienkurse teilweise bereits auf eine Änderung der Wahrscheinlichkeit des Eintretens einer Zinsänderung. Dies sind jedoch oftmals nur kurzfristige Reaktionen, die nicht zwangsläufig auf eine mögliche Richtungsänderung bei der Zins- und Geldpolitik schließen lassen und daher unberücksichtigt bleiben sollten. Von größerer Relevanz bei Anlageentscheidungen ist die langfristige Zinsentwicklung, wie sie in den Zinsänderungsschritten der Bundesbank und den Begründungen hierzu ihren Ausdruck findet. Diese hat erheblichen Einfluß auf die mittel- bis langfristige Kusentwicklung der Aktienmärkte. Der Konjunkturzyklus ist dagegen nicht so aussagekräftig.

Indikatoren zur Bewertung der aktuellen Börsensituation

Der 1988 eingeführte Deutsche Aktienindex DAX ist das wichtigste Börsenbarometer und spiegelt am besten die momentane Verfassung des deutschen Aktienmarktes wider. Im DAX sind die 30 umsatzstärksten deutschen Unternehmen mit der größten Marktkapitalisierung enthalten, auf die rund 80 % der Umsätze an deutschen Börsen entfallen. Der DAX gibt zwar nicht direkt das Bewertungsniveau der Kurse wieder, ist aber als Spiegelbild des Marktes ein unentbehrliches Instrument zur Einschätzung der allgemeinen Börsentendenz. Der DAX wird während der Handelszeiten laufend (jede Minute oder kürzer) neu berechnet, und er ist aufgrund der Bereinigung um ausgeschüttete Dividenden sowie Kapitalveränderungen bei den Unternehmen ein echter Performanceindex, d. h., er kann als Vergleichsmaßstab zu anderen Indizes, anderen Anlageformen und einzelnen Aktien herangezogen werden. Zudem dient er als Basis für Optionsscheine sowie Terminprodukte und kann daher zur Spekulation auf den Gesamtmarkt und zur Absicherung eines Depots mit deutschen Aktien eingesetzt werden.

Neben dem DAX gibt es weitere Indizes, die eine größere Zahl von Unternehmen einbeziehen (MDAX, DAX 100 und CDAX) sowie 16 Branchenindizes für alle wichtigen Branchen. Der Anfang 1996 eingeführte, auch Nebenwerteindex genannte MDAX umfaßt 70 variabel gehandelte Werte, die in bezug auf Marktkapitalisierung und Börsenumsatz unmittelbar nach den 30 DAX-Werten folgen. Er wird ebenso wie der DAX minütlich sowohl im Präsenz- als auch im Computerhandel ermittelt. Der DAX 100 enthält wiederum die 100 Werte, die im DAX und im MDAX enthalten sind. Dem Konzept des DAX folgend, bildet der CDAX das gesamte Marktsegment des amtlichen Handels mit zur Zeit etwa 350 Aktien ab. Dieser marktbreite Index erlaubt aufgrund seiner zusätzlichen Untergliederung in 16 Branchenindizes eine detaillierte Branchenanalyse.

Die Wertsteigerung des DAX auf Jahres- oder Zwölf-Monatsbasis gibt also einen ersten Anhaltspunkt für die eigene Einschätzung des Marktniveaus. Aus dem Verlauf der Kurve dieses Marktindikators lassen sich unter technischen Gesichtspunkten Schlüsse über die weitere Entwicklung ableiten. Besonders interessant ist die Entwicklung der Indizes aber im Vergleich zu einzelnen Aktienwerten, da sich daraus erste allgemeine Aussagen über die Über- bzw. Unterbewertung von Einzeltiteln im Verhältnis zum Gesamtmarkt und zur jeweiligen Branche treffen lassen. Bei kurzfristigem Handeln ist es überdies nützlich, sich den Schlußstand des DAX im Computerhandel anzusehen, denn dadurch lassen sich mitunter Rückschlüsse auf die Börsentendenz des Folgetages ziehen.

Einen zuverlässigen Indikator für die aktuelle Börsenbewertung liefert das durchschnittliche Kurs/Gewinn-Verhältnis (KGV) der in den Indizes enthaltenen Werte. Das KGV dient als Maßstab für die Bewertung von aktuellen Aktienkursen in Abhängigkeit vom Unternehmensgewinn und wird folgendermaßen errechnet: Der bereinigte Jahresüberschuß (Gewinn) eines Unternehmens wird durch die Anzahl der ausgegebenen Aktien geteilt. Damit erhält man das Ergebnis (Gewinn) je Aktie. Anschließend wird der aktuelle Kurs durch das Ergebnis je Aktie geteilt.

Liegt das so ermittelte KGV im Vergleich zum Branchenindex oder zu Vergangenheitszahlen des Unternehmens niedrig, ist die Aktie vergleichsweise unterbewertet, liegt das KGV dagegen höher, ist die Aktie dagegen vergleichsweise überbewertet. Insgesamt ist bei der Bewertung der Kennziffer KGV zu beachten, daß für die verschiedenen Branchen und auch bei Wachstumswerten unterschiedlich hohe KGVs als normal gelten. Dies ist auch unabhängig vom jeweiligen Indexstand zu sehen, denn auch bei einem Rekordindexstand kann das KGV historisch gesehen angemessen sein, wenn die Unternehmensgewinne außerordentlich gut sind. Ist das KGV allerdings sehr hoch, wie es bei den sogenannten Wachstumswerten nicht unüblich ist, wirken sich nicht erwartungsgemäße Unternehmensmeldungen oft in krasser Weise negativ auf den Kurs aus.

Für die deutschen Aktienwerte liegt das langjährige, durchschnittliche KGV bei etwa 16. Im August/September 1997 erreichte es auf Grundlage der Gewinnschätzungen für 1997 jedoch 22, war also ein Signal für einen überteuerten Markt. Die Erwartungen in weiter stark steigende Unternehmensgewinne und die Phantasie des Marktes waren bereits in den Kursen enthalten und ließen auf die Gefahr von Kurskorrekturen schließen, die anschließend auch eintraten. Das KGV ist also ein elementares Bewertungskriterium für die Frage des Markteinstieges und -ausstieges. Bei der Einzelbewertung von Aktienwerten hat das KGV allerdings eine noch größere Bedeutung.

Für eine Einschätzung kurzfristiger Börsen- und Kursbewegungen sind neben den genannten Faktoren auch der Kurs des US-

Dollars und die Vorgaben ausländischer Börsen, wie New York und Tokio, von Bedeutung. Allerdings sind diese Informationen in erster Linie für den tagesabhängigen Handel relevant. Insbesondere die Vorgaben aus den USA lassen in der Regel am Folgetag einen gleichgerichteten Trend der Börsen in Deutschland und Europa erwarten. Die Börsen orientieren sich dann an der sogenannten Leitbörse in den USA.

Aktuelle Informationen zu den wichtigsten Wirtschaftsdaten, Kursentwicklungen, Kennziffern und Indizes sind in überregionalen Tageszeitungen, Wirtschaftsmagazinen und Börsenzeitschriften zu finden.

6.3.2 Auswahl

Ein sicher funktionierendes System zur Kursprognose und damit zur Auswahl von Einzelwerten hat bis heute noch niemand gefunden. Die Bandbreite der Meinungen über die „richtige" Methode zur Auswahl von Aktien reicht von Verfechtern einer Zufallsauswahl (Schimpansendepot) bis hin zu Anhängern von elektronischen Systemen, die der Funktionsweise des menschlichen Hirns nachempfunden sind, den sogenannten neuronalen Netzen. Im folgenden sei daher kurz umrissen, wie in den Analystenabteilungen bei Banken und institutionellen Anlegern die fundamentalen Wirtschaftszahlen sowie technische Indikatoren für die Entscheidungsfindung genutzt werden.

Die fundamentale Analyse ist eine Methode zur Bewertung von Unternehmen aufgrund unternehmensspezifischer Daten unter Berücksichtigung des gesamtwirtschaftlichen Umfeldes. Ziel ist die Ermittlung eines fairen oder angemessenen Preises einer Aktie, dem sogenannten „inneren Wert", der verglichen mit dem aktuellen Kurs zu Kauf- oder Verkaufentscheidungen veranlaßt. Dazu werden Marktdaten, Branchendaten und unternehmensbezogene Daten herangezogen. Bei der Markanalyse werden volkswirtschaftliche Daten, wie die Konjunktur- und Preisentwicklung, das Zinsniveau und bei exportorientierten Unternehmen auch die Währungssituation ausgewertet. In einem weiteren Schritt betrachtet man die Branchendaten.

Im Vordergrund steht allerdings immer die Analyse des einzelnen

Unternehmens. Sie beruht zum einen auf der Erfassung wichtiger betrieblicher und außerbetrieblicher Einflußfaktoren auf die Geschäftsentwicklung sowie deren Quantifizierung. Unternehmenszahlen wie Auftragseingänge, Auslastung der Produktionskapazität, Produktpreisentwicklung und Kostensituation werden dabei untersucht. Darüber hinaus wird die Qualität des Managements, Investitionsvorhaben, Innovationen, Wettbewerbsposition und Nachfrageentwicklung in die Beurteilung mit einbezogen. Auf der Basis dieser Analyse wird versucht, eine Prognose über die zukünftige Ertragskraft eines Unternehmens zu erstellen. Ein wesentliches Hilfsmittel stellt hierbei die Aufbereitung von Bilanzzahlen und die Auswertung sogenannter Kennzahlen, wie das erwähnte KGV, dar. Aktuelles KGV und das aus dem prognostieren Ertrag abgeleitete zukünftige KGV werden z. B. miteinander verglichen, um das Potential für Kurssteigerungen auszuloten. Geschäftsberichte mit veröffentlichten Bilanzen werden auf Anfrage von den Unternehmen in der Regel jedem Interressierten zugeschickt.

Die technische Analyse, auch Chartanalyse genannt, ist dagegen eine Technik zur Interpretation von Kursformationen der Vergangenheit (Charts). Charts sind graphische Darstellungen von Kursen und Indizes. Ziel ist es, anhand der Kurvenverläufe Kursprognosen und -potentiale abzuleiten, um so geeignete Zeitpunkte für Kauf- und Verkaufdispositionen auszumachen. Die Charttechniker gehen dabei davon aus, daß Kursverläufe von Aktien bestimmte, sich wiederholende Muster bilden, die sich – einmal erkannt – zur Prognose von Kursentwicklungen eignen. Ein wichtiges Hilfsmittel für Indizes und Aktienkurse ist hierbei die Bildung gleitender Durchschnitte (GLD) für in der Regel ein Jahr bzw. 200 Börsentage. Dabei wird für jeden Börsentag ein Durchschnittskurs aus den jeweils letzten 200 Börsentagen gebildet. Schneidet die Kurs- oder Indexlinie den GLD 200 von unten nach oben, wird dies als Kaufsignal gedeutet. Sinkt der Kurs oder Index unter die Durchschnittslinie, ist dies häufig ein Verkaufsignal. Als auffällige Formationen von Charts und für die Vorhersage von Kursentwicklungen werden oft geometrische Figuren, wie Dreiecke, Wimpel, Keile und „Kopf/Schulter-Formationen" verwandt.

Die Möglichkeiten der charttechnischen Analyse sollten jedoch nicht überbewertet werden. Viele Marktteilnehmer sehen in ihr denn auch nicht viel mehr als Kaffeesatzleserei. Für sich alleinstehend bietet sie keine zuverlässigen Anhaltspunkte über mögliche Kurstrends und ist für die Auswahl von Einzeltiteln eher ungeeignet. Dennoch kann sie unterstützende Anhaltspunkte für richtige Kauf- und Verkaufzeitpunkte liefern. Da viele Marktteilnehmer charttechnische Faktoren bei ihren Anlageentscheidungen berücksichtigen, haben diese oftmals Auswirkungen auf die Kursverläufe im Sinne einer „self-fulfilling prophecy". Das bedeutet, daß das Handeln vieler Akteure nach charttechnischen Faktoren tatsächlich oder zumindest tendenziell zu einer aufgrund „typischer" Kursverläufe ausgemachten Kursentwicklung führt. Da sich eine ganze Reihe institutioneller Anleger auf computergesteuerte Kauf- bzw. Verkaufprogramme verlassen, kommt es an der Börse zu sogenannten „technischen Reaktionen". Dies ist z. B. der Fall, wenn große Marktteilnehmer Verkauflimits bei dem Erreichen eines bestimmten, durch charttechnische Faktoren abgeleiteten Kurses aufgeben. Fällt der Kurs unter das Limit, werden automatisch große Bestände verkauft. Ein Kursrückgang kann sich aufgrund eines solchen Mechanismus verstärkt fortsetzen.

Sicherlich überschreitet die Anwendung der beschriebenen Analysemethoden die Möglichkeiten eines Investmentclubs bei weitem. Es stellt sich daher die Frage, welche Informationsquellen und welche Bewertungstechniken für einen Investmentclub relevant und praktikabel sind. Einige der genannten Kriterien sind sehr wohl von ausschlaggebender Bedeutung bei der Auswahl von Einzeltiteln. Dazu zählen neben dem aktuellen KGV die zukünftigen Gewinnerwartungen, Wachstumschancen, die Positionierung im Wettbewerb sowie die Kursbewegungen der letzten Monate. Wichtig erscheint bei der Auswahl, sich nicht allein auf die Empfehlungen von Banken und Tips in Börsenzeitschriften zu verlassen, sondern zu einer eigenständigen Beurteilung von Unternehmen anhand verschiedener Informationen zu kommen. Folgende Informationsquellen sind leicht zugänglich und sind am besten parallel zu nutzen:

• überregionale Tageszeitungen wie *FAZ, Süddeutsche Zeitung* oder *Handelsblatt*
• Fernsehen, insbesondere der Nachrichtensender *ntv*
• Videotext mit vielen Kurs- und Börseninformationen

- Rundfunk, z. B. Wirtschaftsnachrichten im Deutschlandfunk um 13.35 Uhr
- Wirtschaftsmagazine wie *Capital, Wirtschaftswoche, DM*
- Börsenzeitschriften wie *Börse Online* und *Das Wertpapier*
- Börseninformationsdienste der Banken und Börsenbriefe
- Internet und t-online mit einer immensen Vielzahl von Informationsanbietern
- Geschäfts- und Zwischenberichte, Prospekte, Presse-Clipping der Unternehmen
- Telefon- und Faxabrufdienste wie der *SZ-Finanz* Faxdienst.

Eine der großen überregionalen Tageszeitungen liefert im Grunde alle wichtigen Wirtschaftsinformationen und Kurse. Die regelmäßige Lektüre reicht für ein Basiswissen völlig aus und beansprucht bei Selektion nur wichtiger Nachrichten nicht allzuviel Zeit. Für alle anderen Medien gilt, daß man herausfinden sollte, ob sie für den Investmentclub nützlich und für die geplanten Aktivitäten passend sind. Der eine schaut sich am liebsten das Laufband und die Kommentatoren im *ntv* an, ein anderer surft gerne im Internet und ein dritter ist von der Auswertung von Geschäftsberichten begeistert. Zu beachten sind allerdings immer der Informationsgehalt, der Zeitaufwand und die Kosten unterschiedlicher Medien. Börsenbriefe von privaten Anbietern und die Informationsbeschaffung aus dem Internet sowie Telefondienste können mitunter sehr teuer und für die eigenen Zwecke wenig nutzbringend sein. Um die Informationen abzurunden, empfiehlt es sich, ab und zu eine Börsenzeitschrift in die Hand zu nehmen, um Meinungen und Berichte über aktuelle Trends zu erhalten. Den oft allzu optimistischen Empfehlungen sollte man allerdings nicht blindlings folgen.

Wie viele Informationen benötigt werden und wie eng man die Entwicklungen an den Börsen verfolgt, hängt eng von dem Anlageschwerpunkt und den Werten im Depot ab. Wird z. B. in deutsche Standardwerte investiert, besteht weitaus weniger Informationsbedarf, als wenn der Schwerpunkt auf unbekannten ausländischen Werten liegt. Bei sehr volatilen Aktien, wie jungen Technologiewerten, und besonders bei Optionen ist dagegen eine ständige Beobachtung der Kurse notwendig. In einem Investmentclub bietet es sich natürlich an, die Informationsbeschaffung und die Beobachtung von Märkten auf mehrere Mitglieder zu verteilen. Wichtige Informationen und erworbenes Wissen werden bei den gemeinsamen Treffen in die Runde getragen und diskutiert. Wenn mehrere Mitglieder unterschiedliche Aufgaben übernehmen, kann daraus ein eigenes Research entstehen. Damit schafft man eine gute Grundlage, um Vorschläge effektiv besprechen und einzelne Aktienwerte vernünftig beurteilen zu können.

Die Eingrenzung von Aktienwerten erfolgt dabei in zwei Schritten: Zunächst scheiden aufgrund der vereinbarten Anlagegrundsätze und -schwerpunkte in der Regel bereits eine Reihe von Aktienwerten für die Auswahl aus. Sind zudem Kriterien und eine detaillierte Anlagepolitik festgelegt, reduziert sich die Zahl von möglichen Werten weiter. Im zweiten Schritt werden die von den Teilnehmern vorgeschlagenen Einzelwerte nach möglichen Investments und Branchen sortiert. Mit der Zeit erhält man so eine Liste von Aktien, die für alle Mitglieder interessant erscheinen. Diese Werte können dann hinsichtlich ihrer fundamentalen Daten eingeschätzt und hinsichtlich ihres Bewertungsniveaus verfolgt werden. Am besten führt man diese Liste mit den Kursentwicklungen fort und beurteilt unter den beiden genannten Gesichtspunkten alle auf der Liste stehenden Werte nach Halte-, Kauf- und Verkaufdispositionen oder anhand einer Bewertungsskala jeweils neu. Damit hat man ein sehr effektives und überschaubares Instrument, um Anlageentscheidungen zu treffen und das Depot zu optimieren.

Im Abgleich mit einem solchen Bewertungsraster lassen sich im nachhinein die getroffenen Anlageentscheidungen auch nutzbringend analysieren. Wenn man dazu noch die aktuellen Wirtschaftsnachrichten in die richtige Beziehung zu den Kursen bringen kann, hat man hinsichtlich Timing und Auswahl einen intelligenten und fundierten Ansatz bei der Wertpapieranlage hergestellt. Verfolgt man über einige Monate regelmäßig die Wirtschaftsmeldungen und die Kursentwicklungen, stellt sich allmählich auch ein Gefühl dafür ein, was die Kurse bewegt und wie sich andere Marktteilnehmer verhalten.

Beim Studium von Kursen in den Tageszeitungen fallen Abkürzungen, sogenannte Kurszusätze auf, die kurz erklärt werden, da sie Anhaltspunkte über die aktuellen Preisvorstellungen liefern und zum Teil Kursabschläge erklären:

- **b oder bez für bezahlt oder kein Kurszusatz:** Angebot und Nachfrage sind ausgeglichen. Alle Kauf- und Verkaufaufträge wurden ausgeführt.
- **G für Geld:** Zu diesem Preis bestand nur Nachfrage. Es wurden keine Verkäufer gefunden.
- **bG für bezahlt Geld:** Es bestand bei Kursfestsetzung eine größere Nachfrage als Angebot. Nicht alle Kaufaufträge konnten abgewickelt werden.
- **–G für gestrichen Geld:** Ein Kurs konnte nicht festgestellt werden, da überwiegend Nachfrage bestand.
- **B für Brief:** Zu diesem Preis bestand nur Angebot. Es lagen keine Kaufaufträge vor.
- **bB für bezahlt Brief:** Es bestand bei Kursfeststellung ein größeres Angebot als Nachfrage. Nicht alle Verkaufaufträge konnten abgewickelt werden.
- **–B für gestrichen Brief:** Ein Kurs konnte nicht festgestellt werden, da überwiegend Angebot bestand.
- *** für Sternchen:** Kleine Beträge konnten nicht gehandelt werden.
- **– für gestrichen:** Ein Kurs konnte nicht festgestellt werden.
- **T für Taxkurs:** Der Kurs wurde geschätzt. Es bestand weder Angebot noch Nachfrage.
- **exD oder ex Div für ohne Dividende:** An diesem Tag wurde die Dividende ausgeschüttet. Die Aktie wird fortan ohne Anspruch auf die Dividende des vergangenen Geschäftsjahres gehandelt (Dividendenabschlag). Der Kurs ermäßigt sich um diesen Abschlag.
- **exB oder ex BR für ohne Bezugsrecht:** Erste Kursfeststellung nach der Ausgabe von Bezugsrechten, die nach einer Kapitalerhöhung zum Bezug neuer Aktien berechtigen. Fortan besteht kein Anspruch auf Bezug junger Aktien. Der Kurs ermäßigt sich in der Regel um den Abschlag.
- **ex BA für ohne Berichtigungsaktien:** Die Aktie wird ab diesem Tag ohne Anspruch auf Bezug von Berichtigungs- oder Zusatzaktien (Kapitalerhöhung aus Gesellschaftsmitteln bzw. Kapitalumwandlung) gehandelt. Der Kurs ermäßigt sich in der Regel.

6.3.3 Neuemissionen

Unter Neuemissionen versteht man die erstmalige Ausgabe von Wertpapieren. Dies können sowohl Aktien als auch Anleihen sein, die von dem jeweiligen Emittenten, wie Unternehmen, öffentliche Körperschaft oder supranationale Organisation, erstmalig ausgegeben werden. Zweck des Emissionsgeschäftes ist es, durch den Verkauf von Wertpapieren bei Anlegern für den Emittenten Kapital zu beschaffen. Dazu wird in aller Regel ein Kreditinstitut oder ein Bankenkonsortium, d. h. mehrere Banken, eingeschaltet, um die Emission abzuwickeln und die Wertpapiere am Kapitalmarkt zu plazieren. Der Erlös aus der Zeichnung von Wertpapieren kommt abzüglich der Emissionskosten den Emittenten zugute. Anschließend können die Wertpapiere in der Regel an den Börsen gehandelt werden. Damit ist es möglich, sich von Aktien oder Anleihen wieder zu trennen, wobei der Handel dann nur noch zwischen verschiedenen Anlegern stattfindet, der Emittent also nicht mehr beteiligt ist.

Da insbesondere die Neuemission von Aktien für private Anleger von Interesse ist, wird im folgenden auf das „going public" von Unternehmen abgestellt. Neben der Kapitalbeschaffung hat das going public einen hohen Marketing- und Werbeeffekt für die Unternehmen. Die mit der Börseneinführung vorgegebenen Standards, insbesondere die Informationspflichten und die ständige Auseinandersetzung mit Analysten und Öffentlichkeit, führen zu einer größeren Disziplin bei Management und Mitarbeitern. Im Interesse potentieller Investoren machen die Banken eine Begleitung bei der Neuemission von der Börsenreife des Unternehmens abhängig. Bislang gab es in der Bundesrepublik jedoch vergleichsweise wenig Börsenneueinführungen, wenngleich sich diese Zahl zunehmend erhöht. Von 1986 bis 1995 sind etwa 180 deutsche Gesellschaften an die Börse gegangen, während es an der Londoner Börse 1600 und in Amerika ca. 6200 waren. 1997 sind dagegen allein etwa 30 Unternehmen an die Börse gegangen.

Das Interesse und die Euphorie bei privaten Anlegern an diesen Neueinführungen war so groß, daß die Nachfrage bei der Zuteilung von Aktien in vielen Fällen das angebotene Emissionsvolumen um ein Vielfaches übertraf. Wegen dieser sogenannten Überzeichung wurden die Zuteilungen oft verlost. Da der größte Teil zudem für institutionelle Investoren vorgesehen wurde, kamen oft nur wenig private Anleger zum Zuge. Eine Chance auf Zuteilung hatten auch nur diejenigen, die bei einer der Konsortialbanken ein Depot unterhielten. Diejenigen, die bei der Zuteilung berücksichtigt wurden, konnten allerdings in einigen Fällen schnelle und enorme Zeichnungsgewinne erzielen. Bei einigen Papieren, wie bei *SER Systeme AG* und *Beta Systems Software AG* betrugen sie mehr als 100 %. Dies hat sicherlich auch seinen Grund in der euphorischen Stimmung, die insbesondere im ersten Halbjahr 1997 am Aktienmarkt herrschte; nicht immer sind Neuemissionen erfolgreich.

Wenn man sich fragt, wie der Unterschied zwischen Ausgabepreis (Zeichnungs- oder Emissionskurs) und erstem Börsenkurs zustande kommen kann, muß man sich das Plazierungsverfahren anschauen: In dem seit 1994 zumeist üblichen „Bookbuilding-Verfahren" bemüht sich das Bankenkonsortium, vor der Börseneinführung durch Abwägen von Angebot und Nachfrage einen angemessenen und fairen Preis zu ermitteln. Die Ausgabebank bzw. Konsortialführerin holt zunächst unverbindliche Angebote bei institutionellen Investoren ein, bewertet das Unternehmen und schätzt den Markt für die bevorstehende Emission ein. Aufgrund dessen wird eine Preisspanne für den Ausgabekurs festgelegt und das Unternehmen an den Finanzplätzen und in der Öffentlichkeit beworben.

Begleitet von Anzeigen und Artikeln in den Medien wird anschließend die Zeichnungsfrist bekanntgegeben, innerhalb derer Anleger, ähnlich einer Auktion, ihre Gebote zum Kauf neuer Aktien abgeben können. Am Ende der Zeichnungsfrist wird das Orderbuch geschlossen und der endgültige Ausgabepreis festgestellt, wobei sich dieser Preis nur innerhalb der angegebenen Preisspanne bewegen darf. Die Zuteilung erfolgt dann nach einem zwischen Emittent und Konsortium festzulegenden Zuteilungsschlüssel. Wird die Emission vielfach überzeichnet, besteht also über das Emissionsvolumen hinaus hohe Nachfrage, versuchen viele Anleger, am ersten Börsenhandelstag Aktien von Anlegern, die bei der Zuteilung bedacht wurden, zu erwerben. Damit treiben sie den ersten Börsenkurs in die Höhe.

Nach dem Börsengang eines Unternehmens stellt sich allerdings immer die Frage, ob man sich bei Zuteilung für schnelle Gewinnmitnahmen oder für ein längerfristiges Engagement entscheiden soll. Falls die Emission auf reges Interesse stößt, wird der Kurs in den ersten Tagen des Börsenhandels weit über dem Ausgabepreis (Emissionskurs) liegen. Man hat damit die Möglichkeit, durch sofortigen Verkauf einen (spekulationssteuerpflichtigen) Zeichnungsgewinn zu erzielen. Anlegern, die keine Zuteilung bekommen haben, stellt sich wiederum die Frage, ob und wann sich eine Investition lohnt.

Das Problem bei dieser Entscheidung ist, daß die neu emittierte Aktie kein Vorleben an der Börse hat. Da in der Regel wenig Unternehmensdaten vorliegen und keine Kursverläufe vorhanden sind, kann aus rückliegender Betrachtung kaum auf die zukünftige Entwicklung geschlossen werden. Um hier zu einer Einschätzung zu kommen, gibt es daher keine Patentlösung. Man kann aber in den meisten Fällen davon ausgehen, daß bei großem Unterschied zwischen Ausgabepreis und erstem Börsenkurs der Kurs in den Folgetagen nachgibt, da viele Anleger Zeichnungsgewinne realisieren. Ist man grundsätzlich von einem Unternehmen überzeugt und hat sich für ein Engagement nach Börsengang entschieden, ist es daher vernünftiger, einige Tage abzuwarten, bis die ersten durch Spekulationen verursachten Kursturbulenzen vorbei sind und der Kurs zunächst Boden gefunden hat. Bei Kauf- und Verkaufaufträgen von Aktien neueingeführter Unternehmen sind auf jeden Fall Limits zu setzen.

Oft setzen sich anfängliche Höhenflüge des Kurses auch nicht fort. Wenn dem Börsengang keine guten neuen Nachrichten folgen, verabschieden sich viele Anleger und der Kurs der Aktie sinkt. Der langfristige Erfolg eines Papiers wie *SAP* (Börsengang 1988) zeigt sich erst im nachhinein. Bei der Einschätzung eines Börsenneulings ist auch von Bedeutung, wofür das neue Kapital vorgesehen ist. Es macht einen Unterschied, ob damit bisherige Besitzer abgefunden werden, ob allgemein nur die Liquiditätslage des Unternehmens verbessert werden soll oder ob konkret neues Wachstum finanziert wird. Besonders wichtig ist es, Meldungen über das Unternehmen zu registrieren, die Beurteilung durch Analysten einzubeziehen und die Veröffentlichung von ersten Unternehmenszahlen zu beachten, um sich selbst ein Bild von dem Unternehmen machen zu können. Der Kurs reagiert in den ersten Monaten nach Börsengang oft extrem auf positive oder negative Unternehmensdaten und Gewinneinschätzungen.

6.3.4 Die Börse

„Prognosen sind ein schwieriges Geschäft – besonders wenn sie die Zukunft betreffen", damit charakterisierte *Mark Twain*, worum es an der Börse geht: Es werden Erwartungen gehandelt. Ob sich ein Unternehmen gut oder schlecht entwickeln wird, darüber geben weder Geschäftsberichte noch ausgefeilte Analysen hochspezialisierter Wertpapierexperten eine sichere Auskunft. Jede Transaktion an der Börse kommt nur zustande, weil Käufer und Verkäufer über die zukünftige Entwicklung einer Gesellschaft, einer Währung oder eines Zinses anderer Meinung sind. Man mag dazu stehen wie man will, aber die Börse ist das faszinierendste und spannendste was die Marktwirtschaft hervorgebracht hat. Die Börse, oder anders ausgedrückt die Wertpapiermärkte, sind elementarer Bestandteil unseres Wirtschaftssystems. In einem wechselseitigen Verhältnis beeinflussen sie die Haushalts-, Währungs-, Wirtschafts- und Unternehmenspolitik und werden wiederum von diesen bestimmt.

Was allerdings dort genau passiert, bleibt den meisten Anlegern verborgen. Daher soll im folgenden die „Blackbox" Börse geöffnet und einige wichtige Aspekte erläutert werden. Die Börse ist allerdings ein sehr kompliziertes System, dessen Grundmuster hier nur anhand einiger Stichworte aufgezeigt werden können:

- Einordnung und Funktion
- Organisation und Struktur
- Marktsegmente und Wertpapiere
- Kursfeststellung
- Auslaufmodell Präsenzbörse?

Börsen erfüllen als organisierte Märkte für den Kapitalverkehr wichtige volkswirtschaftliche Funktionen, nämlich:

- Risikotransformation,
- Kapitalbeschaffung,
- und Fristentransformation (Kapitalaustausch).

Auf dem Primärmarkt (Emissionsmarkt), auf dem Wertpapiere erstmalig ausgegeben werden, führen sie z. B. Kapitalanbieter und Kapitalnachfrager zusammen und ermöglichen so die Finanzierung langfristiger Investitionsvorhaben aber auch öffentlicher Haushalte. Sie stellen den Transfer der gesamten Geldvermögensbildung sicher und sorgen auf dem Sekundärmarkt (Handelsmarkt) für die Mobilität umlaufender Wertpapiere, so daß Vermögensanlagen umgeschichtet und wieder in Geld umgewandelt werden können. In den börsentäglichen Kursermittlungen zeigen sich sowohl die allgemeinen Verhältnisse am Geld- und Kapitalmarkt als auch die Beurteilung wirtschaftlicher Vorgänge und die Wirkung politischer Maßnahmen.

Wichtige Merkmale einer Börse sind die örtliche Konzentration von Angebot und Nachfrage, wie ein fester Platz und regelmäßige Zeiten, und die Vertretbarkeit (Fungibilität) der Handelsobjekte wie Rohstoffe, Devisen und Wertpapiere. Letzteres bedeutet, daß die Waren austauschbar sein müssen, wie beispielsweise standardisierbare Massengüter. Daher ist es auch nicht nötig, daß die Waren körperlich am Handelsplatz vorhanden sein müssen. Grundsätzlich lassen sich die Börsen einteilen in:

- **Effektenbörsen**, an denen der Handel mit Wertpapieren stattfindet,
- **Devisenbörsen**, an denen mit Geld und Devisen gehandelt wird,
- **Warenbörsen**, an denen z. B. Metalle, Getreide, Baumwolle, Öl und andere Rohstoffe gehandelt werden,
- **Termin- oder Derivatebörsen**, an denen Finanzinstrumente wie Optionen und Terminkontrakte gehandelt werden.

Die Börse ist ordnungspolitisch in ein marktwirtschaftliches System eingebunden und Teil des Finanzmarktes. Der Finanzmarkt gliedert sich einerseits in den Geldmarkt im Sinne kurzfristiger Finanzierungsmittel sowie dem Liquiditätsausgleich unter Banken und andererseits in den Kapitalmarkt im Sinne mittel- und langfristiger Kreditgeschäfte sowie langfristiger Geldvermögensbildung und Investitionsfinanzierung. Der wichtigste und am höchsten organisierte Teilmarkt des Kapitalmarktes ist die Börse. Sie zeichnet sich durch hochentwickelte rechtliche und organisatorische Reglementierung aus und weist in den Preisen und Kursen eine hohe Transparenz auf.

Aufgaben der Börsen:

- die Möglichkeit zu bieten, Kapital anzulegen oder zu beschaffen, und damit die Bildung von Sachkapital und den Transfer der Geldvermögensbildung in investive Verwendungsbereiche sowie verzinsliche Wertpapiere sicherzustellen,
- Angebot und Nachfrage von Wertpapieren oder gehandelten Gütern durch Ermittlung eines marktgerechten „fairen" Preises oder Kurses zueinander abzustimmen und damit den jederzeitigen Kapitalaustausch zu ermöglichen.

Organisation und Struktur

Die Börsenorganisation ist in den einzelnen Staaten unterschiedlich; in einigen ist die Börse vollständig sich selbst überlassen, in anderen besteht oder bestand strenge staatliche Überwachung und Reglementierung. In wiederum anderen stehen die Börsen zwar unter staatlicher Aufsicht, verwalten sich aber selbst, so auch in der Bundesrepublik. Die Grundlage der Börsenorganisation in der BRD bildet das 1896 erstmalig erlassene und zuletzt 1995 abgeänderte Börsengesetz, das auch die Aufsicht des Wertpapierhandels durch die Landesbehörden regelt. Bis heute haben sich die acht Regionalbörsen Frankfurt, Düsseldorf, München, Berlin, Stuttgart, Hamburg, Bremen und Hannover behaupten können. Allerdings hat die schon 1585 gegründete Frankfurter Börse von der Gewichtung und vom Umsatz her mit großem Abstand die weitaus bedeutendste Stellung. Inwieweit die anderen Regionalbörsen sich in Zukunft noch halten werden, ist aufgrund der raschen technischen Entwicklung und der zunehmenden Konzentrierung des Handels auf nationaler und europäischer Ebene fraglich. Daher steht im folgenden die Frankfurter Wertpapierbörse (FWB) im Vordergrund.

Voraussetzung für das Funktionieren der Börsen ist die Ordnungsmäßigkeit und Rechtmäßigkeit der Geschäfte, die dort abgewickelt werden. Im Börsengesetz sind die grundsätzlichen Bestimmungen über die Organisation der Börse, die Zulassung der Mitglieder, die Zulassung von Wertpapieren im Börsenhandel, die Feststellung des Börsenpreises und das Maklerwesen festgelegt. Die jeweilige Landesregierung übt die Aufsicht über die Börse aus, u. a.:

- genehmigt sie die vom Börsenvorstand bzw. Börsenrat nach dem Börsengesetz verabschiedete Börsenordnung,

- bestellt und entläßt die amtlichen Kursmakler,
- und benennt Kommissare, die die Einhaltung der gesetzlichen Vorschriften überwachen.

Oberstes Leitungsorgan einer Börse ist der Börsenvorstand (Börsenrat). Im Börsenrat der FWB, dessen Mitglieder auf drei Jahre gewählt werden, sind neben den Kreditinstituten sowie Kurs- und Freimaklern auch Emittenten und Anleger vertreten. Zu seinen Aufgaben gehört die Steuerung des gesamten Börsengeschehens.

Trägerin der öffentlich-rechtlichen Frankfurter Wertpapierbörse (FWB) ist die Deutsche Börse AG, die auch gleichzeitig Trägerin der Deutschen Terminbörse (DTB) ist und an verschiedenen anderen Börseneinrichtungen mehrheitlich beteiligt oder Eigentümerin ist. Anteilseigner der Deutschen Börse AG sind die Kreditinstitute mit 81 %, die Makler mit 9 % und die deutschen Regionalbörsen mit 10 %. Die laufenden Leitungsfunktionen der FWB sind der Börsengeschäftsführung übertragen, die vom Börsenrat der FWB bestellt und überwacht wird. Die Einführung von technischen Systemen für Handel und Abwicklung des Börsengeschäftes bedarf jedoch der Zustimmung des Börsenrates.

Die Aufsicht über den Wertpapierhandel und die Börse wurde infolge des Zweiten Finanzmarktförderungsgesetzes neu strukturiert. Die Neuordnung sieht nun eine Dreiteilung der Aufsicht vor durch:

- die Handelsüberwachungsstelle der Börse,
- die Börsenaufsicht auf Landesebene,
- das Bundesaufsichtsamt für den Wertpapierhandel (BAWe).

Mit der Neuordnung wurden gleichzeitig die Befugnisse der Aufsichtsinstanzen erweitert mit dem Ziel, den Anlegerschutz und die Integrität des Marktes zu verbessern. Das BAWe, das dem Bundesfinanzministerium nachgeordnet ist, verfolgt Insiderverstöße und überwacht die Publizität, d. h. die Offenlegungspflichten der Marktteilnehmer. Außerdem überprüft das Amt die Einhaltung der zum Kundenschutz geschaffenen Wohlverhaltensregeln bei Banken und Wertpapierdienstleistern.

Akteure an der FWB:

Kreditinstitute betreiben den Handel mit Wertpapieren auf eigene oder fremde Rechnung. Nur sie allein treten als Käufer und Verkäufer von Wertpapieren für Kunden auf, denn Wertpapiergeschäfte sind nach dem Kreditwesengesetz ausschließlich „Bankgeschäft". Kundenaufträge können also nur von Banken an die Börse gebracht werden. Ausländische Brokerfirmen zählen als Banken. **Kurs- und Freimakler** vermitteln die Geschäfte zwischen den Teilnehmern, wie Banken und Brokerhäuser, im Börsensaal. Sie dürfen keine Geschäfte für Dritte oder Anleger tätigen. Insgesamt betreuen die etwa 90 Makler der FWB rund 20000 unterschiedliche Wertpapiere. Im Schnitt erledigen sie mit Hilfe der installierten elektronischen Systeme täglich ca. 150000 Transaktionen.

Kursmakler werden von der Börsenaufsicht auf Landesebene ernannt. Sie vermitteln Geschäfte in Wertpapieren, die im Amtlichen Handel zugelassen sind und stellen deren Börsenpreise fest. Jeder Kursmakler ist dabei für eine bestimmte Gruppe von Wertpapieren zuständig. Er darf nur in eng begrenztem Rahmen Geschäfte auf eigene Rechnung abschließen und in keinem Abhängigkeitsverhältnis stehen.

Freimakler müssen bestimmte Voraussetzungen für den Börsenhandel erfüllen. Sie vermitteln Geschäftsabschlüsse zwischen Banken in allen Wertpapieren und unterliegen keinen gewerblichen Beschränkungen, d. h., sie handeln in der Regel auf eigene oder im Eigenhandel der Banken auf Rechnung ihres Auftraggebers. Einzelne Freimakler sind mit der Betreuung bestimmter Märkte und der regelmäßigen Feststellung von Preisen im geregelten Markt oder im Freiverkehr beauftragt.

Um eine ordnungsgemäße Durchführung des Wertpapierhandels zu gewährleisten, müssen die Teilnehmer bestimmte Zulassungsvoraussetzungen erfüllen: Zur Teilnahme am Börsenhandel berechtigt ist, wer mit Wertpapieren handelt oder Geschäfte dieser Art vermittelt und Vollkaufmann im Sinne des HGB ist. Die Zulassung zum Börsenhandel wird nur erteilt, wenn die für den Handel notwendige Zuverlässigkeit und berufliche Eignung sowie ausreichende finanzielle Mittel vorhanden sind. Zudem muß eine Sicherheit für die Erfüllung von Geschäften gestellt und für eine ordnungsgemäße Abwicklung am Börsenplatz gesorgt sein.

Zulassung von Wertpapieren und Handelssegmente

Vor Aufnahme in den Handel müssen Wertpapiere ein förmliches Zulassungsverfahren durchlaufen; Ausnahme: Anleihen des Bundes, der Länder und der EU. Die Zulassung ist vom Emittenten zusammen mit einem Kreditinstitut zu beantragen; beide Antragsteller unterliegen der sogenannten Prospekthaftung; sie haften für die Vollständigkeit und die Richtigkeit der in einem Prospekt enthaltenen Angaben. Die Zulassungsanforderungen und -folgepflichten, d. h. der Umfang der geforderten Publizität, sind für die verschiedenen Marktsegmente unterschiedlich hoch:

- Für den **Amtlichen Handel** sind diese Anforderungen mit einer ganzen Reihe von Voraussetzungen am höchsten: Sie betreffen den Mindestkurswert der einzuführenden Wertpapiere sowie deren ausreichende Streuung, die Vorlage eines Prospektes, u. a. mit Angaben über den Verwendungszweck der Kapitalaufnahme, sowie die Veröffentlichung von Jahresabschlüssen und Zwischenberichten. In diesem Marktsegment werden die Kurse von Aktien bekannter inländischer Unternehmen und auch einer Anzahl großer ausländischer Gesellschaften festgestellt. Im verzinslichen Bereich beherrschen die öffentlichen Anleihen, die Emissionen der Landesbanken, Hypothekenbanken und Spezialkreditinstitute das Geschehen. Auch einige Optionsanleihen und Genußscheine bekannter Emittenten werden hier gehandelt. An der FWB sind in diesem Segment ca. 580 Aktien, etwa 300 Options- und Genußscheine sowie über 7000 Anleihen gelistet. Nahezu alle im Amtlichen Handel eingeführten Wertpapiere genießen hohe Liquidität, es ist also für Privatanleger fast immer möglich, eine ausreichende Stückzahl zu einem fairen Preis zu kaufen oder zu verkaufen.

- Deutlich niedriger fallen die Zulassungsvoraussetzungen im 1987 eingerichteten **Geregelten Markt** aus. Sie betreffen in erster Linie ein festes Mindestvolumen der einzuführenden Wertpapiere sowie die Vorlage eines Unternehmensberichtes. Abgesehen von den Grundvoraussetzungen sind vor allem die Publizitätspflichten nicht so eng gefaßt. Der Anlegerschutz ist jedoch durch die Einbettung in das Börsengesetz gewahrt. Gedacht ist dieses Segment insbesondere für Aktien kleinerer und mittlerer Unternehmen mit einem geringeren Emissionsvolumen, aber auch für eine Reihe von Anleihen. 1997 wurden im Geregelten Markt etwa 100 Aktien, ca. 200 Options- und Genußscheine sowie mehr als 1000 Anleihen gehandelt. Hier ist zu beachten, daß die Papiere nicht so breit gestreut sind, ein rechtzeitiger Verkauf also nicht immer möglich ist.

- Im **Freiverkehr** geht es dagegen nahezu zwanglos zu, es gelten nur wenig formale Zulassungsvoraussetzungen. Im Grunde erfolgt nur eine Einbeziehung von Wertpapieren in den Handel. Da die Unternehmen nicht verpflichtet sind, wichtige Informationen zu veröffentlichen, gibt es kaum Material für eine fundierte Beurteilung. In diesem Segment werden neben einigen zumeist regional orientierten deutschen Aktien vor allem Optionsscheine und ausländische Aktien gehandelt. In den Freiverkehr gelangt praktisch alles, was schon das Qualitätssiegel einer ausländischen Börsennotierung besitzt und in Deutschland auf Nachfrage stößt. Der Erwerb ausländischer Aktien ist günstiger als am Heimatmarkt, da die hohen Gebühren ausländischer Börsenplätze entfallen. An der FWB sind im Freiverkehr über 700 ausländische Werte und weit mehr als 5000 Optionsscheine gelistet. Aufgrund der geringen Liquidität in diesem Segment besteht zu einem Kurs des öfteren nur Nachfrage oder Angebot, Aufträge können daher nicht immer ausgeführt werden. Insbesondere bei den Optionsscheinen ist auf eine Handelbarkeit und vor allem auf einen fairen Preis zu achten. Chancen und Risiken sind bei den meisten im Freiverkehr gehandelten Papieren ungleich höher als bei Werten im Amtlichen Handel und Geregelten Markt.
- Der erst im März 1997 eingerichtete **Neue Markt** ist als Handelssegment für junge, wachstumsstarke Unternehmen gedacht. Er bietet solchen Unternehmen die Möglichkeit der Kapitalbeschaffung und ist für Anleger eine Plattform für mehr chancenorientierte und risikoreiche Engagements. Der Anlegerschutz hat hier einen höheren Stellenwert. Neben den Zulassungsbedingungen für den Geregelten Markt müssen Wertpapiere in diesem Handelssegment zusätzliche Transparenzkriterien erfüllen: Publikationen und Prospekt müssen nach internationalen Standards in Deutsch und Englisch verfaßt sein, außerdem dürfen ausschließlich Stammaktien ausgegeben werden. Bei den Folgepflichten sind insbesondere die zeitnahe Veröffentlichung von Jahresabschlüssen und Quartalsberichten zu nennen. Die meisten der 16 Neuemissionen in 1997 an diesem Markt waren

vielfach überzeichnet. Extreme Gewinne und Verluste im anschließenden Handel mit diesen Wertpapieren waren an der Tagesordnung. Zwar sollte das neu eingerichtete sogenannte Betreuersystem jederzeit für ausreichende Liquidität sorgen und somit die Wogen glätten, das klappte jedoch nicht immer.

Die Deutsche Börse AG will allerdings den Frankfurter Aktienmarkt – parallel zur Einführung der letzten Stufe des elektronischen Handelssystems XETRA – ab Herbst 1998 in mehrere „Themenmärkte" neu segmentieren. Es ist geplant, neben den bestehenden Standardmärkten und dem Neuen Markt einen Mittel- und Osteuropamarkt sowie einen Markt für europäische Standardwerte und für Small Caps (Nebenwerte) zu schaffen. Jeder Themenmarkt soll ein eigenes Profil haben, das spezifische Chancen und Risiken aufzeigt. Die Aufnahme von Werten in einen Themenmarkt soll an zusätzliche Kriterien wie Liquidität der Titel, Transparenz der Unternehmen und deren regionale Herkunft geknüpft werden.

Kursfeststellung

Kennzeichnend für den Handel und die Kursfeststellung an den deutschen Börsen ist das Prinzip der Auktionsbörse: Das Wesentliche an diesem Prinzip ist, daß nicht eine Order nach der anderen, sondern eine Vielzahl von Aufträgen gleichzeitig zusammengeführt wird. Für alle in den verschiedenen Marktsegmenten gehandelten Wertpapiere wird börsentäglich der sogenannte Einheits- oder Kassakurs ermittelt. Die Kursfestellung erfolgt dabei durch Ausgleich von Angebot und Nachfrage im sogenannten Auktionsverfahren. Dies geschieht folgendermaßen: Der Makler sammelt in seinem elektronischen Orderbuch alle Kauf- und Verkaufaufträge, die ihm von den Handelsabteilungen der Banken via Handelssystem für ein bestimmtes Wertpapier übermittelt wurden. Ruft also ein Anleger bei seiner Bank an und gibt eine Order auf, gelangt diese entweder direkt vom Computer des Bankmitarbeiters oder indirekt über die zentrale Handelsabteilung der jeweiligen Bank in das Orderbuch des Kursmaklers (automatisches Orderrouting). Dort ermittelt der Makler mit Hilfe des Systems aus dem aktuellen Stand von Angebot und Nachfrage einen Kurs, bei dem genausoviel gekauft wie verkauft wird.

Hierzu ein **Rechenbeispiel**:

Angenommen, der Kursmakler hat folgende Kauf- und Verkaufaufträge in seinem Orderbuch stehen:

	Kaufaufträge				Verkaufaufträge		
Auftrag	Stück	Kurslimit	Summe	Auftrag	Stück	Kurslimit	Summe
A	20	billigst	20	E	30	bestens	30
B	10	84	30	F	10	82	40
C	30	83	60	G	20	83	60
D	20	82	80				

Auf der Nachfrageseite erhält man durch Summenbildung die Anzahl von Aktien, für die zum jeweiligen Kurs Kaufaufträge vorliegen. Bei einem Kurs von 83 DM liegt eine Nachfrage für 60 Aktien vor; der Auftrag D wird nicht berücksichtigt, da der Kurs das Kauflimit überschreitet. Auf der Angebotsseite erhält man durch Summenbildung die zum jeweiligen Kurs angebotene Anzahl von Aktien. Der Makler bzw. das elektronische System sucht nun den Kurs bzw. die Kursspanne, bei dem sich die angebotene und nachgefragte Zahl der Aktien entsprechen und die größtmögliche Anzahl von Aktien gehandelt werden kann. In diesem Beispiel ist das bei einem Kurs von 83 DM der Fall, zu dem 120 Aktien gehandelt werden können.

Bei diesem Verfahren nach dem Meistausführungsprinzip hat der Anleger die Gewißheit, daß sein Auftrag ausgeführt wird, wenn der Kurs das von ihm gesetzte Limit erreicht. Hierauf hat er bei Zustandekommen eines Kurses grundsätzlich einen Anspruch. Es gibt keine Bevorzugung von Aufträgen nach Höhe oder Zeitpunkt. Alle Aufträge, auch kleinste Aufträge, die bis ca. eine halbe Stunde vor Beginn des Präsenzhandels vom Anleger über seine Bank im Einheitsmarkt, d. h. zur Kasse, aufgegeben sind, werden zum Kassakurs, der etwa kurz nach 12.00 Uhr mittags festgestellt wird, ausgeführt. Alle Kreditinstitute in der BRD haben sich dazu verpflichtet, Kundenaufträge ausschließlich in den börslichen Handel weiterzuleiten, es sei denn, der Kunde hat eine andere Weisung erteilt.

Im Grunde nach dem gleichen Verfahren erfolgt die variable Kursfeststellung: Hierbei können eine ganze Reihe von marktbreiten Aktien- und Anleihetiteln verschiedener Marktsegmente während der gesamten Präsenzhandelszeit ge- und verkauft werden; in der Regel jedoch nur in Einheiten zu 50 oder 100 Stück für Aktien oder eine Mio. DM für Anleihen bzw. jeweils ein Vielfaches davon. Der Kursmakler vermittelt bei ihm eintreffende Aufträge fortlaufend, wobei für jedes Geschäft ein eigener Kurs festgestellt wird. Dazu sperrt der Makler vorübergehend die elektronische Orderannahme und versucht, für vorhandene Kursspannen durch Ausruf einen Marktausgleich zu erzielen. Der anschließend festgestellte Kurs steht über Kursinformationssysteme der Öffentlichkeit sofort zur Verfügung. Das computerisierte Abwicklungssystem leitet gleichzeitig alle Handelsdaten an den Deutschen Kassenverein (DKV) weiter, der die Abwicklung, Dokumentation und Verwahrung übernimmt. Die Banken erhalten unverzüglich eine automatische Ausführungsbestätigung und können ihre Kunden sofort benachrichtigen. Der nach diesem Verfahren zu Beginn des Präsenzhandels festgestellte Kurs ist der Eröffnungskurs, der am Schluß des Präsenzhandels festgestellte Kurs ist der Schlußkurs.

Vor und nach dem Präsenzhandel erlaubte das 1991 eingeführte und im November 1997 abgelöste sogenannte IBIS-System den Handel in sehr marktbreiten Papieren. IBIS war ein voll computerisiertes Handelssystem, das allen Börsenteilnehmern die Möglichkeit bot, von 8.30 bis etwa 17.00 Uhr in umsatzstarken Aktien (ca. 110) und einer ganzen Reihe von öffentlichen Anleihen Geschäfte abzuschließen. Da die Mindestabschlußgrößen sehr hoch sind, ist diese Computerbörse in erster Linie institutionellen Anlegern, wie Banken und Versicherungen, vorbehalten. IBIS wurde zwar von der FWB angeboten, war jedoch eine bundesweite Veranstaltung. Allen Banken und Maklern, die zur Teilnahme an einer der acht Regionalbörsen zugelassen sind, stand es frei, sich an IBIS zu beteiligen. Mehr als 250 Kreditinstitute und Makler waren an IBIS angeschlossen. Die Teilnahme am Handel ist standortunabhängig; Geschäfte wurden direkt über die IBIS Handelsbildschirme abgeschlossen. Dieses Computerhandelssystem wurde allerdings auch während des Präsenzhandels genutzt und stellte eine Ergänzung zum Parketthandel dar. Die Makler waren daher verpflichtet, bei der Kursfeststellung während des Präsenzhandels die aktuelle Marktlage im Computersystem zu berücksichtigen. In 1997 wurden rund 40 % des Umsatzes mit den 30 DAX-Werten über IBIS abgewickelt.

Präsenz- und Computerbörse

Wie die Zukunft aussehen soll, gab im Oktober 1997 ganz unumwunden *Rolf E. Breuer*, Aufsichtsratsvorsitzender der Deutschen Börse AG, zu verstehen, als er forderte, den Präsenzhandel nahezu völlig abzuschaffen. Mit der schrittweisen Einführung des neuen vollelektronischen Handelssystems XETRA (Exchange Electronic Trading) seit November 1997, welches das IBIS-System vollständig abgelöst hat, ist das auch vorstellbar geworden. XETRA soll neue Maßstäbe für Liquidität, Transparenz, Leistungsfähigkeit und Kosteneffizienz in Handel und Abwicklung setzten und die Wettbewerbsfähigkeit des Finanzplatzes Deutschland stärken. Das neue System kann bis zu 900 000 Aufträge zu Tagesspitzenzeiten vollautomatisch ausführen und den Handel bei ungewöhnlichen Preissprüngen aussetzen. Bis Ende 1998 wird XETRA einen wesentlich breiteren Markt als das vorherige IBIS-System abdecken, geplant ist jedoch, in der letzten Ausbaustufe 1999 alle an der FWB notierten Wertpapiere in den Handel mit XETRA, der parallel zum Präsenzhandel stattfinden wird, aufzunehmen. Auch Kleinstaufträge sollen dann über das neue System abgewickelt werden können.

Das neue Börsenhandelsprogramm nach Art einer virtuellen Börse steht mit Sicherheit in Konkurrenz zum Parketthandel. Befürchtungen, daß XETRA diesen Handel ganz überflüssig machen wird, trat der Vorstand der Deutschen Börse AG, *Werner Seifert*, jedoch mit der Bemerkung entgegen, daß diese bestehen bleibe, „solange noch zwei hingehen und dort handeln". Ernsthaft wird XETRA erst ab 1999 in Konkurrenz mit dem Präsenzhandel treten können. Allerdings fürchten Regionalbörsen und Makler schon jetzt um ihre Existenz und beanstanden, daß das neue System an den Interessen der Großbanken ausgerichtet sei, Manipulationsmöglichkeiten für Großanleger eröffne und die Marktteilnehmer nicht über die tatsächlichen Kosten informiert würden. Die Regionalbörsen, wie Stuttgart, Bremen und Hamburg, versuchen unterdessen, ihre Attraktivität mit Sonderdienstleistungen, längeren Handelszeiten und variablem Einzelstückhandel zu vergrößern.

Die Zukunft gehört jedoch – wenn auch nicht ausschließlich – dem Computerhandel, der allein eine Vernetzung und weitergehende Integration der europäischen Finanzmärkte ermöglichen wird. Daß dabei nicht alle 54 Börsenplätze in Europa überleben werden, steht außer Frage. Frankfurt hat sich in diesem Umfeld jedoch gut positioniert und strebt mit dem neuen Handelssystem von den Kosten her die Rolle der führenden elektronischen Börse mit integrierter Abwicklung an. Privatanleger erhalten allerdings auch zukünftig keinen direkten Zugang zur Börse, sondern müssen ihre Aufträge weiterhin über eine Bank aufgeben, auch wenn sie dann am Bildschirm ihrer Bankfiliale die Orderausführung miterleben dürfen.

7. Steuern

Die steuerliche Behandlung wird im folgenden sowohl auf der Ebene des Investmentclubs als auch auf der Ebene der Clubmitglieder betrachtet. Dabei wird der Frage nachgegangen, was beim Investmentclub sowie bei den Mitgliedern zu beachten ist und wie man vereinnahmte Steuern zurückholen kann. Gegenstand sind seitens des Investmentclubs die Körperschaft- und Gewerbesteuer und seitens der Mitglieder die Einkommensteuer, sowohl auf inländische als auch auf ausländische Erträge. Nun können bei dieser Übersicht nicht alle steuerrechtlichen Fragestellungen, die für einen Investmentclub und seine Mitglieder von Interesse sein könnten, aufgegriffen und im Detail dargestellt werden. Für zusätzliche Informationen wie die steuerlichen Besonderheiten verschiedener Formen der Geldanlage sei daher auf die umfangreiche Literatur und steuerrechtlichen Kommentierungen zu diesen Themen (z. B. *Schmidt, Ludwig*: Einkommensteuerrecht, Kommentar; 16. Aufl. 1997; München) hingewiesen.

7.1 Die steuerliche Behandlung des Investmentclubs

7.1.1 Körperschaftsteuer und Einkommensteuer

Die Körperschaftsteuer ist sozusagen die Einkommensteuer juristischer Personen, d. h. insbesondere der Kapitalgesellschaften wie der AG und GmbH, aber auch anderer Personenvereinigungen wie der Vereine. Natürliche Personen, also Einzelpersonen, die im Inland ihren Wohnsitz oder ihren gewöhnlichen Aufenthalt haben, unterliegen dagegen der Einkommensteuer. Beide Steuerarten bestehen nebeneinander, wobei der Gewinn bzw. das „Einkommen" beispielsweise einer GmbH im Grunde nach den gleichen Vorschriften wie das Einkommen einer natürlichen Person, nämlich nach dem Einkommensteuergesetz, zu ermitteln ist.

Vereine unterliegen – wenn sie keinen gemeinnützigen Zwecken dienen – aufgrund ihrer körperschaftlichen Verfassung der Körperschaftsteuer. Auf die steuerrechtliche Problematik eines Investmentclubs in der Rechtsform eines Vereins wurde in Abschnitt 2.3 Rechtsform eingegangen. Das ist auch der hauptsächliche Grund, warum die Gesellschaft des bürgerlichen Rechts (GbR) empfohlen wurde. Im folgenden wird daher auf die Rechtsform GbR abgestellt. Weil die GbR eine personenbezogene Gesellschaft ist und keine eigenständige juristische Person bildet, werden die Gewinne nur bei den Gesellschaftern besteuert; die Körperschaftsteuer entfällt bei dieser Rechtsform per definitionem. Erträge und Gewinne sind also nicht dem Club als solchem sondern immer den einzelnen Mitgliedern zuzurechnen und werden bei diesen einkommensteuerlich als Einkünfte aus Kapitalvermögen und als sonstige Einkünfte erfaßt. Dies geschieht auf dem Wege der gesonderten und einheitlichen Feststellung der Einkünfte nach § 180 Abs. 1, Nr. 2 AO beim Finanzamt am Sitz des Investmentclubs.

Aus dem oben Gesagten und auch dem im gesellschaftsrechtlichen Teil dargestellten Charakter der GbR ergibt sich allerdings, daß Personengesellschaften „im Prinzip" abhängig vom ursprünglichen Mitgliederbestand sind und damit eng mit der Person der Gesellschafter verbunden sind. Sie eignen sich demnach im Grunde nur für einen zahlenmäßig begrenzten Teilnehmerkreis. Bei einer hohen Mitgliederzahl und starker Fluktuation der Mitglieder ist daher zu fragen, ob nicht eine andere Rechtsform die adäquatere wäre. Ob in diesem Fall von den Finanzbehörden auf eine andere Rechtsform – und damit einer eventuell anderen steuerlichen Behandlung – verwiesen werden könnte, muß sicherlich im Gesamtzusammenhang der Situation beim einzelnen GbR-Investmentclub gesehen werden. In Ermangelung einer anderen geeigneteren Rechtsform für einen solchen Club erübrigt sich diese Frage jedoch in der Regel, zumal es auch Investmentclubs in der Rechtsform GbR mit über hundert Mitgliedern gibt. Um dennoch völlig sicherzugehen, empfiehlt es sich, die Mitgliederzahl auf 30 Gesellschafter zu beschränken und eine allzu starke Fluktuation der Gesellschafter zu vermeiden.

7.1.2 Gewerbesteuer

Die Gewerbesteuer gehört wie die Grundsteuer zu den sogenannten Sachsteuern. Im Gegensatz zu den Personensteuern, wie
z. B. der Einkommensteuer, berücksichtigen diese Steuern nicht
die Einkünfte einer Person, sondern einer Sache, hier des Gewer-
bebetriebes. Der Begriff Gewerbebetrieb wird nach § 14 AO u. a.
dadurch bestimmt, daß dies eine wirtschaftliche Tätigkeit ist, die
über den Rahmen der Vermögensverwaltung hinausgeht. Die Abgrenzung einer vermögensverwaltenden Tätigkeit im privaten Bereich und einem Gewerbebetrieb war nun mehrmals Gegenstand
der Rechtsprechung. Grundsätzlich liegt eine gewerbliche Betätigung nur vor, wenn sie dem Bild entspricht, das nach allgemeiner
Verkehrsanschauung einen Gewebebetrieb ausmacht und einer
Vermögensverwaltung fremd ist. Dabei ist stets das Gesamtbild
der Verhältnisse maßgeblich. Es gilt, daß An- und Verkauf von Aktien bei der Vermögensverwaltung üblich sind und deshalb erst als
gewerbliche Tätigkeit zu betrachten sind, wenn besondere Umstände vorliegen. Auch die Verwaltung und Umschichtung von
Wertpapieren in erheblichem Umfange gehört in der Regel noch
zur privaten Vermögensverwaltung. Selbst ein Bankmitarbeiter,
der sich seine beruflichen Erfahrungen und Verbindungen bei privaten Wertpapiergeschäften zunutze macht, geht keiner gewerblichen Tätigkeit nach. Die An- und Verkäufe von Wertpapieren
spielen sich im privaten Bereich ab und entsprechen einer privaten Vermögensnutzung. Nichts anderes tut der Investmentclub für
seine Mitglieder. Von steuerlicher Seite ist daher die gemeinsame
Wertpapieranlage in einem Gemeinschaftsdepot mit der privaten
Wertpapieranlage in einem Einzeldepot gleichzusetzen.

Besondere oder für eine private Vermögensverwaltung unge-
wöhnliche Umstände würden vorliegen, wenn:

- die Tätigkeit bank- oder händlerähnliche Züge annimmt,
- Wertpapiergeschäfte nicht über ein Kreditinstitut abgewickelt
  werden,
- eigens für den Wertpapierhandel Geschäftsräume unterhalten
  werden,
- Angestellte für den Wertpapierhandel beschäftigt werden,
- werbewirksam an die Öffentlichkeit getreten wird,

- Dritten Wertpapiere zum Kauf angeboten werden,
- Wertpapiere in erheblichem Umfange auf fremde Rechnung ge- und verkauft werden,
- Geschäfte in großem Umfange fremdfinanziert bzw. auf Kredit getätigt werden,
- regelmäßig Börsen besucht werden,
- unter Einsatz beruflicher Erfahrung bestimmte Märkte fortgesetzt ausgenutzt werden,
- mit spekulativer Absicht schnelle und häufige Umschichtungen in großen Stückzahlen vorgenommen werden.

Ausschlaggebend für eine Beurteilung, ob die Grenze zu einer gewerblichen Betätigung überschritten wird, ist im Einzelfall immer das Gesamtbild. Sind also eines oder mehrere dieser Merkmale erfüllt, muß keinesfalls von einem gewerblichen Wertpapierhandel ausgegangen werden. Dies betrifft insbesondere die beiden letztgenannten Umstände, denn bei Wertpapieren liegt es in der Natur der Sache, den Bestand zu verändern, schlechte Papiere abzustoßen, gute zu erwerben und Kursgewinne zu realisieren. Daß hierbei auch berufliche Erfahrungen und Kenntnisse eingesetzt werden oder man sich in diesem Fall des Wissens professionell tätiger Mitglieder bedient, erfüllt keineswegs den Tatbestand gewerblicher Tätigkeit. Gemeinhin kann davon ausgegangen werden, daß der fortgesetzte An- und Verkauf von Wertpapieren, selbst in erheblichem Umfange und über einen längeren Zeitraum, nicht Kennzeichen eines Gewerbebetriebs ist, solange die Aufträge an eine Bank erteilt werden (FG Rheinland-Pfalz, Urteil v. 6.9.96, 3K 1265/94, siehe DStRE 8/97, Rev. beim BFH anhängig).

Einer eventuell abweichenden Beurteilung durch die Finanzämter kann dadurch vorgebeugt werden, indem die Langfristigkeit der Wertpapieranlage im Gesellschaftsvertrag des Investmentclubs folgendermaßen herausgestellt wird: „Zweck der Gesellschaft ist die langfristige gemeinsame Wertpapieranlage." Zudem sollte folgender Satz im Vertrag enthalten sein: „Die Gesellschaft übt keine gewerbliche Tätigkeit aus." Dringend zu empfehlen ist der vertragliche Ausschluß von Wertpapiergeschäften auf Kredit, da dies ein wesentliches Tatbestandsmerkmal gewerblicher Betätigung sein kann.

Ein Gewerbebetrieb liegt allerdings vor, wenn ausschließlich reine Devisentermingeschäfte nach Art eines Devisenhändlers betrieben werden, da diese typische Bankgeschäfte darstellen. Für sonstige Termin- und Edelmetallgeschäfte (Liefer- und/oder Differenzgeschäfte) gilt jedoch, daß sich die Abgrenzung zwischen gewerblicher Betätigung und privater Vermögensverwaltung im Einzelfall nach denselben Grundsätzen wie bei anderen Wertpapiergeschäften richtet, obwohl Termingeschäfte auch Bankgeschäfte sein können.

Ein gewerblicher Wertpapierhandel ist bei Aufnahme der angegebenen Formulierungen und solange die genannten Umstände nicht vorliegen weder auf der Ebene des Investmentclubs noch auf der Ebene der Teilnehmer gegeben. Eine andere steuerliche Situation ergibt sich jedoch, wenn der Club von einem Anlageberater zum Zwecke der Einnahme von Beratungshonoraren und Verwaltungsgebühren gegründet würde. Gleiches gilt, wenn z. B. ein Wertpapierhändler im Auftrag und Interesse seiner Bank einen Club gründet, um über die Umschichtungen des Vermögens Provisionseinnahmen zu erzielen, was z. B. in den USA nicht unüblich ist. Auf der Ebene des Investmentclubs und für die übrigen Gesellschafter ändert sich an dem Tatbestand privater Vermögensnutzung im ersteren Fall nichts, doch sind solche Einkünfte bei demjenigen Gesellschafter, der diese zusätzlichen Einkünfte erzielt, anders zu beurteilen. Im zweiten Fall hängt es wie oben ausgeführt von der Gesamtsituation ab. Hier wird allerdings von einer ehrenamtlichen Tätigkeit aller Gesellschafter, die Funktionen und Aufgaben übernehmen, ausgegangen. Initiatoren, die ein geschäftliches Interesse bei der Clubgründung verfolgen, müßten sich hinsichtlich der steuerrechtlichen Situation an einen Steuerberater wenden.

7.2 Die steuerliche Behandlung der Clubmitglieder

Die steuerliche Betrachtung der Mitglieder kann sich hier nur auf die (anteiligen) Einkünfte beziehen, die im Zusammenhang mit der Wertpapieranlage im Investmentclub erzielt werden. Diese sind den anderen aus privaten Vermögens- und Kapitalanlagen erzielten Einkünften hinzuzurechnen. Jeder Anleger ist sicherlich bestrebt, durch die Gestaltung seiner Vermögens- und Geldanlagen eine Steuerminderung zu erzielen oder Anlageformen zu wählen, die für ihn steuerlich günstig sind. Wie sich die persönliche steuerliche Situation des einzelnen Gesellschafters hinsichtlich seiner Einkünfte insgesamt darstellt, läßt sich jedoch nur aus dessen Sicht beurteilen. Der Anleger selbst hat also bei seiner steuerlichen Gestaltung die aus seiner Beteiligung am Clubvermögen erwachsenden Erträge mit zu berücksichtigen.

Zur Übersicht sei hier auf die Einkünfte, wie sie üblicherweise bei der Teilnahme an einem Investmentclub aber natürlich auch bei der individuellen privaten Vermögensanlage erzielt werden, kurz eingegangen:

- Einkünfte aus Kapitalvermögen nach § 20 Einkommensteuergesetz (EStG) wie Dividenden, Zinsen und Erträge aus sonstigen Kapitalforderungen,
- Sonstige Einkünfte nach § 22 EStG wie Leistungen, die nicht anderen Einkunftsarten zuzurechnen sind (z. B. Stillhalterprämien aus Optionsgeschäften),
- Gewinne aus Spekulationsgeschäften nach § 23 EStG.

Bei der gemeinsamen Wertpapieranlage im Investmentclub stehen Erträge und Gewinne insbesondere aus folgenden Anlageformen im Vordergrund:

- Bankguthaben (Sichteinlagen, Sparguthaben)
- Fest- bzw. Termingeldern
- Anleihen (festverzinsliche Wertpapiere, Floater, Optionsanleihen, Indexanleihen, Zerobonds und sonstige Kursdifferenzpapiere)
- Investmentanteilen
- Aktien und anderen Anteilen
- Options- und Termingeschäften.

7.2.1 Einkünfte aus Kapitalvermögen

Bei den Einkünften aus Kapitalvermögen sind einerseits die Ertragsteuern auf Dividenden (bzw. Gewinnausschüttungen), Genußrechten sowie Wandelanleihen und andererseits alle übrigen Steuern auf Zins- und Wertpapiererträge zu unterscheiden. Einkünfte aus Kapitalvermögen werden mit einer nach diesen zu trennenden Anlageformen in der Höhe unterschiedlichen Vorsteuer belegt, nämlich der Kapitalertragsteuer (KESt) sowie der Zinsabschlagsteuer (ZASt). Diese Steuern stellen, ähnlich wie z. B. die Lohnsteuer, im Grunde nichts anderes dar, als eine voll anrechenbare Vorauszahlung auf etwaige zu zahlende Einkommensteuern.

Falls die Kapitalerträge den Sparerfreibetrag und die Werbungskostenpauschale nicht überschreiten, kann der private Anleger durch Vorlage eines Freistellungsauftrages bei seiner Bank die Abstandnahme vom (Vor-)Steuerabzug erreichen. Voraussetzung dafür ist, daß das Konto bzw. Depot unter dem Namen des Gläubigers der Kapitalerträge geführt wird. Für Gemeinschaftskonten wie bei einem Investmentclub können daher keine Freistellungsaufträge erteilt werden. Die Kapitalerträge müssen einzelnen Personen und nicht der Gesellschaft steuerlich genau zuzuordnen sein. Für die GbR als solche gilt, daß sie selbst nicht einkommensteuerpflichtig ist, und daher auch keinen Freistellungsauftrag stellen kann.

Die Kapitalertragsteuer (KESt) beträgt zur Zeit 25 % (zzgl. Solidaritätszuschlag) und betrifft in erster Linie Dividendenerträge aus Aktien. Zusätzlich wird bei Dividendenerträgen unbeschränkt steuerpflichtiger (inländischer) Kapitalgesellschaften eine Körperschaftsteuergutschrift in Höhe von 30 % auf ausgeschüttete Gewinne gutgeschrieben. Sämtliche in Abzug gebrachten Steuern auf Dividenden inländischer Aktiengesellschaften machen in der Höhe etwa so viel wie der Gutschriftbetrag aus. Daher lohnt es sich für die Mitglieder durchaus, die vereinnahmten Steuern im Rahmen ihrer persönlichen Einkommensteuererklärung auch bei Nichtüberschreiten der Freibeträge anzugeben und sie so zurückzuholen. Zur Veranschaulichung seien die steuerpflichtigen Dividendenerträge hier am Beispiel ermittelt:

Einkommensteuerpflichtige Einnahmen (Bruttodividende)	**100,00**
./. Körperschaftsteuerguthaben (30 % der Bruttodividende)	30,00
= ausgeschüttete Dividende (Bardividende)	**70,00**
./. KESt (25 % der Bardividende)	17,50
= Dividendengutschrift (Nettodividende)	**52,50**
./. Solidaritätszuschlag (X % auf KESt)	
= Kontogutschrift	

Die Zinsabschlagsteuer (ZASt) auf alle übrigen konten- oder depotverwahrten Anlagen beträgt zur Zeit 30 % (zzgl. Solidarzuschlag). Sie gehört begrifflich im Grunde mit zu den Kapitalertragsteuern, obwohl sie einen abweichenden Steuersatz hat und erst seit dem 1.1.1993 erhoben wird, während die „eigentliche Kapitalertragsteuer" bereits zuvor erhoben wurde. Dem Zinsabschlag unterliegen neben Sicht-, Termin- und Spareinlagen beim inländischen konto- und depotführenden Kreditinstitut, unabhängig davon, ob der Emittent ein In- oder Ausländer ist, u. a.:

- Schuldverschreibungen (Anleihen) des Bundes, der Bundesländer, von Industrieunternehmen und Banken,
- Zerobonds, Disagioanleihen, Deep-Discount-Anleihen (Kursdifferenzpapiere),
- Floater, Options-, Index- und Fremdwährungsanleihen,
- Anteilscheine an inländischen Sondervermögen (Investmentanteile).

Der Zinsabschlag wird also nicht nur bei verbrieften Forderungen, die allein mit einer laufenden festen oder variablen Verzinsung ausgestattet sind, sondern auch bei teilweise oder vollständig abgezinsten bzw. aufgezinsten Forderungspapieren, wie Nullkupon-, Deep-Discount- und ähnlichen Anleihen, erhoben. Auch ein bei der Ausgabe festverzinslicher Anleihen eingeräumtes Emissionsdisagio oder Rückzahlungsagio, d. h. wenn der Ausgabekurs niedriger als der Rückzahlungskurs bei Endfälligkeit ist, stellt grundsätzlich einen einkommensteuerpflichtigen und damit auch dem Zinsabschlag unterliegenden Ertrag dar.

Kapitalerträge entstehen bei verbrieften Forderungen nicht erst bei Zinsfälligkeit, sondern schon vorher in den Fällen, in denen Zinsscheine mit oder ohne die zugehörigen Wertpapiere noch während des Zinslaufs verkauft werden. Werden also festverzinsliche Wertpapiere mit Zinskupon zwischen zwei Zinsterminen veräußert, sind die Zinsen für die laufende Zinsperiode auf Verkäufer und Käufer entsprechend ihrer Besitzzeit aufzuteilen (sog. Stückzinsen). Entsprechend gleiches gilt, wenn ab- oder aufgezinste Wertpapiere (Zerobonds), steuerpflichtige Disagioanleihen oder bestimmte, als Finanzinnovationen (wie Floater und Indexanleihen) bezeichnete Anleiheformen vor ihrer Endfälligkeit veräußert werden. (Zu den neuen Besteuerungsregeln bei Kapitalerträgen siehe ausführlich: *F. Scheurle*, Der Betrieb, Heft 9/94 S. 445 ff und Heft 10/94 S. 502 ff). Für den Zinsabschlag beim Investmentclub gilt entsprechend gleiches wie für die KESt auf Dividenden. Er wird von der konto- und depotführenden Bank auf die genannten Anlageformen einbehalten und an die Finanzverwaltungen abgeführt. Eine Abstandnahme vom Zinsabschlag durch Freistellungsauftrag ist für den Investmentclub gleichfalls nicht möglich. Die Bank berechnet die zinsabschlagpflichtigen Erträge und stellt darüber, wie auch über alle anderen steuerpflichtigen Kapitalerträge, Steuerbescheinigungen aus. Für alle entstehenden Dividenden, Zinsen und steuerlich gleichgestellten Erträge gilt das Zuflußprinzip, d. h., maßgeblich für die Besteuerung dieser Erträge bei den einzelnen Gesellschaftern ist zunächst das Kalenderjahr, in dem die Gutschriften auf das Clubkonto erfolgen. Die steuerpflichtigen Erträge eines Jahres können entweder der Ertragnisaufstellung zum Jahresende (Jahressteuerbescheinigung) entnommen oder selbst anhand der einzelnen Steuerbescheinigungen bzw. Zinsgutschriften addiert und wie im folgenden Beispiel dargestellt ausgerechnet werden.

Bezeichnung	Brutto-divid.	KöSt-Gutschr.	Bar-divid.	KESt	Solidar.Zuschl.	Divid.Gutschr.	Zinsen brutto	Zinsen Gutschr.	ZASt	Solidar.Zuschl.	Erträge gesamt
Aktie A	85,71	25,71	60,00	15,00	1,12	43,88					85,71
Aktie B	92,86	27,86	65,00	16,25	1,21	47,54					92,86
Aktie C	128,57	38,57	90,00	22,50	1,68	65,82					128,57
....											....
Anleihe A							184,00	124,66	55,20	4,14	184,00
Anleihe B							320,00	216,80	96,00	7,20	320,00
....											....
Zinserträge							60,54	41,02	18,16	1,36	60,54
Summen	**307,14**	92,14		53,75	4,01		**564,54**		169,36	12,70	**871,68**

Summe Gutschriften und einbehaltene Steuern: 331,96
Summe steuerpfl. Dividenden- und Zinserträge: 871,68 (J. Werbungskosten)

Beispiel: Aufstellung über steuerpflichtige Dividenden- und Zinserträge

Die Ertragnisaufstellung wird seitens der Bank nur auf Antrag bzw. Anforderung zugeschickt und ist in der Regel gebührenpflichtig. Steuerbescheinigungen und Ertragnisaufstellung werden auf den jeweiligen Kontoinhaber, hier also den Investmentclub, ausgestellt. Die Kapitalerträge müssen dann den einzelnen Mitgliedern entsprechend ihrer jeweiligen Beteiligung am gemeinsamen Vermögen zugerechnet werden.

Ein Problem ergibt sich allerdings, wenn der Club einen unter-
jährigen Austritt (Kündigung) von Gesellschaftern im Vertrag vorsieht und/oder unterschiedliche Einzahlungen in der Höhe und
im Zeitraum möglich sind. In diesem Fall müßten demjenigen Gesellschafter, der während des Jahres austritt, die bis zum Zeitpunkt
der Kündigung bzw. Auszahlung seines Guthabens auf ihn entfallenden anteiligen steuerpflichtigen Erträge nach Haltedauer vom
Club selbst berechnet werden. Ebenso dürften einem Gesellschafter, der gegen Ende des Jahres eine größere Einzahlung leistet, anteilig nicht soviel Erträge zugerechnet werden, wie jemandem, der
höhere Einzahlungen auf das ganze Jahr verteilt. Auch wenn die
Höhe der Einzahlungen beider Gesellschafter auf das gesamte
Jahr gesehen gleich sind, darf die steuerliche Zuordnung nicht
mehr nach der Beteiligung am gemeinsamen Vermögen zum Jahresende erfolgen, sondern muß auf die jeweiligen Monate berechnet werden. Die genaue Zuordnung von Erträgen ist zwar mathe-
matisch möglich, allerdings äußerst kompliziert und aufwendig.
Hier bietet sich die Möglichkeit an, über die Berechnung der jeweiligen durchschnittlichen Vermögenswerte eines jeden Gesellschafters zu einer Vereinfachung und von den Finanzämtern i.d.R.
akzeptierten Lösung zu kommen.

Dazu summiert man die Vermögenswerte (Wert der Anteile) eines jeden Gesellschafters zu jedem Wertfeststellungszeitpunkt, bei
monatlichen Vermögensbewertungen also jeweils die Vermögenswerte von 12 Monaten, und teilt diesen Betrag durch 12, d.h.
durch die Anzahl der Wertfeststellungsstichtage. Damit erhält
man den durchschnittlichen Vermögenswert eines jeden Gesellschafters. Die durchschnittlichen Vermögenswerte aller Gesellschafter werden anschließend addiert und dieser Betrag als 100
Prozent gesetzt. Die durchschnittlichen Vermögenswerte eines jeden Gesellschafters werden nun durch diesen Betrag dividiert und
mal 100 genommen, womit man die für die steuerliche Zuordnung
der Erträge maßgebliche Prozentzahl für die einzelnen Gesellschafter errechnet hat. Schwierigkeiten bei der steuerlichen Abgrenzung von Wertpapiererträgen werden vermieden, indem man
einen Austritt nur zum Jahresende vorsieht und gleiche Einzahlungen der Gesellschafter zu leisten sind.

Gegenüber den Wertpapiererträgen können auf der Ebene des

Investmentclubs Werbungskosten, die für alle Gesellschafter gleichermaßen anfallen, angesetzt werden. Grundsätzlich gilt, daß bei der Anrechnung von Werbungskosten ein wirtschaftlicher Zusammenhang mit der Einkunftsart gegeben sein muß und eine Gewinnerzielungsabsicht vorliegt. Abzugsfähig sind:

- Verwaltungskosten des Clubs (Ordner, Kopien, Briefmarken etc.),
- Depot- und Kontogebühren,
- Fachliteratur und Abo-Kosten für Börsenzeitschriften
- *Handelsblatt* und *Börsenzeitung*
- Hilfsmittel wie Börsensoftware.

Weiterhin können auf der Ebene der Gesellschafter Sonderwerbungskosten, wie angemessene Kosten für die Teilnahme an Gesellschafterversammlungen, individuell geltend gemacht werden. Für eine Anrechenbarkeit müssen diese Kosten allerdings von den einzelnen Gesellschaftern der Geschäftsführung angegeben werden.

In der Erklärung zur einheitlichen und gesonderten Feststellung der Einkünfte (§ 180, 2 AO, Formulare bei den Finanzämtern) werden die Kapitalerträge erfaßt und auf die einzelnen Mitglieder verteilt. Die Erklärung ist zu den üblichen Fristen (31.05. eines Jahres) bei dem Finanzamt am Sitz des Investmentclubs einzureichen. Der Club wird vom Finanzamt in der Regel unter dem Namen des ersten im Gesellschaftsvertrag angegebenen Gesellschafters geführt. Einzureichen sind:

- die Erklärung mit Anlage KSO,
- eventuell Anlage AUS (ausländische Einkünfte),
- Anlagen FB und Est 1,2,3 B (zweifach),
- alle Steuerbescheinigungen der Bank (Originale),
- Belege über entstandene Werbungskosten (Originale),
- der Gesellschaftsvertrag.

Das Finanzamt akzeptiert in der Regel nur die Steuerbescheinigungen, da in den Erträgsnisaufstellungen zumeist nicht alle notwendigen Angaben enthalten sind. In der Erklärung selbst sind die erste und letzte Seite (S. 1 und 4) auszufüllen, bei der Anlage KSO sind die Erträge anhand einer Aufstellung nach den zugehörigen Belegen anzugeben sowie die Werbungskosten einzutragen. Falls steuerpflichtige ausländische Erträge, wie Dividenden auf auslän-

dische Aktien, gezahlt wurden, ist zusätzlich die Anlage AUS auszufüllen. In der Anlage FB und Est 1,2,3 B sind die Angaben zu
den einzelnen Gesellschaftern einzutragen. Dies muß nicht auf
dem Antragsvordruck geschehen, sondern kann auch anhand einer mit PC erstellten fortlaufenden Liste getan werden. Wichtig ist
hierbei, daß die Angaben vollständig sind:

• persönliche Daten,
• Steuernummer und zuständiges Finanzamt,
• Beteiligungsquote für die steuerliche Zuordnung,
• auf das einzelne Mitglied entfallende Erträge und Gewinne,
• eventuell Sonderwerbungskosten.

Der Bescheid des zuständigen Finanzamtes über die einheitliche und gesonderte Feststellung geht an den Empfangsbevoll-
mächtigten des Investmentclubs. Zugleich werden Mitteilungen
an die Wohnsitzfinanzämter der einzelnen Gesellschafter ver-
schickt. Es ist allerdings zweckmäßig, wenn auch der Geschäftsführer die Mitglieder über die jeweils anteiligen Kapitalerträge
informiert. Die Gesellschafter geben diese Erträge dann in ihrer
persönlichen Einkommensteuererklärung an. Überschreitet der
Gesellschafter mit seinen gesamten Einkünften aus Kapitalvermögen den Freibetrag, so muß er bei höherem Einkommensteuer-
satz Steuern nachzahlen. Bleibt er unterhalb des Freibetrages, erstattet das Finanzamt die einbehaltenen Ertragsteuern.

7.2.2 Sonstige Einkünfte/Spekulationsgewinne

Auf Ebene des Investmentclubs sind Spekulationsgeschäfte
nach § 23 EStG nur insoweit zu berücksichtigen, als daß der Club
nicht gewerbesteuerpflichtig wird (s. Gewerbesteuer). Auf Ebene
der Gesellschafter ist jedoch die Einhaltung der Spekulationsfrist
und damit die Erzielung steuerfreier (Kurs-)Gewinne wichtig. Diese Gewinne haben in der Regel den größten Anteil an der Wertsteigerung des gemeinsamen Vermögens. Nun kann der An- und
Verkauf von Wertpapieren im Investmentclub nicht darauf abgestellt werden, daß einzelne Gesellschafter dadurch insgesamt
möglichst keine steuerpflichtigen Kursgewinne erzielen. Denn es
gilt genauso wie bei Kapitalerträgen, daß Spekulationsgewinne im
Investmentclub anderen bei der privaten Vermögensanlage erziel-

ten Spekulationsgewinnen zuzurechnen sind. Man kann sich allerdings grundsätzlich darauf verständigen, daß im Interesse aller Gesellschafter möglichst wenig Spekulationsgewinne realisiert und die Wertpapiere in der Regel über die Spekulationsfrist hinaus im Depot gehalten werden. Da dies von den Clubs jedoch unterschiedlich gehandhabt wird, sei auf Spekulationsgeschäfte kurz hingewiesen.

Gegenstand von Spekulationsgeschäften aus Wertpapieren können insbesondere sein:
- Aktien und Genußscheine
- Anleihen
- Investmentanteile
- Optionsscheine

Steuerpflichtige Spekulationsgeschäfte liegen vor, wenn Wertpapiere innerhalb von sechs Monaten nach dem Kauf wieder veräußert werden (Geplant ist allerdings, diese Frist auf ein Jahr oder mehr zu verlängern). Dies gilt unabhängig davon, ob eine Spekulationsabsicht vorgelegen hat oder nicht. Steuerpflichtig ist der Unterschied zwischen dem Veräußerungspreis einerseits und den Anschaffungskosten sowie Werbungskosten andererseits. Als Werbungskosten sind alle Transaktionskosten (Kauf-/Verkaufgebühren und sonstige Spesen) abzugsfähig. Verluste aus Spekulationsgeschäften dürfen nur bis zur Höhe eines im gleichen Kalenderjahr erzielten, d. h. realisierten Spekulationsgewinns abgezogen werden. Beträgt der aus Spekulationsgeschäften erzielte Gesamtgewinn im Kalenderjahr beim einzelnen Anleger weniger als 1000,– DM, ist er steuerfrei (Freigrenze). Wird die Freigrenze überschritten, ist der gesamte Spekulationsgewinn steuerpflichtig. Die Verrechnung von realisierten Verlusten mit anderen positiven Einkunftsarten ist ausgeschlossen. Auch kann weder ein Verlustrücktrag noch -vortrag vorgenommen werden.

Bei Ausnutzung von Kursschwankungen durch Zu- und Teilverkäufe insbesondere von Aktien eines Unternehmens ist die Spekulationsfrist nach der Rechtsprechung des BFH (Az: XR 49/90 und XR 157/90) folgendermaßen zu beachten: Zunächst sind von dem verkauften Depotbestand alle Aktien des Unternehmens abzuziehen, die außerhalb der Spekulationsfrist gekauft wurden. Der anteilige Gewinn, der auf diese Wertpapiere fällt, bleibt steuerfrei. Für den verbleibenden, innerhalb der Spekulationsfrist verkauften Bestand ist ein durchschnittlicher Anschaffungspreis je Aktie zu ermitteln. Die Differenz zwischen Verkaufserlös und durchschnittlichem Kaufpreis ist dann der steuerpflichtige Gewinn. Ein Beispiel soll dies verdeutlichen: Anleger Schulz hat sich mit Aktien des Softwareunternehmens SAP ein Depot aufgebaut. Im April 1997 will er einen Teil seiner bisherigen Kursgewinne realisieren. Sein Depotbestand mit SAP-Aktien setzt sich nach Käufen wie folgt zusammen:

Kaufdatum	Stückzahl	Einzelpreis	Summe
02.02.96	50	220,00	11 000
02.11.96	100	197,30	19 730
21.12.96	30	212,00	6 360
23.01.97	20	237,80	4 756
Summe	200		41 646

Am 29.04.97 verkauft Herr Schulz 150 Stück zu je 313,80 DM.
Die im Februar 96 gekauften 50 Aktien gelten als zuerst verkauft. Der anteilige Kursgewinn von 4690 DM (50 x 313,8 = 15 690 DM minus 11 000 DM Anschaffungskosten) bleibt steuerfrei. Alle weiteren Wertpapierkäufe liegen innerhalb der Spekulationsfrist. Der durchschnittliche Anschaffungswert beträgt hier 205,64 DM (Restkaufpreis von 30 846 DM geteilt durch 150 Aktien). Damit ergibt sich ein Gewinn je Aktie von 108,16 DM (313,80 DM minus 205,64 DM). Multipliziert mit 100 Stück macht der steuerpflichtige Gewinn (ohne Berücksichtigung von Werbungskosten) bei diesem Verkauf insgesamt 10 816 DM aus.
Die Spekulationsfrist gilt grundsätzlich auch für Optionsgeschäfte, d. h. für den An- und Verkauf von Optionsscheinen. Dies gilt unabhängig davon, ob es sich um ein Geschäft mit Aktien-, Index-, Zins- oder Devisenoptionsscheinen handelt. Verfällt ein Optionsschein innerhalb der Spekulationsfrist, dürfen Verluste nicht geltend gemacht werden. Bei Ausübung einer Option und Lieferung des Basisinstruments beginnt die Spekulationsfrist erneut. Dagegen bleiben Gewinne aus einer Glattstellung (Barausgleich bzw. Cash-settlement) steuerfrei. Wenn Index-Optionsscheine ausgeübt werden, erfolgt zwangsläufig eine Glattstellung, da das

Basisinstrument nicht geliefert werden kann. Bei Sonderkonstruktionen mit gegenläufigen oder mehreren sich ergänzenden Optionen ist die Besteuerung nicht eindeutig. (Zur Besteuerung von Optionsgeschäften siehe: *M. Fleischmann*, Der Betrieb, Heft 35/96, S. 1747 ff). Zu den sonstigen Einkünften nach § 22 Nr. 3 EStG gehören Leistungen, die weder der Besteuerung nach § 20 noch nach § 23 EStG unterliegen. Dies sind insbesondere Stillhalterprämien bei Optionsgeschäften. Für Einnahmen aus diesen Geschäften gilt eine Freigrenze von 500,– DM.

Die Besteuerung von Options- und Termingeschäften an der DTB ist im Einkommensteuergesetz nicht ausdrücklich geregelt. Hierzu liegt ein Schreiben des Bundesministeriums der Finanzen vom 10. November 1994 vor (s. Bundessteuerblatt 1994, Teil 1 Nr. 19, S. 816). Obwohl die darin enthaltenen Schlußfolgerungen und Bestimmungen teilweise nicht ganz eindeutig sind, läßt sich für die steuerliche Behandlung von DTB-Produkten festhalten:

- **Beim Käufer einer Option auf Aktien**
  Ausübung einer Kauf- oder Verkaufsoption (Call oder Put): Spekulationsgeschäft, wenn Ausübung innerhalb der Spekulationsfrist erfolgt.
  Verfall: keine steuerlichen Auswirkungen.
  Glattstellung einer Kauf- oder Verkaufsoption: Spekulationsgeschäft, wenn sie innerhalb der Spekulationsfrist erfolgt.

- **Beim Verkäufer (Stillhalter) einer Option auf Aktien**
  Verkauf einer Kauf- oder Verkaufsoption: Entgelt für sonstige Leistungen gemäß § 22 Nr. 3 EStG (Freibetrag von 500,– DM).
  Ausübung einer Kauf- oder Verkaufsoption: Spekulationsgeschäft beim Stillhalter, wenn die Aktien innerhalb der Spekulationsfrist erworben werden.
  Glattstellung einer Kauf- oder Verkaufsoption: Erhaltene Optionsprämie beim Stillhalter ist Entgelt für sonstige Leistungen nach § 22 Nr. 3 EStG.

- **Beim Käufer einer Option auf Namensaktien und den DAX**
  Glattstellung einer Kauf- oder Verkaufsoption: Spekulationsgeschäft, wenn Glattstellung innerhalb der Spekulationsfrist erfolgt.
  Ausübung und Verfall einer Kauf- oder Verkaufsoption: keine steuerlichen Auswirkungen.

- **Beim Verkäufer einer Option auf Namensaktien und den DAX**
  Verkauf einer Kauf- oder Verkaufsoption: Entgelt für sonstige
  Leistungen gemäß § 22 Nr. 3 EStG.
  Glattstellung einer Kauf- oder Verkaufsoption: Erhaltene Op-
  tionsprämie beim Verkäufer ist Entgelt für sonstige Leistungen
  nach § 22 Nr. 3 EStG.
- **Beim Käufer von Futures**
  Lieferung: Spekulationsgeschäft, wenn Lieferung und Verkauf
  der Bundesanleihe innerhalb der Spekulationsfrist erfolgt.
  Glattstellung: keine steuerlichen Auswirkungen.
- **Beim Verkäufer von Futures**
  Lieferung: Spekulationsgeschäft, wenn Bundesanleihe nach
  Verkauf des Futures erworben wird.
  Glattstellung: keine steuerlichen Auswirkungen.
- **Beim Käufer und Verkäufer von DAX-Futures**
  keine steuerlichen Auswirkungen.
- **DTB-Produkte und Zinsabschlagsteuer**
  DTB-Produkte sind grundsätzlich nicht vom Zinsabschlag be-
  troffen. Optionen und Futures sind keine verzinslichen Forde-
  rungen. Stückzinsen fallen bei DTB-Produkten nur bei der Lie-
  ferung von Futures an. Kommt es bei Zinsterminkontrakten der
  DTB zu einer Erfüllung, liefert der Verkäufer die zugrunde-
  liegenden effektiven Stücke gegen Zahlung des vereinbarten
  Preises. Die dem Verkäufer bei der Übertragung zufließenden
  Stückzinsen sind kapitalertragsteuerpflichtig.

  Die im Kalenderjahr erzielten gesamten Spekulationsgewinne
  des Gemeinschaftsdepots abzüglich realisierter Verluste und Werbungskosten sind von der Geschäftsführung nach Ablauf des Jahres zu ermitteln. Analog den Einkünften aus Kapitalvermögen
  sind diese in der gesonderten und einheitlichen Feststellung in der
  Anlage KSO anzugeben und wie die Erträge nach der jeweiligen
  Beteiligungsquote auf die einzelnen Mitglieder zu verteilen.

7.2.3 Ausländische Erträge

Erträge aus Auslandsanlagen werden grundsätzlich wie vergleichbare inländische Anlagen behandelt. Es gilt, daß sowohl die
inländischen als auch die ausländischen Einkünfte, also das ge-

samte Welteinkommen, unabhängig davon, wo es erzielt wurde, der Besteuerung unterliegen. Soweit sie im Ausland erzielt werden, zählen zu den ausländischen Kapitalerträgen und Gewinnen:

- Dividenden und sonstige Bezüge aus Aktien,
- Zinsen aus Anleihen,
- Zinsen aus sonstigen Kapitalforderungen (Spareinlagen, Bankguthaben, etc.),
- Spekulationsgewinne (auch Spekulationsgewinne aus Wechselkursänderungen).

Der Steuerinländer in der Bundesrepublik unterliegt als zumeist beschränkt Steuerpflichtiger darüber hinaus der Besteuerung des Landes, aus dem der Ertrag stammt. Da andere Staaten es genauso halten, überschneiden sich so die Steueransprüche der Staaten mit der Folge, daß Anleger von ihrem Welteinkommen an mehrere Staaten Steuern zu entrichten haben. Denn der ausländische Staat (Quellenstaat) erhebt im Rahmen der dortigen, für Steuerausländer geltenden beschränkten Steuerpflicht eine Einkommensteuer auf ausgezahlte Erträge, die sogenannte ausländische Quellensteuer. Die entstehende Zweifachbelastung aus dieser Quellensteuer und der deutschen Einkommensteuer wird aber in vielen Fällen entweder durch bilaterale Verträge oder aufgrund einseitiger Vorschriften des deutschen Steuerrechts abgemildert.

Die diesbezüglichen Regelungen sind jedoch sehr vielfältig und recht kompliziert. Sie können daher an dieser Stelle gar nicht dargestellt werden. Hier seien nur – unberücksichtigt vieler Ausnahmen – einige Anmerkungen gemacht: Soweit mit anderen Industrieländern sogenannte Doppelbesteuerungsabkommen bestehen, sehen diese in der Regel eine Begrenzung der ausländischen Quellensteuer auf Dividenden und Zinsen vor. Für Dividenden beträgt der Quellensteuersatz in vielen Fällen 15 %. Gratisaktien und Aktiensplits ausländischer Gesellschaften unterliegen zumeist nicht der deutschen Besteuerung. Bei Zinserträgen ist die Quellensteuer und damit auch eine Doppelbesteuerung weitgehend beseitigt, das Besteuerungsrecht hat in der Regel allein der Wohnsitzstaat des Steuerpflichtigen. Ob die in einem Abkommen festgelegte Ermäßigung des Quellensteuersatzes bereits beim Steuerabzug berücksichtigt oder erst auf Antrag im Erstattungsverfahren von den ausländischen Behörden zugestanden wird, hängt vom Recht des einzelnen Vertragsstaates ab.

Informationsblätter über die Doppelbesteuerungsabkommen und eine Aufstellung über den aktuellen Stand der jeweiligen Regelungen sind bei den meisten Kreditinstituten sowie den Finanzämtern erhältlich. Bei allen darüber hinausgehenden Fragen ist stets der Rat eines Steuerexperten hinzuzuziehen. Dies gilt natürlich auch für alle übrigen steuerrechtlichen Fragestellungen, sei es auf Ebene des Investmentclubs oder auf Ebene der Gesellschafter.

Anhang

Adressen

Bundesaufsichtsamt für das Kreditwesen: Gardeschützenweg 71–101, 12203 Berlin, Tel.: 030/8436–0

Bundesaufsichtsamt für den Wertpapierhandel: Nibelungenplatz 3, 60318 Frankfurt, Tel.: 069/95952–0

Bundesverband der Börsenvereine an deutschen Hochschulen e.V. (BVH): Schloß, 68131 Mannheim, E-mail: BVH@BVH.org

Bundesverband Deutscher Banken e.V.: Kattenburg 1, 50667 Köln, Tel.: 0221/1663–0

Bundesverband Deutscher Investmentgesellschaften (BVI): Eschenheimer Anlage 28, 60318 Frankfurt, Tel.: 069/154090–0

Dachverband der kritischen Aktionärinnen und Aktionäre: Schlackstraße 16, 50737 Köln, Tel.: 0221 5995647

Deutsches Aktieninstitut e.V. (DAI): Biebergasse 6–10, 60313 Frankfurt, Tel.: 069/92915–0

Deutsche Börse AG: Börsenplatz 7–11, 60313 Frankfurt (Postanschrift: 60284 Frankfurt), Tel.: 069/2101–0

Deutsche Schutzvereinigung für Wertpapierbesitz e.V. (DSW): Humboldtstraße 9, 40237 Düsseldorf, (Postanschrift: Postfach 140243, 40072 Düsseldorf), Tel.: 0211/6697–02

Deutsche Vereinigung für Finanzanalyse und Anlageberatung (DVFA): Einsteinstr. 5, 63303 Dreieich, Tel.: 06103/58330

Schutzgemeinschaft der Kleinaktionäre e.V. (SdK): Jakobstraße 73, 73734 Esslingen, Tel.: 0711/3452091

Glossar

Absicherung
Absicherung (Hedging) ist die Anwendung einer Strategie zur Verringerung von Risiken, die durch ungünstige Zins-, Kurs- und Preisentwicklungen entstehen können. Absicherungsstrategien (Hedging-Strategien) werden insbesondere für das Wertpapier-Portfoliomanagement angewandt. Ausgangsbasis ist, wie für den Warenhandel, die vollständige Absicherung eines Portfolios mit Instrumenten wie Optionen und Finanzterminkontrakten. Dabei sollen Verluste am Kassamarkt durch Gewinne am Terminmarkt kompensiert werden. Dazu müssen die an den jeweiligen Märkten gehandelten Güter (Aktien, Anleihen, etc.) nicht identisch sein, jedoch ihre Preisentwicklung möglichst parallel verlaufen. So können beispielsweise im Rahmen einer Absicherungs-Strategie fallende Kurse zu einem Gewinn auf der Terminposition führen, der der Höhe des Kursverlustes bei dem am Kassamarkt gehandelten Basiswert entspricht. Umgekehrt kann jedoch auch der Fall eintreten, daß Gewinne am Kassamarkt durch Verluste auf der Terminposition aufgezehrt werden.

Aktie
Die Aktie ist ein Wertpapier, in dem das Anteilsrecht an einer Aktiengesellschaft verbrieft ist. Durch den Kauf beteiligt sich der Aktionär am Kapital der AG und wird dadurch Teilhaber. Das Grundkapital einer AG wird in verbriefte, übertragbare Anteile mit in der Regel festem Nennbetrag zerlegt. Der Inhaber von Aktien ist Miteigentümer entsprechend seinem Anteil an der Summe der Aktiva eines Unternehmens. In der Hauptversammlung hat grundsätzlich jeder Aktionär das Stimmrecht entsprechend seiner Anteile. Jede Aktie hat Anspruch auf quotenmäßigen Anteil am Reingewinn (Dividende) sowie auf den Bezug neuer Aktien bei Kapitalerhöhungen (Bezugsrecht).

Aktienanalyse
Für die Auswahl bzw. die Überpüfung von Aktien für Anlagezwecke bedient man sich der Aktienanalyse. Sie kann als eine systematische, nach bestimmten Kriterien zu erfolgende Beschreibung und Untersuchung von Aktiengesellschaften und ihrer Aktien definiert werden. Dabei wird versucht, die Kurs- und Renditentwicklungen von Aktien zu prognostizieren. Aktienanalyse ist unabdingbare Voraussetzung zur Konzipierung von erfolgreichen Anlagestrategien bei privaten und institutionellen Anlegern. Bei der Aktienanalyse geht man zweckmäßigerweise in mehreren Schritten vor und unterscheidet die Fundamentalanalyse, die Bewertungsanalyse und die Marktanalyse, welche durch die technische Analyse, hierbei insbesondere die charttechnische Analyse, zu ergänzen sind.

Aktienfonds
Aktienfonds sind Investmentfonds, die das eingezahlte Kapital hauptsächlich oder fast ausschließlich in Aktien investieren. Die Aktien-

auswahl ist abhängig von den Anlagegrundsätzen des jeweiligen Fond und muß sich entsprechend gesetzlicher Bestimmungen in bestimmten Bandbreiten bewegen. Zu nennen ist hier der Grundsatz ausreichender Risikostreuung auf mehrere Wertpapiere. Kapitalanlagegesellschaften bzw. Investmentgesellschaften, die solche Fonds auflegen, werden durch das Gesetz über Kapitalanlagegesellschaften (KAGG) reguliert.

Aktiensplit

Vor allem in den USA übliche Maßnahme zur Vermeidung hoher Aktienkurse. Bei einem Split werden aus einer alten Aktie zwei oder mehr neue. Auch bruchteilige Splits – z. B. 3:2 oder 5:4 – sind möglich. Der Aktienkurs korrigiert sich direkt am Splittag um genau das Splitverhältnis.

Amtlicher Handel

Marktsegment an den deutschen Regionalbörsen, zu dem strenge Zulassungsbedingungen bestehen. Die rechtlichen Grundlagen für die Zulassung von Wertpapieren zum Amtlichen Handel sind im einzelnen im Börsengesetz und in den jeweiligen Börsenzulassungs-Verordnungen festgelegt. Im Amtlichen Handel sind von der jeweiligen Landesregierung bestellte Kursmakler dafür verantwortlich, die Preise (Kurse) bestimmter Wertpapiergruppen festzustellen und Geschäfte zu vermitteln (siehe 6.3.4).

Anleihen

Anleihen (auch Rentenwerte, Bonds, Schuldverschreibungen oder Obligationen genannt) sind verzinsliche Wertpapiere im weitesten Sinn. Anleihen werden insbesondere von öffentlichen bzw. staatlichen Einrichtungen und supranationalen Organisationen aber auch von Banken und Unternehmen ausgegeben und dienen in der Regel zur langfristigen Kapitalbeschaffung des Emittenten. Anleihen sind in der Regel mit einem festen oder variablen Zins, einer Laufzeit und einem Nominalbetrag, der am Ende der Laufzeit zurückgezahlt wird und Grundlage der zu verzinsenden Geldsumme darstellt, ausgestattet. Zur Bewertung einer Anleihe gehört neben den Ausstattungsmerkmalen auch die Bonität des Schuldners. Der größte Teil der Anleihen wird wie Aktien an der Börse am „Rentenmarkt" gehandelt (an den deutschen Regionalbörsen weit mehr als 20000 verschiedene Anleihen). Ihr Kurs richtet sich nach der aktuellen Zinssituation, bei Fremdwährungsanleihen auch nach dem Devisenkurs und bei ausländischen Anleihen insbesondere nach der Bonität des Emittenten.

Ausgabeaufschlag

Der Ausgabeaufschlag ist ein einmaliger Spesensatz beim Kauf von Investmentfondsanteilen und stellt die Differenz zwischen Ausgabe- und Rücknahmepreis eines Fondsanteils dar. Er wird zur Deckung der Werbe- und Vertriebskosten erhoben und ist je nach Fondskategorie unterschiedlich hoch: Für Rentenfonds liegt er in der Regel bei 2 % bis 3,5 %, für Aktienfonds zwischen 3 % und 6 % der angelegten Summe. Der Ausgabeaufschlag muß im Verkaufsprospekt und auf dem Zeichnungsantrag angegeben sein.

Ausgabekurs
Der Ausgabekurs (Emissionskurs) ist der Kurs, zu dem neu ausgegebene Wertpapiere (Anleihen, Aktien, etc.) dem Anlegerpublikum zum Kauf bzw. zur Zeichnung angeboten werden.

Baisse
Börsenausdruck für starke und längere Zeit anhaltende Kursrückgänge an einer Börse. Synonym für Bear-Market. Gegensatz zu Hausse.

Barausgleich
Beim Barausgleich (Cash Settlement) findet bei Ausübung kein Erwerb/Lieferung (bzw. Verkauf beim Put-Schein) des Basiswertes statt, vielmehr wird der Differenzbetrag zwischen vereinbartem Preis und aktuellem Marktwert des Basiswertes ermittelt und an den Optionsscheininhaber ausbezahlt.

Basispreis
Der Basispreis ist der im voraus festgelegte Preis bzw. Kurs, zu dem der Käufer einer Option bei Ausübung seines Optionsrechts den Basiswert kaufen bzw. verkaufen kann (der Verkäufer liefern oder abnehmen muß). Sehen die Emissionsbedingungen statt dessen einen Barausgleich vor, so dient der Basispreis zur Berechnung des Differenzbetrages, der gegebenenfalls an den Optionsscheininhaber auszuzahlen ist. Der Basispreis bestimmt zum großen Teil den Wert einer Option.

Basiswert
Der Basiswert (Underlying asset) ist Gegenstand eines Optionsgeschäftes oder Terminkontraktes, d. h. das dem jeweiligen Geschäft oder Kontrakt zugrundeliegende Gut, von dessen Preisveränderung der Preis einer Option oder eines Kontraktes wesentlich bestimmt wird. Die solchen Geschäften zugrundeliegenden Waren oder Werte können z. B. Aktien, Indizes, synthetische Anleihen, Währungen, Soja, Kupfer, Öl usw. sein.

Basket
Ein Basket ist ein Korb verschiedener, genau definierter Basiswerte. Bei Basket-Optionsscheinen besteht der Korb oft aus Aktien verschiedener Unternehmen einer bestimmten Branche oder mehrerer Länder.

Benchmark
Vergleichsmaßstab für die Wertentwicklung von Wertpapierportfolios oder Investmentfonds. In der Regel wird ein bestimmter Börsenindex oder andere Performance- bzw. Kursvergleichszahlen als Meßlatte und Richtschnur (Benchmark) herangezogen.

Berichtigungsaktien
Bezeichnung für die im Rahmen einer Kapitalerhöhung aus Gesellschaftsmitteln ausgegebenen Aktien. Berichtigungsaktien (Gratisaktien)

werden ausgegeben, wenn eine Aktiengesellschaft offene Rücklagen in dividendenberechtigtes Grundkapital umwandelt. Die neu ausgegebenen Aktien sind für die Aktionäre kostenfrei. Sinn dieser Maßnahme aus Sicht der AG ist es, das haftende Eigenkapital in ein angemessenes Verhältnis zu den Rücklagen zu bringen. Die Eigenmittel der Gesellschaft werden dadurch nicht verändert, so daß die Beteiligung eines Aktionärs gleich bleibt, sich aber auf eine größere Anzahl von Aktien verteilt. In der Regel sinkt der Aktienkurs am Tag der Umwandlung um den Prozentsatz der im Verhältnis neu ausgegebenen Aktien.

bestens/billigst
Unlimitierter Wertpapierverkauf- (Auftrag bestens) bzw. Kaufauftrag (Auftrag billigst), der umgehend zu dem sich gerade ergebenden Preis ausgeführt werden soll (Market Order).

Bezugsrecht
Gesetzliche Recht des Aktionärs, bei einer Kapitalerhöhung der Gesellschaft entsprechend seinem anteiligen Aktienbesitz am bisherigen Grundkapital neue (junge) Aktien zu erwerben. Der Aktionär wird von der depotführenden Bank über eine bevorstehende Kapitalerhöhung informiert. Für die Ausübung des Bezugsrechts wird eine Frist von in der Regel zwei Wochen bestimmt. Während dieser Zeit ist das Bezugsrecht selbständig an der Börse handelbar. Am ersten Tag der Bezugsfrist wird der Kurs der alten Aktien an der Börse „exBR" notiert und gehandelt. Zumeist werden die neuen Aktien unter dem aktuellen Börsenkurs ausgegeben bzw. den Aktionären angeboten. Aktionäre können auf die Ausübung ihres Bezugsrechtes verzichten und die Bezugsrechte an der Börse verkaufen. Erteilt der Aktionär keine Weisung an seine Bank, werden seine Bezugsrechte am letzten Handelstag automatisch verkauft.

Blue Chips
s. Standardaktien

Börsentendenzen
Börsenbegriffe zur Bezeichnung von Börsentendenzen sind:
– schwach: leicht fallende Kurse
– behauptet: Kurse gehalten oder uneinheitlich, meist kaum veränderte Kurse
– freundlich: mehrheitlich steigende Kurse am Gesamtmarkt
– fest: Steigerung von freundlich, gute Kurssteigerungen fast aller Aktien

Bonds
s. Anleihen

Bonität
Bonität ist der Maßstab für die Zahlungsfähigkeit und -willigkeit eines Schuldners (Emittenten), insbesondere für die Sicherheit eines Emittenten, aufgenommenes Kapital zurückzahlen zu können. Die Bonität betrifft

die finanzielle Struktur, die Gewinnaussichten und die Haftungsverhältnisse des Schuldners.

Bonitätsrisiko

Unter Bonitätsrisiko (Schuldner- oder Emittentenrisiko) versteht man die Gefahr der Zahlungsunfähigkeit oder Illiquidität eines Schuldners, d. h. eine mögliche, vorübergehende oder endgültige Unfähigkeit zur termingerechten Erfüllung von insbesondere Zins- und oder Tilgungsverpflichtungen.

Bookbuilding-Verfahren

Das Bookbuilding-Verfahren ist ein Verfahren zur Ermittlung und Festsetzung eines „fairen" Ausgabepreises bei der Neuemission von Aktien. Die Konsortialbanken (Emissionsbanken) definieren eine Preisspanne, innerhalb derer Anleger Gebote zum Kauf – ähnlich einer Auktion – abgeben können. Erst am Ende der Zeichnungsfrist ermitteln sie den endgültigen Ausgabepreis (siehe 6.3.3).

Broker

Berufsmäßige Bezeichnung für Wertpapierhändler und -makler vornehmlich im angelsächsischen Raum und in Japan. Broker sind wie Banken berechtigt, Kundenaufträge anzunehmen und an der Börse auszuführen. Hintergrund für die Aufteilung von Bankgeschäften in Brokerage und Einlagen-/Kreditgeschäft ist das Trennbankensystem in angelsächsischen Ländern im Gegensatz zum deutschen Universalbankensystem.

Bruttodividende

Die Bruttodividende ist die Bardividende (Ausschüttung) plus Körperschaftsteuerguthaben.

Bundesanleihen

Bundesanleihen sind im allgemeinen die langfristigen börsengehandelten Schuldverschreibungen des Bundes (Laufzeit 10–30 Jahre).

Bundeswertpapiere

Oberbegriff für Wertpapiere, die vom Bund herausgegeben werden. Im einzelnen sind dies: Bundeschatzbriefe, Finanzierungsschätze, Bundesobligationen, Bundesanleihen und Bundesschatzanweisungen. Bundeswertpapiere genießen beste Bonität und gute Marktliquidität.

Call

s. Kaufoption

Cash Settlement

s. Barausgleich

CDAX

Der Composite-DAX (CDAX) ist ein Index, der das gesamte Marktsegment des amtlichen Handels an der Frankfurter Wertpapierbörse (FWB) abbildet (zur Zeit etwa 350 Aktien). Als marktbreiter Index wird er in 16 weitere Branchenindizes untergliedert, die einmal täglich um 14.00 festgestellt werden.

Chart
Charts sind graphische Abbildungen von Kursverläufen sowie Indexbewegungen über einen bestimmten (längeren) Zeitraum. Sie bilden die Grundlage für die Anwendung der technischen bzw. der Chartanalyse und dienen zur Interpretation von Kursformationen der Vergangenheit (Charts).

DAX
Der Deutsche Aktienindex (DAX) wurde offiziell am 1. Juli 1988 eingeführt. Bei dem DAX handelt sich um einen sogenannten „Laufindex", der während der Börsenzeit minütlich berechnet wird. Zur Berechnung des Indexwertes werden die gewichteten Kurse von 30 umsatzstarken Aktien erstklassiger deutscher Unternehmen mit großer Marktkapitalisierung (Standardwerte, Blue Chips) herangezogen (siehe 6.3.1).

DAX-100
Der DAX-100 enthält die 100 Werte, die im DAX und im MDAX enthalten sind (siehe 6.3.1).

Deep-Discount Bonds
Deep-Discount Bonds sind niedrig verzinste Anleihen, deren Ausgabekurs unter dem Nennbetrag liegt. Der Ertrag ergibt sich aus einer geringen laufenden Verzinsung und dem Kursgewinn. Sie ähneln in ihrem Gesamtbild eher den Nullkuponanleihen.

Depot
Bezeichnung für die bei einem Kreditinstitut zur Verwahrung und Verwaltung hinterlegten Wertpapiere eines Anlegers. Für jeden Kunden wird ein Depot (Gegenstück zum Konto im Geldverkehr) eingerichtet, aus dem Arten, Nennbeträge oder Stückzahlen, Nummern etc. der eingereichten (erworbenen) Papiere sowie Name und Adresse des Depotinhabers hervorzugehen haben.

Derivate
s. Finanzinnovationen

Deutsche Terminbörse (DTB)
Die öffentlich-rechtliche DTB, die im Januar 1990 den Handel aufgenommen hat, ist eine internationalen Maßstäben entsprechende, vollelektronische Terminbörse. Trägerin ist die Deutsche Börse AG. Der Handel an der DTB findet nicht an einem zentralen Ort, sondern über ein standortunabhängiges Netzwerk statt. Eingeschlossen ist gleichzeitig das automatische Zusammenführen der Vertragspartner (Matching) und die vollautomatische Abwicklung (Clearing) der Geschäfte. An der DTB werden hauptsächlich standardisierte Optionen auf umsatzstarke Akienwerte und den DAX, Terminkontrakte auf DAX, den FIBOR sowie syntheti-

sche Anleihen des Bundes (Bund-Future, Bobl-Future) sowie Optionen auf diese Kontrakte gehandelt.

Devisentermingeschäfte
Bindende Verpflichtung, einen bestimmten Fremdwährungsbetrag zu einem zukünftigen Zeitpunkt zu einem heute bestimmten Preis (Terminkurs) zu kaufen oder zu verkaufen. Devisentermingeschäfte können der Glattstellung (Covering) von Handelstransaktionen, der Absicherung, der Arbitrage (speziell dem Ausnutzen von Zinsdifferenzen) oder auch der Spekulation dienen.

Direktbank
Direktbanken bzw. Discount-Broker haben kein Filialnetz und bieten ihre Dienstleistungen ausschließlich über elektronische Medien (Telefon, Fax, Online) an. Sie leisten weniger (persönlichen) Service und in der Regel auch keine Beratung für ihre Kunden. Die Kostenvorteile geben sie in Form geringer Gebühren und attraktiver Konditionen an ihre Kunden weiter. Im Wertpapiergeschäft dienen Direktbanken in der Regel nur als reine Vermittler zwischen Kunde und Börse, üben also eine reine Maklertätigkeit aus.

Diskontsatz
Der Diskontsatz ist der Zinssatz, zu dem die Bundesbank im Rahmen ihrer Geldpolitik Wechsel, die bestimmten Erfordernissen entsprechen, ankauft. Der Diskontsatz wird vom Zentralbankrat der Deutschen Bundesbank festgesetzt und ist eine Art von Leitzinssatz für die Kredite der Banken an Unternehmen und Haushalte. Üblicherweise bildet er eine Art untere Grenze der Zinssätze für Monats- und Dreimonatsgeld. Wegen seiner Signalfunktion wird er relativ selten verändert. Er dient zur Steuerung der Geldmarktsätze und ist einer der wichtigsten Referenzzinssätze für die mittel- bis langfristigen Zinsen.

Diversifikation
Bei der Geldanlage ist Diversifikation die Streuung eines Wertpapierportfolios auf verschiedene Anlagemöglichkeiten bzw. Anlageklassen und auch innerhalb einer Anlageklasse entsprechend unterschiedlichem Risikomaß. Zweck ist es, das Risiko bei gleichbleibenden Ertragschancen zu minimieren bzw. den Ertrag bei gleichbleibendem Risiko zu erhöhen.

Dividende
Die Dividende ist der Gewinnanteil der Aktionäre an der jährlichen Gewinnausschüttung einer Aktiengesellschaft. Höhe und Auszahlung werden auf Vorschlag der Gesellschaft auf der Hauptversammlung von den Aktionären festgelegt. Die Dividendenhöhe richtet sich meist nach der Ertragskraft, der Dividendenpolitik und den Zukunftsaussichten der Gesellschaft und wird in DM pro Aktie ausgedrückt. Die Gesellschaft kann auch aufgrund schlechter Ertragslage oder anstehenden Investitionen beschließen, keine Dividende auszuschütten.

Dow Jones Index
Der Dow Jones Industrial Average ist ein Aktienindex für 30 führende Industriewerte (Blue Chips) an der New Yorker Börse (NYSE) und wird seit 1896 vom *Wall Street Journal* täglich ermittelt. Er ist einer der weltweit wichtigsten Börsenindizes sowie Stimmungsbarometer an der Leitbörse und auf dem größten Kapitalmarkt der Welt.

Einheitskurs
Der Einheitskurs (Kassakurs) wird einmal täglich im Rahmen der Einheitsnotierung nach dem Prinzip einer Auktionsbörse für alle an der Börse gehandelten Wertpapiere festgestellt. Im Amtlichen Handel spricht man vom Kassakurs. Zum Einheitskurs, der in der Regel kurz nach Mittag ermittelt wird, werden alle Börsengeschäfte mit Ausnahme der im Variablen Handel getätigten abgerechnet. Er wird nach dem „Meistausführungsprinzip" ermittelt, d. h. nach dem Kurs, zu dem die größten Umsätze möglich sind.

Einheitsmarkt
Der Einheitsmarkt ist an der Börse der Markt für Wertpapiere, für die nur ein Einheitskurs festgestellt wird.

Emission
Emission ist die Ausgabe und Plazierung (Unterbringung) von Wertpapieren durch öffentliches Angebot und dient zur Kapitalbeschaffung des Emittenten. In der Regel geschieht sie durch Vermittlung einer Gruppe von Kreditinstituten (Bankkonsortium).

Emissionsprospekt
Emissionsprospekt (Zeichnungsprospekt), der alle wesentlichen Angaben zu einem neu ausgegebenen Wertpapier enthält. Für die Richtigkeit der Angaben haften Emittent und Kreditinstitut gesamtschuldnerisch. Bei Emissionen: Kurze Veröffentlichung, die zur Zeichnung des Wertpapiers auffordert und die wichtigsten Angaben über die Gesellschaft und die Emissionsbedingungen enthält. Bei Neuemission (Börseneinführung): Ausführlicher Bericht, der alle für die Beurteilung des Wertpapiers notwendigen Angaben sowie dessen Ausstattungsmerkmale enthält. Vor Neueinführungen im Amtlichen Markt und im Neuen Markt ist der Prospekt für den Emittenten zwingend vorgeschrieben. Ausnahme: Bei Schuldverschreibungen des Bundes, der Länder und der Mitgliedsstaaten der Europäischen Union besteht Prospektbefreiung.

Emittent
Emittent ist der Aussteller bzw. Schuldner eines Wertpapiers, das am Markt ausgegeben bzw. plaziert wird (z. B. Bund, Länder, Kreditinstitute, Unternehmen).

Euro-Anleihen
Euro-Anleihen (Euro-Bonds) sind internationale – nicht nur europäische – Schuldverschreibungen, die über internationale Bankkonsortien

plaziert werden, auf eine international anerkannte Währung oder Rechnungseinheit lauten und in mehreren Ländern außerhalb des Heimatlandes des Emittenten gehandelt werden.

Festverzinsliche Wertpapiere
Mit einem festen Zinssatz ausgestattete Wertpapiere. s. Anleihen.

Fibor
Der Frankfurt Interbank Offered Rate (FIBOR), auch „Interbankensatz" genannt, bezeichnet den Durchschnittszinssatz, zu dem 19 geldmarktaktive Banken im Inland untereinander kurzfristiges Geld (Termingeld) bis zu einem Jahr ausleihen. Die FIBOR-Sätze (z. B. 3 oder 6 Monate) sind Marktzinssätze und dienen oft als Referenzzinssatz für variabel verzinste Anleihen (Floater) und (Fibor-)Konten.

Financial Futures
Ein Financial Future ist eine durch eine Börse vermittelte, für beide Kontraktpartner unbedingt verpflichtende Vereinbarung, zu einem festgelegten Zeitpunkt (Liefer-, Erfüllungstag) eine bestimmte Menge eines bestimmten Basisinstruments (Basiswertes) zu einem im voraus vereinbarten Preis zu kaufen bzw. zu verkaufen. Der Grundgedanke ist jedoch nicht, den Basiswert zu liefern oder zu erwerben, sondern je nach Marktentwicklung und Strategie Preisänderungen zu nutzen. Ziel dabei ist es, Erträge zu steigern oder Risiken zu reduzieren. Bei Financial Futures handelt es sich um Terminkontrakte, denen Instrumente des Finanzmarktes zugrunde liegen, zum Beispiel synthetische Anleihen oder Aktienindizes. Bei Futures kann es sich auch um Instrumente wie Rohstoffe handeln.

Finanzinnovationen
Finanzinnovationen (auch Derivate bzw. Finanzderivate) sind künstliche Produkte, die von Basiswerten wie Aktien, Anleihen, Zinssätzen oder Devisen abgeleitet werden. Der Begriff steht für vielfältige, z. T. sehr spezialisierte Produktformen von Termin- und Optionsgeschäften, Kreditabsicherungsinstrumenten, Finanzterminkontrakten sowie Zins- und/oder Währungsswaps. Finanzinnovationen können entweder an den Börsen gehandelt oder außerbörslich von Marktteilnehmern individuell abgeschlossen werden.

Floater
Floater (Floating Rate Notes) sind börsenfähige Schuldverschreibungen (Anleihen) mittlerer oder langer Laufzeit, die mit einer variablen Verzinsung ausgestattet sind. Der Zinssatz wird in regelmäßigen Abständen an die aktuelle Geldmarktzinsentwicklung in der Regel anhand von Referenzzinssätzen (FIBOR, LIBOR) angepaßt. Die Kursbewegungen von Floatern sind daher gering.

Fonds
s. Investmentfonds

Freiverkehr
Handelssegment für Wertpapiere an deutschen Börsen, zu dem nur wenige formale Zulassungsvoraussetzungen bestehen. Wertpapiere des Freiverkehrs sind weder zur amtlichen Notierung noch zum geregelten Markt zugelassen. In der Regel erfolgt nur eine Einbeziehung von Wertpapieren in den Freiverkehr. Insbesondere werden Optionsscheine und ausländische Aktien gehandelt (siehe 6.3.4).

Freimakler
Freimakler sind Börsenteilnehmer und vermitteln als selbständige Kaufleute Geschäfte zwischen kaufenden und verkaufenden Parteien in allen Wertpapieren. Soweit sie mit der Betreuung bestimmter Märkte beauftragt sind, veröffentlichen sie regelmäßig Preise im Geregelten Markt und im Freiverkehr. Freimakler treten oft als Vermittler von Geschäften im Eigenhandel der Banken auf, sofern die Bank über kein eigenes oder nicht genug Personal an der Börse verfügt.

fortlaufende Notierung
s. variabler Kurs

Futures
s. Financial Futures

Geldmarkt
Der Geldmarkt ist Teil des Finanzmarktes und umfaßt im weiteren Sinne die Gesamtheit aller kurzfristigen Geld- und Kreditgeschäfte. Er hat in erster Linie die Funktion, einen Liquiditätsausgleich zu ermöglichen, d. h. fristgerecht notwendige, liquide Mittel zinsgünstig beschaffen oder überschüssige Liquidität anlegen zu können. Er ist das Gegenstück zum Kapitalmarkt, auf dem langfristige Mittel umgesetzt werden.

Genußscheine
Begriff und Inhalt der Genußscheine („Genüsse") sind gesetzlich nicht definiert und bieten daher dem Emittenten (in der Regel Unternehmen) vielfältige Gestaltungsmöglichkeiten. Sie verbriefen Vermögensrechte, die in den jeweiligen Genußscheinbedingungen genannt sind. Insbesondere beinhalten diese Rechte den Anspruch auf einen Teil am Reingewinn und die Rückzahlung des Kapitals, in selteneren Fällen den Anspruch auf Bezugs-, Options- und Wandlungsrechte sowie den Anteil am Liquidationserlös eines Unternehmens. Sie gehören zu den festverzinslichen Wertpapieren, verbriefen ein Vermögens-, nicht jedoch ein Besitz- bzw. Stimmrecht und nehmen eine Zwitterstellung zwischen Aktien und Anleihen ein.

Geregelter Markt
Der 1987 eingerichtete Geregelte Markt ist ein Handelssegment, das zwischen dem Amtlichen Handel und dem Freiverkehr angesiedelt ist. Er bietet gegenüber dem Amtlichen Handel erleichterte Zulassungsbedingungen für Wertpapiere. Sie betreffen in erster Linie ein festes Mindestvo-

lumen der einzuführenden Wertpapiere sowie die Vorlage eines Unternehmensberichtes. Abgesehen von den Grundvoraussetzungen sind vor allem die Publizitätspflichten nicht so eng gefaßt. Gedacht ist dieses Segment insbesondere für Aktien kleinerer und mittlerer Unternehmen mit einem geringeren Emissionsvolumen, aber auch für eine Reihe von Anleihen (siehe 6.3.4).

Glattstellung

Eine Option erlischt u. a. an der DTB durch die sog. Glattstellung. Hierbei tätigt der Anleger ein Gegengeschäft, d. h. z. B., der Inhaber einer Kaufoption oder Verkaufsoption verkauft eine Option der gleichen Serie, aus der er zuvor gekauft hat. Kennzeichnet er das Geschäft als Glattstellungs- oder Closinggeschäft, bringt er damit Rechte und Pflichten aus beiden Geschäften zum Erlöschen.

Gleitender Durchschnitt

In der Chartanalyse ist die Bildung Gleitender Durchschnitte (GLD) für in der Regel ein Jahr bzw. 200 Börsentage ein wichtiges Instrument für die Ableitung von Kauf- und Verkaufzeitpunkten. Dabei wird für jeden Börsentag ein Durchschnittskurs aus den aktuell jeweils letzten 200 Börsentagen gebildet. Schneidet die Kurs- oder Indexlinie den GLD 200 von unten nach oben, wird dies als Kaufsignal gedeutet. Sinkt der Kurs oder Index unter die Durchschnittslinie, ist dies häufig ein Verkaufsignal (siehe 6.3.2).

Going public

s. Neuemission

Gratisaktien

s. Berichtigungsaktien

Hausse

Börsenausdruck für starke und längere Zeit anhaltende Kurssteigerungen an einer Börse. Synonym für Bull-Market. Gegensatz zu Baisse.

Hebel

Der Hebel eines Optionsscheins charakterisiert prinzipiell das prozentuale Verhältnis von demjenigen Kapitalbetrag, der zum Kauf des entsprechenden Basiswertes aufgewendet werden müßte (Kurs des Basiswertes), und dem für den Kauf des Optionsscheins notwendigen Kapital (Kurs des Optionsscheins). Errechnet wird der Hebel durch Division des Basiswertes durch den Preis des Scheins. Die Größe eines Hebels bietet einen Anhaltspunkt dafür, in welchem Maße der Käufer eines Optionsscheines an einer Kursveränderung des Basiswertes positiv oder negativ partizipiert. Ein Optionsschein reagiert grundsätzlich überproportional auf Kursveränderungen des Basiswertes (Hebelwirkung) und ist um so risikoreicher, je höher der Hebel ist.

Hedging
s. Absicherung

Index
Ein Index ist ein statistisches Mittel, um Preis- und Mengenbewegungen von Wertpapieren (bzw. Gütern) im Zeitablauf anschaulich darzustellen. Diese veränderliche Zahlengröße wird aus einem nach bestimmten Kriterien festgelegten Bestand von Wertpapieren errechnet und gibt deren Kursentwicklungen wider. Die betrachteten Werte werden dabei prozentual bzw. relativ auf eine Basisgröße (Ausgangspunkt) bezogen, die gleich 100 % gesetzt wird. Indizes bringen die Veränderungen zu dieser Größe zum Ausdruck und ermöglichen Vergleiche, insbesondere von Wert- und Preisveränderungen. Ein Aktienindex spiegelt den Kursverlauf eines Marktes bzw. einer Branche wider. Indizes dienen bei der Geldanlage oft als sogenannte Benchmarks, d. h. als Vergleichsmaßstab für die Beurteilung der Wertentwicklungen verschiedener Portfolios oder Fonds.

Index-Optionsscheine
Index-Optionsscheine sind Optionsscheine, die sich auf einen steigenden (Call) oder fallenden (Put) Aktienindex beziehen. Da ein Index als Bezugsobjekt effektiv nicht lieferbar ist, verbriefen sie das Recht, eine Ausgleichszahlung bei Überschreiten bzw. Unterschreiten eines bestimmten Indexstandes zu erhalten.

Innerer Wert
Der innere Wert einer Option entspricht dem Betrag bzw. dem Wert, den ein Käufer aus der sofortigen Ausübung seines Optionsrechts erzielen würde. Eine Option weist einen inneren Wert auf (ist „im Geld"), wenn bei einem Call (Put) der aktuelle Kurs des Basiswertes über (unter) dem Basispreis liegt. Notiert bei einem Call (Put) der Basiswert unter (über) oder gleich dem vereinbarten Basispreis, so ist der innere Wert der Option null („aus dem Geld" oder „am Geld"). Der innere Wert ergibt sich aus der Differenz zwischen dem Basispreis und dem Kurs des Basiswertes, wobei das Optionsverhältnis als Faktor zu berücksichtigen ist.

Institutionelle Anleger
Institutionelle Anleger (Kapitalsammelstellen) sind neben dem Berufshandel und privaten Investoren die dritte und weitaus stärkste Anlegergruppe am Kapitalmarkt und an der Börse; insbesondere Kreditinstitute, Versicherungsgesellschaften, Unterstützungskassen, Kapitalanlagegesellschaften, Pensionsfonds und große Vermögensverwaltungen gehören dazu.

Investmentfonds
Investmentfonds sind Sondervermögen, die von einer Kapitalanlagegesellschaft verwaltet werden. Darin werden Gelder vieler Anleger oder bestimmter Einrichtungen (wie Stiftungen, Pensionskassen) gebündelt, um sie nach dem Prinzip der Risikomischung in verschiedenen Vermögens-

werten (Geldmarktinstrumenten, Wertpapieren, Immobilien) anzulegen. Das Sondervermögen liegt auf einem gesperrten Depot bei einem Kreditinstitut und muß von den übrigen Vermögenswerten der Investmentgesellschaft getrennt gehalten sein. Anleger erhalten Anteilscheine (Investmentzertifikate), die das Miteigentumsrecht an dem jeweiligen Fonds verbriefen.

Investmentzertifikate
s. Investmentfonds

junge Aktien
Bezeichnung für neue Aktien, die im Rahmen der Erhöhung des Grundkapitals einer Aktiengesellschaft emittiert bzw. ausgegeben werden. Der Ausgabekurs ist im allgemeinen niedriger als der Börsenkurs der alten Aktien. Die bisherigen Aktionäre erhalten in der Regel ein Vorkaufsrecht auf die jungen Aktien (Bezugsrecht), und zwar in einem bestimmten, von der Hauptversammlung festgelegten Verhältnis (Bezugsverhältnis, z. B. 4:1, d. h. eine neue Aktie für vier alte).

Junk-Bonds
Junk-Bonds („Ramschanleihen") sind hochverzinsliche, risikoreiche Anleihen zumeist sehr schlechter Bonität. Insbesondere besteht hier das Risiko des Totalverlustes durch Ausfall (Konkurs bzw. Zahlungsunfähigkeit) des Schuldners. Junk-Bonds wurden insbesondere zur Finanzierung von Firmenübernahmen in den USA ausgegeben, wenn die Banken aufgrund fehlender Absicherungen keine Kredite mehr gewähren wollten.

Kapitalmarkt
Der Kapitalmarkt ist Teil des Finanzmarktes und umfaßt im weiteren Sinne die Gesamtheit aller mittel- und langfristigen Kapitalbeteiligungs- sowie Kreditgeschäfte. Der organisierte Kapitalmarkt umfaßt dabei das gesamte Emissions- und Börsengeschäft, d. h. die Emission und den Handel von Wertpapieren. Der Kapitalmarkt ist das Gegenstück zum Geldmarkt, auf dem kurzfristige Geld- und Finanzierungsmittel umgesetzt werden.

Kassakurs
s. Einheitskurs

Kassamarkt
Markt an dem Erfüllung unmittelbar nach Abschluß erfolgt.

Kaufoption
Die Kaufoption (Call) gibt dem Käufer innerhalb eines bestimmten Zeitraumes das Recht, vom Verkäufer des Calls die Lieferung des zugrundeliegenden Basiswertes zum festgelegten Preis zu verlangen; d. h., er geht von steigenden Kursen aus. Der Wert des Calls steigt bei steigendem Kurs des zugrundeliegenden Bezugswertes an. Der Verkäufer (Stillhalter) des Calls geht die Verpflichtung ein, auf Verlangen des Optionsinhabers den Basiswert gegen Zahlung des Basispreises zu liefern. Für

die Einräumung des Rechts erhält er vom Käufer den Optionspreis (Optionsprämie).

Konsortialbank
Bank eines (Banken-)Konsortiums (hier Emissionskonsortium), das sich in der Rechtsform einer BGB-Gesellschaft auf bestimmte und begrenzte Zeit gründet, um die Plazierungskraft von Wertpapieren bei (Neu-) Emission zu erhöhen bzw. eine bestimmte Quote der Emission zu garantieren, evtl. anschließende Kurspflege zu betreiben sowie die Risiken auf mehrere Banken zu verteilen.

Kontrakt
An den Terminmärkten standardisierte Menge für ein Options- oder Futuresgeschäft. Die standardisierten Kontraktspezifikationen enthalten standardisierte Angaben über Laufzeit des Kontrakts, Menge und Qualität des Basiswertes, bei Optionskontrakten darüber hinaus noch die Angabe des Optionstyps und des Basispreises, zu dem der Basiswert zu liefern bzw. abzunehmen ist. Einzige Variable ist der Preis des Kontrakts, der an der Börse ausgehandelt wird.

Korrelation
Korrelation ist die wechselseitige Beziehung bzw. Abhängigkeit zweier Größen untereinander. Bei Wertpapieren bezeichnet der Korrelationsgrad die Wahrscheinlichkeit gleichlaufender Kurs- oder Marktentwicklungen. In einem Portfolio erreicht man eine Risikoreduzierung durch die Hereinnahme verschiedener Wertpapiere, die möglichst wenig miteinander korreliert sind.

Kupon
Der Kupon ist der Zinsschein oder Dividendenschein, der einem festverzinslichen Wertpapier oder einer Aktie beigefügt ist. Der Zinsschein enthält den Namen des Emittenten, Zinssatz, Nennbetrag, Fälligkeit und Stücknummer. Bei sogenannten „Stripped Bonds" können Zinsscheine eigenständig ohne das zugehörige Wertpapier gehandelt werden. Unter Kupon wird auch allgemein der Nominalzinssatz einer Anleihe verstanden.

Kursfeststellung
siehe 6.3.4

Kurs/Gewinn-Verhältnis
Das Kurs/Gewinn-Verhältnis (KGV) ist eine der wichtigsten Kennziffern und Maßstab für die Bewertung von aktuellen Aktienkursen in Abhängigkeit vom aktuellen und/oder erwarteten Unternehmensgewinn. Das KGV wird folgendermaßen errechnet: Der bereinigte Jahresüberschuß (Gewinn) eines Unternehmens wird durch die Anzahl der ausgegebenen Aktien geteilt. Damit erhält man das Ergebnis (Gewinn) je Aktie. Anschließend wird der aktuelle Kurs durch das Ergebnis je Aktie geteilt. Liegt das so ermittelte KGV im Vergleich zum Branchenindex oder zu Ver-

gangenheitszahlen des Unternehmens niedrig, ist die Aktie vergleichsweise unterbewertet, liegt das KGV dagegen höher, ist die Aktie dagegen vergleichsweise überbewertet. Insgesamt ist bei der Bewertung der Kennziffer KGV zu beachten, daß für die verschiedenen Branchen und auch bei
Wachstumswerten unterschiedlich hohe KGVs als normal gelten (siehe
6.3.1).

Kursmakler

Kursmakler vermitteln Geschäfte zwischen kaufenden und verkaufenden Parteien in Wertpapieren, die im Amtlichen Handel zugelassen sind
und stellen deren Börsenpreise (Kurse) fest. Kursmakler werden nicht von
der Börse selbst, sondern von der Börsenaufsicht auf Landesebene ernannt und vereidigt. Kursmakler sind damit kraft ihres Amtes zur Teilnahme am Börsenhandel zugelassen. Sie dürfen selbst nur zum Ausgleich
von Spitzen in geringem Umfang Wertpapiergeschäfte tätigen und keine
anderen Handelsgeschäfte betreiben.

Kurswert

Stückanzahl eines Wertpapiers multipliziert mit dem aktuellen Kurs.

Kurszusätze

siehe 6.3.2

Leverage

s. Hebel

Libor

Der London Interbank Offered Rate (LIBOR), auch Londoner Interbankensatz genannt, bezeichnet das arithmetische Mittel, zu dem erstklassige Banken am Londoner Interbankmarkt untereinander kurzfristiges Geld (Termingeld) ausleihen. Er bildet sich frei von jeglicher Einfluß-
nahme nationaler Währungsbehörden zwischen den teilnehmenden
Euro-Banken. Zur genauen Festlegung des Satzes werden im allgemeinen
einige Clearing Banks als Referenzbanken bestimmt. Die LIBOR-Sätze
sind Marktzinssätze und dienen oft als Referenzzinssatz insbesondere für
spezielle Auslandskreditgeschäfte sowie für variabel verzinste Anleihen
(Floater) und (Libor-)Konten.

Limit

Das Limit ist der bei Börsenaufträgen vom Auftraggeber angegebene
Kurs, der bei einem Verkauf nicht unterschritten bzw. bei einem Kauf
nicht überschritten werden darf. Ein Limit gilt, falls nichts anderes angegeben, in der Regel bis zum Monatsultimo (letzter Börsentag eines Monats) und muß dann eventuell erneuert werden (siehe 6.2 und 4.3).

Listing

Die Aufnahme von Wertpapieren in den Börsenhandel und ihre (tägliche) Kursfeststellung. Das Wertpapier wird auf der Kursliste geführt.

Lombardsatz
Der Lombardsatz ist der Zinssatz, zu dem die Bundesbank im Rahmen ihrer Geldpolitik verzinsliche Darlehen (Lombardkredite) an Kreditinstitute gegen Verpfändung von bestimmten Wertpapieren oder Schuldbuchforderungen ausgibt. Der Lombardsatz wird von der Deutschen Bundesbank festgesetzt und liegt in der Regel über dem Diskontsatz (etwa 1 %). Er hat große Bedeutung für die Zinsgestaltung am Geldmarkt und bildet normalerweise eine Obergrenze (in manchen Fällen auch eine Untergrenze) für den Tagesgeldsatz. Der Lombardsatz ist einer der Leitzinssätze und dient zur Refinanzierung von Kreditinstituten und zur Steuerung der Geldmarktsätze.

Long-Position
Die Long-Position ist die Position, die durch den Kauf einer Option (Long Call/Long Put) oder eines Kontraktes entsteht. Sie bezeichnet die Seite des Käufers.

MDAX
Der Anfang 1996 eingeführte, auch Nebenwerteindex genannte MDAX umfaßt 70 variabel gehandelte Werte, die in bezug auf Marktkapitalisierung und Börsenumsatz unmittelbar nach den 30 DAX-Werten folgen. Er wird ebenso wie der DAX minütlich sowohl im Präsenz- als auch im Computerhandel ermittelt.

Nachbörse
Berufsmäßiger Handel in Wertpapieren, der sich nach Schluß der offiziellen Börsenzeit des Parkett- bzw. Präsenzhandels in der Regel über das elektronische Handelssystem XETRA (bis etwa 17.00 Uhr) vollzieht. Die Tendenz der Nachbörse kann Hinweise auf die Tendenz des nächsten Börsentages geben.

NASDAQ
National Association of Securities Dealers Automated Quotations System (NASDAQ) ist die Bezeichnung für die seit 1971 bestehende und wichtigste US-amerikanische Computerbörse. Landesweit werden Geld- und Briefkurse (Ankauf- und Verkaufkurse) für fast 10 000 Aktien von sogenannten Market Makern angezeigt. Der Handel erfolgt zumeist vollautomatisch über Bildschirmeingabe, z. T. jedoch auch im sogenannten Telefonhandel (over the counter, OTC-Geschäft). An der NASDAQ werden insbesondere Freiverkehrsaktien (u. a. alle amerikanischen Technologiewerte) und eine ganze Reihe der an der New Yorker Börse gelisteten Aktien gehandelt.

Nebenwerte
Aktien-Nebenwerte (Small Caps) sind mittelgroße, flexiblere Unternehmen, deren Kurse sich z. T. auch gegen den Markt entwickeln (siehe 6.2.).

Nennwert

Der Nennwert (Nominalwert/Nennbetrag) ist der einer Aktie oder Anleihe aufgedruckte Geldbetrag und nur eine rechnerische Größe, die über den Wert des Wertpapiers nichts aussagt. Er ergibt sich durch Division des Betrages vom gezeichnetem Grundkapital einer AG bzw. der Schuldsumme durch die Anzahl der hierüber ausgegebenen Anteilscheine. Der Nennwert deutscher Aktien kann auf 5,– DM oder einem vielfachen hiervon festgelegt werden. Der Nennwert aller ausgegebenen Aktien entspricht dem Grundkapital einer Gesellschaft.

Neuemission

Unter Neuemissionen versteht man die erstmalige Ausgabe von Wertpapieren. Dies können sowohl Aktien als auch Anleihen sein, die von dem jeweiligen Emittent, wie Unternehmen, öffentliche Körperschaft oder supranationale Organisation, erstmalig ausgegeben werden. Zweck des Emissionsgeschäftes ist es, durch den Verkauf von Wertpapieren bei Anlegern für den Emittenten Kapital zu beschaffen. Dazu wird in aller Regel ein Kreditinstitut oder ein Bankenkonsortium, d. h. mehrere Banken, eingeschaltet, um die Emission abzuwickeln und die Wertpapiere am Kapitalmarkt zu plazieren. Der Erlös aus der Zeichnung von Wertpapieren kommt abzüglich der Emissionskosten dem Emittent zugute. Anschließend können die Wertpapiere in der Regel an den Börsen gehandelt werden. Das sogenannte „Going public" ist die Börsenneueinführung von Unternehmen bzw. die erstmalige Ausgabe von Aktien (siehe 6.3.3).

Nullkupon-Anleihen

Nullkupon-Anleihen (Zero-Bonds) sind langlaufende Anleihen, die nicht mit Zinskupons ausgestattet sind. Anstelle periodischer Zinszahlungen stellt hier die Differenz zwischen dem Ausgabekurs (Emissionskurs) und dem Rückzahlungskurs den „Zinsertrag" bis zur Endfälligkeit dar. In der Regel werden Nullkupon-Anleihen mit einem hohen Abschlag (Disagio) emittiert und zum Tilgungszeitpunkt (Fälligkeit) zum Kurs von 100 % („zu pari") zurückgezahlt.

NYSE

Die New York Stock Exchange (NYSE), auch „Wall Street" genannt, ist mit Abstand die wichtigste Börse der USA und führt sowohl von der Börsenkapitalisierung als auch den Umsätzen die Weltbörsen an (Handelszeiten nach MEZ: 15.30–22 Uhr). Als Leitbörse beeinflußt sie das Geschehen an den anderen Weltbörsen.

Obligationen

s. Anleihen

Optionsanleihen

Optionsanleihen sind festverzinsliche Wertpapiere, die das Recht zum Erwerb von Aktien in einem von der Anleihe abtrennbaren Optionsschein verbriefen. Dieser Optionsschein kann selbständig gehandelt werden. Die

Aktien lassen sich gegen Hergabe des Optionsscheins zu im voraus festgelegten Konditionen beziehen. Die Optionsanleihe selbst wird dabei nicht umgetauscht, sondern bleibt bis zu ihrer Fälligkeit bestehen. Die Ausstattung bzw. Verzinsung der Anleihe ist wegen der Einräumung dieses eigenständig handelbaren Rechts in der Regel unattraktiver als vergleichbare festverzinsliche Anleihen. Für eine Optionsanleihe kann es bis zu drei verschiedene Börsenkurse geben: den Kurs für die Anleihe mit Optionsschein (cum warrant), für die Anleihe ohne Optionsschein (ex warrant) und für den Optionsschein allein (naked warrant).

Optionen
Optionen sowie Optionsscheine verbriefen dem Käufer das Recht, ein bestimmtes Basisinstrument (eine bestimmte Menge eines Basiswertes) innerhalb eines festgelegten Zeitraums zu kaufen bzw. zu verkaufen. Beim Optionsschein kann der Anleger jedoch nur Käufer einer Kauf- (Call) oder Verkaufsoption (Put) sein. Bei der reinen Option, die an einer Terminbörse gehandelt wird, kann er dagegen auch eine Stillhalterposition eingehen, also das Optionsrecht verkaufen. Der Verkäufer der Option hat die Pflicht, beim Call das Basisinstrument zu liefern und beim Put das Basisinstrument abzunehmen, wenn der Optionskäufer sein Optionsrecht ausübt. Ist die effektive Abnahme des Basiswertes aufgrund der Natur der Sache (z. B. Indizes) oder aufgrund der Handelsbedingungen ausgeschlossen, besteht bei Ausübung des Rechts beim Stillhalter die Verpflichtung zur Zahlung des Differenzbetrages (Ausgleichsbetrag). Optionen werden an den Terminbörsen gehandelt und sind standardisiert. Die Basispreise werden ebenso wie die Fälligkeiten von der Terminbörse festgelegt. Bei Optionsscheinen, die an der Börse gehandelt werden, legt dagegen der Emittent des Optionsscheins die Konditionen fest.

Option im Geld
Eine Option ist im Geld („in the money"), wenn sie einen inneren Wert besitzt, d. h. wenn bei einem Call (Put) der aktuelle Kurs des Basiswertes über (unter) dem Basispreis liegt, die sofortige Ausübung der Option also zu einem Mittelzufluß beim Käufer der Option führt.

Option aus dem Geld
Eine Option ist aus dem Geld („out of the money"), wenn sie keinen inneren Wert besitzt, d. h. wenn bei einem Call (Put) der Basiswert unter (über) dem vereinbarten Basispreis liegt, d. h. die sofortige Ausübung der Option zu keinem Mittelzufluß beim Käufer der Option führt.

Optionsfrist
Die Optionsfrist (Laufzeit) eines Optionsscheins ist der Zeitraum vom Tag seiner Begebung (Emission) bis zu dem Tag, an dem das Optionsrecht erlischt, d. h. letztmalig ausgeübt werden kann. Danach wird der Schein wertlos.

Optionsgeschäft
Bei Optionsgeschäften handelt es sich um bedingte Termingeschäfte, bei denen die Möglichkeit, jedoch keine Verpflichtung besteht, gegen Zahlung einer Optionsprämie eine bestimmte Ware oder einen bestimmten Wert innerhalb einer bestimmten Frist zu kaufen oder zu verkaufen.

Optionsscheine
Wertpapiere, auch „warrants" genannt, die das Recht aber nicht die Pflicht verbriefen, eine bestimmte Menge eines Basiswerts zu kaufen (Call-Optionsscheine) oder zu verkaufen (Put-Optionsscheine). Als Basiswerte kommen insbesondere Aktien, Anleihen, Zinsen, Währungen, Rohstoffe, Indizes oder sonstige Baskets (Körbe) in Frage. Optionsscheine eröffnen im Rahmen der vorhandenen Anlagealternativen die Möglichkeit, mit vergleichsweise geringem Kapitaleinsatz von unterschiedlichen Marktentwicklungen zu profitieren. Sie verschaffen ein großes Gewinnpotential bei gleichzeitiger Begrenzung des Risikos auf den Kapitaleinsatz. Als Absicherungsinstrument eingesetzt, begrenzen sie das einem Portfolio innewohnende Risiko, ohne daß auf Gewinnchancen verzichtet werden muß.
s. Optionen

Optionsstil
Der Optionsstil kennzeichnet die Ausübungsmöglichkeit von Optionen/Optionsscheinen. Bei Optionsscheinen amerikanischen Typs (amerikanische Option) kann das Optionsrecht an jedem Bankarbeitstag während der Laufzeit des Optionsscheins ausgeübt werden. Bei Optionsscheinen europäischen Typs (europäische Option) ist dies nur am Ende der Laufzeit möglich. Daneben können die Emissionsbedingungen vorsehen, daß die Ausübung des Optionsrechts nur innerhalb ganz bestimmter Zeiträume während der Laufzeit möglich ist.

Penny-Stocks
Bei Penny-Stocks handelt es sich in der Regel um nicht an Börsen gehandelte Aktien, die häufig von Explorationsgesellschaften für die Suche nach und die Erschließung von vermutlichen Rohstoffeldern oder Edelmetallminen ausgegeben werden. Der Preis dieser Aktien liegt meist unter 1 US-$; die Papiere werden häufig nur über ein einzelnes Brokerhaus, zumeist mit horrenden Gebühren, über verschiedene Vertriebskanäle außerbörslich (OTC, over the counter) angeboten. Ob und zu welchem Kurs das Brokerhaus den Handel mit einem bestimmten Wertpapier aufrechterhält, ist ungewiß, so daß die Handelbarkeit dieser Papiere entfallen kann.

Primärmarkt
Bezeichnung für Emissionsmarkt bzw. für die Ausgabe von Wertpapieren durch einen Emittenten zur Kapitalbeschaffung.

Put
s. Verkaufsoption

Rating-Agentur
Rating-Agenturen sind Agenturen, die die Bonität von Emittenten bzw. Kreditnehmern (Schuldnern) beurteilen und Bewertungsskalen aufstellen. Das Rating findet auch auf Länder Anwendung. Die bekanntesten Rating-Agenturen sind Standard & Poors sowie Moody's. Diese beiden US-amerikanischen Agenturen haben die beiden wichtigsten Bewertungsskalen entwickelt: AAA bzw. Aaa gelten als höchste Bewertung (Rating), es folgen AA+, AA, A+, A, BBB+, BBB, BB+, BB, B+ und B. Bewertungen mit C bedeuten eine sehr hohes Ausfallrisiko des Schuldners.

Rendite
Unter Rendite versteht man das Verhältnis des jährlichen Gesamtertrags bezogen auf den Kapitaleinsatz. Sie drückt den Gesamterfolg (Zinsen, Dividenden, sonstige Erlöse plus Kursgewinne bzw. minus Kursverluste) eines angelegten Kapitals per anno, insbesondere von Wertpapieren, meist in Prozent des angelegten Kapitals aus.

Renditestruktur
Aus der Differenz zwischen der Rendite von Anleihen mit kurzer Laufzeit (bis zu einem Jahr/„Kurzläufer") und Anleihen mit einer langen Laufzeit (zehn Jahre und mehr/„Langläufer") ergibt sich das Renditegefälle bei Anleihen. Betrachtet man das ganze Spektrum der Laufzeiten, lassen sich die einzelnen Renditen als Kurve zeichnen: Ist die Differenz der Zinssätze zwischen Kurzläufern und Langläufern groß, spricht man von einer steilen Renditestrukturkurve. Ist der Abstand klein, bezeichnet man sie als flach. Sind die Zinsen am langen Ende niedriger als am kurzen, d. h. wenn kurzfristiges Geld teurer als langfristiges ist, hat man eine inverse Renditestrukturkurve.

Rentenmarkt
Markt für festverzinsliche Wertpapiere.

Rentenpapiere
Sammelbegriff für den Gesamtmarkt aller festverzinslichen Wertpapiere. s. Anleihen

REX
Der Deutsche Rentenindex (REX) bildet seit 1991 die Entwicklung von 30 fiktiven, synthetischen Anleihen ab. Er wird für Laufzeiten zwischen 1 und 10 Jahren zu drei verschiedenen Zinssätzen berechnet und gilt als repräsentativer Ausschnitt des deutschen Rentenmarktes. Der REX-Index dient auch als Basisobjekt für derivative Instrumente, insbesondere bei Zinsoptionsscheinen.

Schlußkurs
Der Schlußkurs ist der am Schluß der offiziellen Börsenzeit (des Präsenzhandels) für ein Wertpapier mit fortlaufender Notierung (Variabler Handel) festgestellte Kurs.

Sekundärmarkt
Bezeichnung für den Markt für im Umlauf befindliche Wertpapiere, d. h. für den Handel mit Wertpapieren unter Anlegern. Wertpapierbörsen sind die wichtigsten Sekundärmärkte.

Short-Position
Die Short-Position ist die Position, die durch den Verkauf einer Option (Short Call/Short Put) oder eines Kontraktes entsteht. Sie bezeichnet die Seite des Verkäufers (Stillhalters).

Small Caps
s. Nebenwerte

Stammaktien
Stammaktien sind der Normaltyp der Aktie und gewähren dem Aktionär die gesetzlichen und satzungsmäßigen Rechte. Das wichtigste Verwaltungsrecht, über das ein Aktionär verfügt, ist das Stimmrecht an den Beschlußfassungen der Hauptversammlung einer AG. Stimmberechtigte Aktien werden daher als Stammaktien bezeichnet.

Standardaktien
Standardaktien (Blue Chips) sind Aktien von großen, hochkapitalisierten Unternehmen, die in der Regel erstklassige Bonität vorweisen und an den Börsen in großen Stückzahlen gehandelt werden. Beispiel: die 30 DAX-Werte (siehe 6.3.2).

Stillhalter
s. Optionen

Stock-Picking
Einzeltitelauswahl bei Aktien.

Stop-Auftrag
Stop-Aufträge sind einerseits zur Sicherung von bereits erzielten Kursgewinnen oder zur Begrenzung von Verlusten gedacht (Stop-Loss Aufträge). Stop-Aufträge werden mit einem Preislimit versehen und sind jeweils bis zum Monatsende gültig. Sobald der Kurs das gesetzte Limit (Loss-Marke) während des Handels erreicht oder unterschreitet, wird der Auftrag automatisch in einen unlimitierten Auftrag umgewandelt und das Wertpapier verkauft. Andererseits kann man mit einem Stop-Buy Auftrag bei unerwarteten Kurssteigerungen dabeisein. Die Bank wandelt den Auftrag automatisch in einen unlimitierten Kaufauftrag um, sobald der Kurs der gewünschten Wertpapiere auf oder über das gesetzte Limit (die Buy-Marke) steigt.

Technische Analyse
Die technische Analyse (Chartanalyse) ist eine Technik zur Interpretation von Kursformationen der Vergangenheit (Charts). Charts sind graphische Darstellungen von Kursen und Indizes. Ziel ist es, anhand der Kurvenverläufe Kursprognosen und -potentiale abzuleiten, um so geeig-

nete Zeitpunkte für Kauf- und Verkaufdispositionen auszumachen. Die Charttechniker gehen dabei davon aus, daß Kursverläufe von Aktien bestimmte, sich wiederholende Muster bilden, die sich – einmal erkannt – zur Prognose von Kursentwicklungen eignen.

Technische Reaktion
siehe 6.3.2

Termingeld
Termingelder (Termineinlagen/Festgelder) sind Festgeldanlagen zu einem vereinbarten Zinssatz mit einer Laufzeit von 30 Tagen oder einem vielfachen hiervon, längstens jedoch 12 Monaten. Sie dienen in der Regel zur kurzfristigen Geldanlage und zum Parken von Liquidität bis zu einer anderweitigen Geldverwendung.

Terminkontrakt
s. Kontrakt

Terminmarkt
Bei Geschäften am Terminmarkt sind Abschluß und Erfüllung zeitlich voneinander getrennt. Bei Abschluß vereinbaren die Kontraktparteien einen Preis, zu dem an einem Termin in der Zukunft eine bestimmte Menge einer Ware (eines Basiswertes) geliefert, abgenommen und bezahlt werden soll. Das Ziel von Transaktionen am Terminmarkt richtet sich in der Regel nicht auf die Erfüllung des Geschäfts. In der überwiegenden Zahl der Fälle werden eingegangene Termimarktpositionen während der Laufzeit – unter Realisierung von Gewinn oder Verlust – durch eine entsprechendes Gegengeschäft glattgestellt.

Trading
Trading bezeichnet das kurzfristige und fortgesetzte Ausnutzen von Markttendenzen und Kursentwicklungen durch häufigen An- und Verkauf von Wertpapieren.

Turn-Around Wert
Turn-around Werte sind Unternehmen, die nach langer Verlustphase wieder auf dem Weg in die Gewinnzone sind. Allerdings besteht vor und während einer angestrebten Sanierung ein sehr hohes Konkursrisiko, die Aktien sind hochspekulativ. Wenn sich eine Gewinnschwelle abzuzeichnen beginnt, besteht nach einem längerem Kurstief großes Kurspotential (siehe 6.2).

Umlaufrendite
Die Umlaufrendite ist die Durchschnittsrendite von knapp 90 Einzelrenditen festverzinslicher Wertpapiere (Anleihen des Bundes und seiner Sondervermögen) mit einer Gesamtlaufzeit von bis zu 30 Jahren. Sie wird börsentäglich berechnet und gilt als Stimmungsbarometer für die Tendenz am Rentenmarkt sowie als Indikator für Kreditklima und Zinsentwicklung. Steigt die Rendite, sind die Kurse gefallen und umgekehrt.

Variabler Handel

Im Variablen Handel können eine ganze Reihe von marktbreiten Aktien- und Anleihetiteln verschiedener Marktsegmente während der gesamten Präsenzhandelszeit ge- und verkauft werden; in der Regel jedoch nur in Einheiten zu 50 oder 100 Stück für Aktien oder eine Mio. DM für Anleihen bzw. jeweils ein Vielfaches davon. Der Kursmakler vermittelt bei ihm eintreffende Aufträge fortlaufend, wobei für jedes Geschäft ein eigener Kurs festgestellt und veröffentlicht wird. Der Preis kann sich dadurch minütlich verändern. Für die variable Kursfeststellung ist eine besondere Zulassung der Wertpapiere erforderlich. Gegensatz zum Einheitsmarkt (siehe 6.3.4).

variabler Kurs

Der variable Kurs (fortlaufende Notierung) ist die Kursnotierung eines Wertpapiers, das zum Variablen Handel zugelassen ist. Für jeden zustande gekommenen Abschluß wird der jeweilige Preis (Kurs) veröffentlicht. Gegensatz zu Einheitskurs.

Verkaufoption

Mit einer Verkaufoption (Put) erwirbt der Käufer das Recht, den zugrundeliegenden Basiswert innerhalb eines bestimmten Zeitraumes zum vereinbarten Preis zu verkaufen, d. h., er geht von fallenden Kursen aus. Der Wert des Puts steigt bei fallendem Kurs des zugrundeliegenden Bezugswertes an. Der Verkäufer (Stillhalter) geht die Verpflichtung ein, auf Verlangen des Optionsinhabers für die Lieferung des Basiswertes den Basispreis zu bezahlen. Für die Einräumung des Rechts erhält er vom Käufer den Optionspreis (Optionsprämie).

Volatilität

Volatilität ist ein Maßstab für die Häufigkeit und Intensität der Preisschwankungen von Kursen sowie Indizes. Hohe Volatilität bedeutet, daß der Kurs z. B. einer Aktie starken Schwankungen unterliegt.

Vorbörse

Berufsmäßiger Handel in Wertpapieren, der sich vor Beginn der offiziellen Börsenzeit des Parkett- bzw. Präsenzhandels in der Regel über das elektronische Handelssystem XETRA (ab etwa 8.00 Uhr) vollzieht. Die Tendenz der Vorbörse kann Hinweise auf die weitere Tendenz des Börsentages geben, besonders wenn sich bestimmte Ereignisse schon vor Börsenbeginn abzeichnen.

Vorzugsaktien

Vorzugsaktien sind mit Vorrechten ausgestattete Aktien, vor allem hinsichtlich der Verteilung des Gewinns (bei der Ausschüttung zumeist höhere oder Mindestdividende) und/oder des Liquidationserlöses im Konkursfall. Sie können mit und ohne Stimmrecht emittiert werden. Vorzugsaktien ohne Stimmrecht sind der Regelfall; sie dienen der Beschaffung von Eigenmitteln, ohne daß sich die Stimmrechtsverhältnisse in der Hauptversammlung verschieben.

Wandelanleihen

Wandelanleihen sind verzinsliche Wertpapiere, die üblicherweise von Aktiengesellschaften ausgegeben werden. Sie räumen dem Anleger das Recht ein, diese zu einem bestimmten Zeitpunkt oder innerhalb eines bestimmten Zeitraumes (Wandlungsfrist) in einem vorher bestimmten Verhältnis in Aktien umzutauschen. In der Regel besteht zunächst eine Sperrfrist, in der dieser Umtausch nicht möglich ist. Die Anleihebedingungen sehen eventuell einen festen Zuzahlungsbetrag vor, der bei der Wandlung in Aktien zu zahlen ist. Mit dem Umtausch erlischt das Forderungsrecht aus der Anleihe, der Besitzer wird zum Aktionär. Wenn vom Wandlungsrecht kein Gebrauch gemacht wird, behalten Wandelanleihen den Charakter verzinslicher Wertpapiere, die am Ende der Laufzeit zum Nennbetrag zurückgezahlt werden.

Warrants

s. Optionsscheine

Wertpapierpensionsgeschäft

Eine Steuerung der Geldmarktsätze zwischen Diskont- und Lombardsatz bei hinreichend breiter Spanne zwischen diesen beiden Leitzinsen erfolgt durch die Festlegung der Konditionen von Wertpapierpensionsgeschäften. Die Bundesbank verschafft sich mit diesem Instrument eine kurzfristige und größere zinspolitische Flexibilität. Die Kreditinstitute werden auf diesem Weg neben dem Diskont- und Lombardgeschäft mit Liquidität versorgt. In diesem Fall kauft die Bundesbank von Banken und Sparkassen Wertpapiere. Geht eine Bank auf das Angebot ein, muß sie sich gleichzeitig verpflichten, diese Papiere nach einer bestimmten Zeitspanne zurückzukaufen. Der Preis für Wertpapierpensionsgeschäfte stellt nichts anderes als einen Zinssatz dar, zu dem die Bundesbank die zusätzliche Liquidität gewährt.

XETRA

Am 28. November 1997 an der Frankfurter Wertpapierbörse (FWB) neu eingeführtes vollelektronisches Handelssystem, das unabhängig vom Präsenzhandel und vom Standort von etwa 8.00 bis 17.00 Uhr den Handel großer Stückzahlen marktbreiter Wertpapiere ermöglicht. Ab 1999 soll das System nahezu alle an der FWB gelisteten Wertpapiere einbeziehen und auch den Handel in Einzelstücken erlauben.

Zeichnung

Die Zeichnung ist die mündliche oder schriftliche Verpflichtung gegenüber einer Bank, neu auszugebende, zum Verkauf angebotene Wertpapiere gegen einen bestimmten Betrag zu übernehmen.

Zeitwert

Der Zeitwert ist der Preis, den der Anleger für seine Erwartung bezahlt, daß der Kurs des Optionswertes, also z. B. einer Aktie, steigt bzw. fällt. Je länger die Restlaufzeit, um so höher ist der Zeitwert, da dem Anleger länger Zeit bleibt, darauf zu warten, daß seine Erwartung eintrifft. Der Zeitwert entspricht dem Optionspreis (Kurs des Optionsscheins) abzüglich des inneren Wertes. Besitzt der Optionsschein keinen inneren Wert, ergibt sich der Optionsscheinkurs vollständig aus dem Zeitwert des Optionsscheins. Die Höhe des Zeitwertes wird wesentlich von der Restlaufzeit des Optionsscheins sowie der Volatilität des Basiswertes bestimmt.

Zero-Bonds
s. Nullkupon-Anleihen

Zinsschein
s. Kupon

Zinstitel
Verzinsliche Titel des Kapitalmarktes (z. B. Anleihen, Obligationen, Schatzanweisungen) und des Geldmarktes (z. B. Schatzwechsel, Einlagenzertifikate).

Zyklische Werte
Zyklische Werte (Aktien) sind große und mittelgroße Unternehmen, deren Umsätze sich stark in Abhängigkeit vom Konjunkturzyklus entwickeln. Ein hoher Exportanteil mit guten Gewinnen kann allerdings eine sinkende Inlandsnachfrage in Rezessionsphasen überkompensieren und so den Kurs stützen. Die Kurse zeichnen diese Entwicklungen langfristig nach. Beispiele sind die großen Unternehmen der Automobil- und Chemieindustrie (siehe 6.2).

Literatur

Bank-Verlag: Basisinformationen über Vermögensanlagen in Wertpapieren – Grundlagen, wirtschaftliche Zusammenhänge, Möglichkeiten und Risiken. Köln 1994 (von Kreditinstituten i. d. R. kostenfrei bei Eröffnung eines Depots).

Beike, Rolf/Schlütz, Johannes: Finanznachrichten lesen – verstehen – nutzen. Stuttgart 1996. Schäffer-Poeschel Verlag.

Bestman, Uwe: Finanz- und Börsenlexikon. 3. Aufl. München 1997. 715 S. Beck-Wirschaftsberater im dtv.

Commerzbank AG: Wer gehört zu wem – Beteiligungsverhältnisse in Deutschland. 18. Aufl. 1994 (in Filialen der Commerzbank erhältlich).

Conrads, Jürgen: Geldanlage mit sozialer Verantwortung. Wiesbaden 1994. 203 S. Betriebswirtschaftlicher Verlag Gabler.

Deutsches Aktieninstitut e. V.: Alles über Aktien. Frankfurt 1996. 51 S.

Deutsches Aktieninstitut e. V.: Aktien richtig einschätzen. Frankfurt 1996. 51 S.

Deutsche Börse AG: FWB – Die Frankfurter Wertpapierbörse. 1996.

Eller, Roland: Alles über Finanzinnovationen. München 1995. Beck-Wirtschaftsberater im dtv.

Erhard, Fritz: Geldanlage in Aktien. 1991. im dtv Beck-Rechtsberater.

Gabler Banklexikon. 10. Aufl. Wiesbaden 1988. Betriebswirtschaftlicher Verlag Gabler.

Götz, Herbert/Herrling, Erich/Richter, Uli/Wolff, Rudolf: Jahrbuch für Geldanleger 1998. München 1998. 395 S. Beck-Wirtschaftsberater im dtv.

Herrling, Erich: Der Wertpapier- und Anlage-Ratgeber. 4. Aufl. München 1996. 322 S. Beck-Wirtschaftsberater im dtv.

Knapp, Reinhart: Geld flexibel anlegen 2. Aufl. München. 1997. Beck-Wirtschaftsberater im dtv.

Konrad, Rainer/Layr, Wolfgang: Geld sicher anlegen und vermehren. 1995. 160 S. Schäffer-Poeschel Verlag.

Kracht, Robert/Schwartzkopf, Christine: ABC steuergünstige Geldanlagen 1997 – Gestaltungen, Rendite, Risiko. Bonn 1996. 496 S. Stollfuß Verlag Bonn.

Lindmayer, Karl H.: Geldanlage und Steuer '98. Wiesbaden 1997. 477 S. Betriebswirtschaftlicher Verlag Gabler.

Obst, Georg/Hintner, Otto: Geld-, Bank- und Börsenwesen: 39. Aufl. Stuttgart 1993. 1330 S. Schäffer-Poeschel Verlag.

Perina, Udo: Kursbuch Geld – Anlagemöglichkeiten, Chancen und Risiken. 4. Aufl. Frankfurt 1992. 384 S. Fischer Taschenbuch.

von Roche, Peter (Hrsg.)/*Hoffmann, Johannes/Homolka, Walter*: Ethische Geldanlage – Kapital auf neuen Wegen. 1992. 143 S. Verlag für Interkulturelle Kommunikation.

Schmidt, Ludwig: EStG Einkommensteuergesetz Kommentar. 16. Aufl. München 1997. Verlag C. H. Beck.

Sieper, Hartmut: Erfolgreich spekulieren – Börsengewinne mit System und Disziplin. Wiesbaden 1995. 305 S. Verlag Gabler.

Vogl, Rasso: Aktien, Fundamentalanalyse – Portfoliomanagement. Fürth 1996. 205 S. Vogl Verlag Fürth.

Waldner, Wolfram: So gründe und führe ich eine Personengesellschaft. 3. Aufl. 1997. 222 S. Beck-Rechtsberater im dtv.

Weisensee, Ulrich: Festverzinsliche Wertpapiere. Freiburg 1997. 290 S. Haufe Verlag.

Entwurf eines Gesellschaftsvertrages

Anmerkung: Alternativen, mögliche Zusätze und weitere Gestaltungen sind kursiv gesetzt und können eventuell weggelassen werden. Erläuterungen und Hinweise sind in Klammern gesetzt.

Gesellschaftsvertrag (Investmentclub/*Gemeinschaftsdepot*) ... GbR

[Die Haftung beschränkt sich auf das gemeinsame Vermögen, siehe §§ 6 und 12.]

§ 1 Rechtsform, Dauer und Name der Gesellschaft
Die Gesellschaft ist eine Gesellschaft im Sinne des Bürgerlichen Gesetzbuches (§§ 705 ff.) und wird auf unbestimmte Dauer errichtet.

Die Gesellschaft trägt den Namen ... (Name) GbR

§ 2 Zweck der Gesellschaft
Zweck der Gesellschaft ist die langfristige, gemeinsame und wertsteigernde Geldanlage in Wertpapiere *unter Berücksichtigung bestimmter, von den GesellschafterInnen beschlossener und in den Protokollen der Gesellschafterversammlungen festgehaltener Grundsätze und Kriterien...*

unter Einhaltung folgender Grundsätze/Kriterien:... (Portfoliostrukturierung/Anlageklassen mit Anteilen am Portfolio bzw. Höchst- oder Mindestgrenzen / ethische, ökologische Kriterien/andere)

Den GesellschafterInnen soll zudem die Möglichkeit gegeben werden, sich durch aktive Teilnahme bei der Bestimmung der Anlagepolitik weiterzubilden.

Die Gesellschaft übt keine gewerbliche Tätigkeit aus. Die Gesellschaft darf keine Geschäfte tätigen, die nicht in direktem Zusammenhang mit der Förderung des Gesellschaftszweckes und im Einklang mit den Bedingungen dieses Vertrages stehen.

§ 3 Sitz der Gesellschaft
Sitz der Gesellschaft ist *bis auf weiteres* ... (Ort)

§ 4 Geschäftsjahr
Das Geschäftsjahr ist das Kalenderjahr.

§ 5 GesellschafterInnen
a. GesellschafterIn kann nur eine natürliche Person sein.

b. Die Zahl der GesellschafterInnen wird auf... (max 30) Personen beschränkt.

c. Neben den GründungsgesellschafterInnen kann nur derjenige/diejenige GesellschafterIn werden, der/die den Gesellschaftsvertrag anerkennt und den darin enthaltenen Regelungen durch seine/ihre Unterschrift zustimmt. *GesellschafterIn wird erst, wer die in § 8a festgelegte regelmäßige Mindesteinzahlung per Dauerauftrag erstmalig auf das laufende Konto der Gesellschaft überwiesen hat und der Geschäftsführung eine lesbare Kopie des gültigen Ausweises (Vor- und Rückseite des Personalausweises bzw. Reisepasses) hat zugehen lassen.* Voraussetzung für eine Aufnahme ist die *auf einer Gesellschafterversammlung eingeholte ... schriftliche* Zustimmung aller *der Mehrheit* der GesellschafterInnen.

d. Neu eintretende GesellschafterInnen nehmen ab Beginn des auf seinen/ihren Beitritt folgenden Monats *folgenden Quartals* mit ihren Einzahlungen am Gewinn und Verlust der Gesellschaft teil (Erläuterung siehe § 9).

e. *Falls ein/eine GesellschafterIn den Vertragsinhalt nicht mehr anerkennt, hat dies den Ausschluß aus der Gesellschaft zur Folge.*

§ 6 Gemeinsames Vermögen

a. Kontenguthaben und Depotvermögen stehen den GesellschafterInnen nicht zur gesamten Hand, sondern nach Bruchteilen zu. § 427 BGB findet keine Anwendung.

b. *Die Haftung der GesellschafterInnen beschränkt sich auf das gemeinsame Vermögen. (s. §§ 10a und 12)*

§ 7 Konto und Depot

a. Die Gesellschaft unterhält ein laufendes Konto und ein Wertpapierdepot auf den Namen... GbR bei der... (konto- und depotführendes Institut). *Alle GesellschafterInnen sind Konto- und DepotmitinhaberInnen.*

b. Der Umfang der Vertretungsmacht der Geschäftsführung bestimmt sich nach § 17 dieses Vertrages.

§ 8 Einzahlungen

a. Jeder/jede GesellschafterIn verpflichtet sich, monatlich *bis zum... (Tagesdatum) eines jeden Monats...* einen Betrag *Mindestbetrag* von DM... (Betrag) *oder ein mehrfaches hiervon per Dauerauftrag* auf das laufende Konto der Gesellschaft einzuzahlen.

Jeder/jede GesellschafterIn verpflichtet sich, einen (Einmal-) Betrag von DM ... (Betrag) oder ein mehrfaches hiervon auf das laufende Konto der Gesellschaft spätestens einen Monat nach seinem Beitritt einzuzahlen.

b. *Jeder/jede GesellschafterIn kann zudem/sowohl einmalige Einzahlungen/in Höhe von DM ... oder ein mehrfaches hiervon zu Beginn jeden Jahres/gleich zu welchem Zeitpunkt auf das Konto der Gesellschaft leisten/als auch seine regelmäßigen monatlichen Einzahlungen zu Beginn jeden Jahres/jederzeit um ein mehrfaches erhöhen.*

c. Die Verpflichtung zur Beitragszahlung nach § 8a kann aus wichtigem Grund vorübergehend durch die Geschäftsführung ausgesetzt werden. *Bedingung dafür ist, daß der/die GesellschafterIn zuvor etwaige Dauer und Grund für die Beitragsaussetzung der Geschäftsführung schriftlich mitteilt.* Die ausgefallenen Beiträge können/*müssen* nachentrichtet werden. Die Nachentrichtung ist in einer Summe oder in durch den Mindestbeitrag teilbaren Raten möglich. Die Geschäftsführung ist verpflichtet, in der nächstfolgenden Gesellschafterversammlung über die ausgefallenen Beiträge zu berichten.

§ 9 Beteiligung am gemeinsamen Vermögen

a. Die Bewertung des Gemeinsamen Vermögens erfolgt monatlich *quartalsweise* zum letzten Börsenhandelstag eines jeden Kalendermonats *eines jeden Quartals* mit den zuletzt festgestellten Kassakursen/Kursen und Preisfeststellungen/*anhand der Konto- und Depotauszüge.*

b. Mit der Bewertung des gemeinsamen Vermögens erfolgt zugleich die Anteilswertfeststellung sowie eine Berechnung der Anteile *und die Wertberechnung der Gesellschafteranteile* eines/r jeden Gesellschafters/In. Der Anteilswert errechnet sich aus dem jeweiligen gemeinsamen Vermögen abzgl. der Einzahlungen des laufenden Monats *des laufenden Quartals* dividiert durch die Anzahl der vorhandenen Anteile.

c. Die Einzahlungen des laufenden Monats *laufenden Quartals* werden entsprechend dem jeweiligen zum Monatsende *zum Quartalsende* festgestellten Anteilswertes in Anteile umgewandelt, die kontenmäßig gutgeschrieben werden und auch den Bruchteil eines Anteils ausmachen können. Diese werden dann zu den vorhandenen Anteilen addiert, bzw. bei Neuaufnahme als erste/r Anteil/e bzw. Bruchteilsanteile gutgeschrieben.

d. *Stellt ein/e GesellschafterIn bei Kündigung seine/ihre monatlichen Zahlungen ein, so fällt er/sie aus der monatlichen/drei-*

monatigen Bewertung heraus. Laufen die Einzahlungen bis zum Kündigungstermin weiter, fällt er/sie erst bei Einstellung der Einzahlungen, spätestens zum Datum des Ausscheidens (§ 19a) aus der Bewertung heraus.

e. *Nimmt ein/e GesellschafterIn nach einer ermöglichten Beitragsaussetzung seine/ihre Zahlungen wieder auf und zahlt ausgefallene Pflichtbeiträge nach, so werden diese Einzahlungen erst zur jeweils nächstfolgenden Anteilswertfeststellung nach Zahlungseingang in Anteile umgewandelt und in die monatliche/dreimonatige Bewertung mit einbezogen.*

f. Die Vermögenswertfeststellung zum Jahresabschluß, mit Berechnung des jeweiligen Anteilswertes sowie der Anzahl der Anteile eines Gesellschafters und seiner/ihrer prozentualen Beteiligung am gemeinsamen Vermögen, wird von der Geschäftsführung jedem/jeder GesellschafterIn nach Ende des Geschäftsjahres ausgehändigt bzw. zugeschickt. *Darüber hinaus werden Bewertungen und Anteilswerte den GesellschafterInnen nur auf Anfrage und eigene Kosten zugesandt.*

§ 10 Verwendung der Einzahlungen und der Erträge

a. Die Einzahlungen dürfen nur zur Anlage in an einer deutschen Börse notierten *an folgenden Börsen notierten... (Börsenplätze)* deutschen *und/oder ausländischen* Wertpapieren (Effekten), *Fest-, Tages- und Spargeldern, zur Depotabsicherung* und zur Deckung der Verwaltungskosten verwandt werden. Die Erträge aus Wertpapieren werden, *falls die Gesellschafterversammlung nichts anderes beschließt,* wiederangelegt.

b. Bei der Bestimmung der Wertpapieranlage kann ein Anlageausschuß nach Maßgabe von § 18 mitwirken.

c. *Das aus Einzahlungen und Wertpapiererträgen erwachsende, jedoch aus Dispositionsgründen noch nicht angelegte Barvermögen soll nicht mehr als ein Drittel des gemeinsamen Vermögens betragen. Ein Mindestbankguthaben ist nicht vorgesehen, die voraussichtlichen Verwaltungskosten eines Jahres sollten jedoch jederzeit durch eine Barreserve gedeckt sein. Ein Mindestguthaben in Höhe von... DM/Prozent des gemeinsamen Vermögens wird als Liquidität gehalten.*

d. Auszahlungen erfolgen stets bargeldlos im Laufe des auf einen Kündigungstermin folgenden Monats.

§ 11 Verwaltungskosten

Außergewöhnliche Kosten (Verwaltungskosten und Aufwand) der Gesellschaft werden aus dem gemeinsamen Vermögen gedeckt. *Ver-*

waltungskosten werden grundsätzlich nur gegen Belege abgerechnet und erstattet. Außergewöhnliche Kosten sind auch Informations- und Kommunikationskosten der Geschäftsführung, die bis auf weiteres mit einer auf den Gesellschafterversammlungen festzulegenden Pauschale je Kalenderjahr angesetzt werden können. Über die Höhe der angefallenen Verwaltungskosten eines Jahres werden die GesellschafterInnen auf der ersten Gesellschafterversammlung eines jeden Jahres durch die Geschäftsführung informiert.

Die Verwaltungskosten werden nach der entstandenen Höhe jedes Jahr anteilig auf die Gesellschafter umgelegt und entweder auf das gemeinsame Konto oder in eine Barkasse eingezahlt. Während des Jahres werden die Kosten dem gemeinsamen Vermögen entnommen und bis zur Einzahlung der Umlage vom Vermögen abgegrenzt.

§ 12 Kredite und risikoreiche Anlagen

a. Die Anschaffung von Wertpapieren auf Kredit ist ausgeschlossen. Eine debitorische Führung, d. h. eine Überziehung des Kontos, ist nicht statthaft. Aufträge müssen in Stück und Preis auf das liquide Vermögen limitiert sein.

b. Der Kauf von mit sehr hohem Risiko verbundenen, spekulativen Finanzinstrumenten ist ausgeschlossen. Insbesondere ist der Abschluß von Warentermingeschäften und Finanzterminkontrakten (financial futures) untersagt.

§ 13 Gewinn und Verlust

(Kurs-)Gewinne und Erträge verbleiben grundsätzlich im Gemeinsamen Vermögen und werden wiederangelegt. *Die auf den/die einzelnen/einzelne GesellschafterIn entsprechend seinem/ihrem Kapitalanteil entfallenden Erträge eines Kalenderjahres können durch Beschluß der Gesellschafterversammlung ausgeschüttet werden. Die Versammlung kann auch beschließen, die Erträge eines Kalenderjahres einer anderen Verwendung zuzuführen. Kursgewinne werden dagegen nicht ausgeschüttet und dienen der Entwicklung des gemeinsamen Vermögens.*

§ 14 Gesellschafterversammlung

a. Die Gesellschafterversammlung ist oberstes Organ der Gesellschaft. Sie faßt sämtliche Beschlüsse, soweit der Gesellschaftsvertrag nichts anderes vorsieht.

b. Die Gesellschafterversammlung soll *halbjährlich*, sie muß mindestens einmal jährlich stattfinden. Die erste Gesellschafterversammlung im Kalenderjahr ist *bis zum 1. April/...* eines jeden

Jahres abzuhalten. Die Einladung zu dieser Gesellschafterversammlung hat schriftlich mit einer Frist von zwei *vier Wochen/*
... zu erfolgen *und ist mit einer Tagesordnung zu versehen.*

c. Unterjährige, *halbjährliche* Gesellschafterversammlungen können im übrigen formlos mit einer Frist von *zwei Wochen /...* einberufen werden.... *Sollen Beschlüsse gemäß § 15a, g, i und j gefaßt werden, so hat dies schriftlich mit Ankündigung der Tagesordnung zu geschehen.*

d. Die Geschäftsführung hat eine außerordentliche Gesellschafterversammlung mit gleicher Frist einzuberufen, wenn mindestens
die Hälfte *ein Drittel/...* der GesellschafterInnen schriftlich die
Geschäftsführung hierzu auffordert. Die Einladung hat schriftlich
mit Ankündigung der Besprechungspunkte zu erfolgen.

e. Die Gesellschafterversammlung wird durch den Geschäftsführer,
bei dessen Verhinderung durch seinen Stellvertreter, einberufen
und geleitet. Über dessen Verlauf, dem Ergebnis der Diskussionen
und der Abstimmungen ist ein Protokoll zu führen, in dem zumindest die teilnehmenden GesellschafterInnen, sämtliche Beschlüsse sowie die Ergebnisse der Wahlen schriftlich festgehalten
werden müssen. Die Geschäftsführung trägt dafür Sorge, daß dies
geschieht.

§ 15 Aufgaben der Gesellschafterversammlung

Die Gesellschafterversammlung berät und beschließt über alle die
Gesellschaft betreffenden Angelegenheiten, wie:

a. die Änderung des Gesellschaftsvertrages,

b. die Anlagegrundsätze,

c. die Neuaufnahme von Gesellschaftern (§ 5c),

d. die Ausschüttung bzw. Verwendung der Erträge (§ 13),

e. die Deckung der Verwaltungskosten (§ 11),

f. die Wahl und Entlastung des Geschäftsführers, seines Stellvertreters und des Kassenprüfers,

g. die Abberufung des Geschäftsführers, seines Stellvertreters sowie
des Kassenprüfers aus wichtigem Grund,

h. die Wahl der Mitglieder des Anlageausschusses (§ 18),

i. den Ausschluß von Gesellschaftern aus wichtigem Grund,

j. die Auflösung der Gesellschaft.

§ 16   Stimmrecht, Beschlußfähigkeit und Mehrheit

a. In der Gesellschafterversammlung hat jede/r GesellschafterIn unabhängig von seiner/ihrer Beteiligung am gemeinsamen Vermögen eine Stimme. Die Versammlung ist beschlußfähig, wenn mindestens die Hälfte *zwei Drittel/...* der GesellschafterInnen anwesend ist.

b. Die Beschlüsse der Gesellschafterversammlung werden, soweit in diesem Vertrag nichts anderes bestimmt ist, mit einfacher Stimmenmehrheit der anwesenden GesellschafterInnen gefaßt.

c. Beschlüsse gemäß § 15a, f, g, i und j/*§ 15g, i und j* erfordern eine Dreiviertel-Mehrheit/... der anwesenden Stimmen.

d. Bei der Beschlußfassung gemäß § 15g nimmt die abzuberufende Person an der Abstimmung nicht teil.

e. Bei der Beschlußfassung gemäß § 15i nimmt die auszuschließende Person an der Abstimmung nicht teil.

f. Ist die Gesellschafterversammlung nicht ordnungsgemäß einberufen, so können Beschlüsse nur gefaßt werden, wenn mindestens dreiviertel der Gesellschafter anwesend sind.

g. Ist die Gesellschafterversammlung trotz ordnungsgemäßer Einladung beschlußunfähig, so muß innerhalb eines Monats eine neue Versammlung abgehalten werden. Für die auf dieser Versammlung gefaßten Beschlüsse sind nur die anwesenden Stimmen zu berücksichtigen.

h. Jeder/jede GesellschafterIn, der/die am persönlichen Erscheinen verhindert ist, kann einen/eine andere/n GesellschafterIn schriftlich bevollmächtigen, sein/ihr Stimmrecht auszuüben. Er/sie gilt in diesem Falle als anwesend im Sinne der Beschlußfähigkeit.

§ 17   Geschäftsführung

In der ersten Gesellschafterversammlung eines jeden Kalenderjahres wählen die GesellschafterInnen einen Geschäftsführer, dessen Stellvertreter und einen Kassenprüfer für die Dauer eines Geschäftsjahres. Die Wiederwahl ist zulässig. Die Geschäftsführung ist ehrenamtlich tätig.

Die Geschäftsführung ist ermächtigt, im Rahmen dieses Vertrages alle Rechtsgeschäfte gegenüber Dritten für die Gesellschaft vorzunehmen. Hierzu gehört auch die Eröffnung und Schließung von Konten auf den Namen der Gesellschaft, soweit dies für die Gesellschaft notwendig *oder von Vorteil* ist. *Der Geschäftsführer vertritt grundsätzlich gemeinschaftlich mit seinem Stellvertreter oder dem Schatzmeister die Gesellschaft, soweit im folgenden nichts besonderes geregelt ist.*

Die Aufgaben der Geschäftsführung sind vornehmlich folgende:

a. Der Geschäftsführer wickelt selbsttätig *in enger Abstimmung mit seinem Stellvertreter oder dem Schatzmeister und ggf. nach vorheriger Abstimmung mit dem Anlageausschuß (§ 18)* den An- und Verkauf von Wertpapieren sowie die Umschichtung des gemeinsamen Vermögens für die Gesellschafter ab. Der Geschäftsführer hat bei den Kauf- und Verkaufaufträgen die Bestimmungen dieses Gesellschaftsvertrages und die von den Gesellschafterversammlungen gefaßten und in den Protokollen festgehaltenen Beschlüsse und Anlagegrundsätze zu beachten.

b. Sollte der Geschäftsführer verhindert sein, vertritt sein Stellvertreter *in enger Abstimmung mit dem Schatzmeister* ihn in diesen Aufgaben. Für ihn gelten die Bestimmungen des § 17a gleichermaßen.

c. Die Geschäftsführung führt die monatlichen Bewertungen des Gemeinsamen Vermögens durch, überwacht den Eingang der Einzahlungen und rechnet diese in Gesellschaftsanteile um.

d. Der Geschäftsführer bzw. sein Stellvertreter beruft die Gesellschafterversammlungen ein und leitet sie. Die Geschäftsführung trägt dafür Sorge, daß in der Gesellschafterversammlung ein Protokoll geführt wird, in welchem zumindest sämtliche Beschlüsse und die Ergebnisse der Wahlen schriftlich festzuhalten sind.

e. Nach Abschluß des Geschäftsjahres erstattet die Geschäftsführung auf der nächsten Gesellschafterversammlung Bericht über ihre Tätigkeit im abgelaufenen Geschäftsjahr und händigt den GesellschafterInnen die Wertfeststellungen wie in § 9f beschrieben aus. *Darüber hinaus erstattet sie halbjährlich Bericht.*

f. Nach Abschluß eines jeden Geschäftsjahres legt die Geschäftsführung eine Aufstellung über die vereinnahmten Körperschaftsteuer-Gutschriften und einbehaltenen Kapitalertragsteuern vor. Die Beteiligungsquote der einzelnen GesellschafterInnen ist zudem anzugeben. Die Geschäftsführung wird die jeweilige Jahressteuererklärung (einheitliche und gesonderte Feststellung der Einkünfte) für den Investmentclub bei dem für den Sitz der Gesellschaft zuständigen Finanzamt einreichen.

g. Zum Jahresende erhält jede/jeder GesellschafterIn einen Nachweis über den ihr/ihm zustehenden Anteil an Körperschaftsteuer-Gutschriften sowie über den auf sie/ihn erntfallenden Anteil der einbehaltenen Kapitalertragsteuer.

h. Im Falle des Austritts eines/r Gesellschafters/In wird die Geschäftsführung den Wert des anteiligen Guthabens zum nächsten

Bewertungsstichtag abgrenzen, falls ab diesem Zeitpunkt keine Einzahlungen mehr erfolgen (siehe § 9d).

i. Im Falle des Todes eines/r Gesellschafters/In wird die Geschäftsführung den Wert des anteiligen Guthabens zum nächsten Bewertungsstichtag abgrenzen.

Die Geschäftsführung ist verpflichtet, der Geschäftsbeziehung mit dem konto- und depotführenden Institut diesen Gesellschaftsvertrag zugrunde zu legen.

Die Geschäftsführung handelt nach bestem Wissen und Gewissen. Die Haftung beschränkt sich auf Vorsatz und grobe Fahrlässigkeit. Die Geschäftsführung ist nicht bevollmächtigt oder berechtigt, die GesellschafterInnen über die Höhe des gemeinsamen Vermögens hinaus zu verpflichten.

§ 18 Anlageausschuß

Für die Dauer eines Geschäftsjahres kann ein Anlageausschuß gewählt werden, dem *neben der Geschäftsführung* mindestens zwei/. . . *weitere* GesellschafterInnen angehören sollen. Die Mitglieder des Anlageausschusses sind ehrenamtlich tätig. Die Wiederwahl ist zulässig.

Aufgabe des Anlageausschusses ist es, zusammen mit der Geschäftsführung gemäß den Bestimmungen dieses Vertrages und den von den GesellschafterInnen festgelegten Grundsätzen Anlageentscheidungen zu treffen und Umschichtungen des Gemeinsamen Vermögens vorzubereiten sowie Vorschläge zur Weiterentwicklung der Anlagegrundsätze und -politik zu machen.

§ 19 Ausscheiden aus der Gesellschaft

a. Ein Ausscheiden aus der Gesellschaft und damit eine Kündigung der Gesellschaftsanteile kann nur zum Jahresende/unter Wahrung einer vierwöchigen *einer zweimonatigen Kündigungsfrist* oder durch Ausschluß gemäß § 15i erfolgen.

b. Darüber hinaus endet die Mitgliedschaft mit dem Tod.

c. Die Auszahlung des Guthabens wird unverzüglich (§ 10d) nach der auf einen Kündigungstermin oder Ausschluß folgenden Wertfeststellung vorgenommen. Kann das Guthaben nur durch Veräußerung von Wertpapieren ausgezahlt werden, so mindert sich der Anspruch um die Veräußerungskosten. Im Todesfall erfolgt die Auszahlung grundsätzlich an den oder die Erben, die sich zu legitimieren haben.

§ 20 Fortbestehen der Gesellschaft

Im Falle der Kündigung eines/r Gesellschafters/In wird die Gesellschaft unter den übrigen GesellschafterInnen fortgesetzt. Das gleiche gilt im Falle des Todes eines/r Gesellschafters/In, der Pfändung des Gesellschaftsanteiles eines/r Gesellschafters/in oder der Eröffnung des Konkurses über das Vermögen eines/r Gesellschafters/In.

§ 21 Liquidation der Gesellschaft

Im Falle der Auflösung der Gesellschaft führt der Geschäftsführer oder sein Stellvertreter als Liquidator die Auseinandersetzung durch, es sei denn, die Gesellschafterversammlung bestimmt mit Zweidrittel-Mehrheit *Dreiviertel-Mehrheit* der Stimmen einen anderen Gesellschafter als Liquidator.

Die Liquidation ist unverzüglich *unter Berücksichtigung von Markt- und Börsensituation innerhalb von zwei Monaten* durch Veräußerung aller Wertpapiere bzw. Vermögensgegenstände durchzuführen. Der auf den/die jeweilige/n GesellschafterIn gemäß seiner/ihrer Beteiligung entfallende Anteil am gemeinsamen Vermögen ist unverzüglich (§ 10d) auszuzahlen.

§ 22 Abänderungen und Ergänzungen

Abänderungen und Ergänzungen dieses Vertrages bedürfen zu ihrer Wirksamkeit der Schriftform.

§ 23 Ergänzende Vorschriften

Im übrigen gelten die Vorschriften des Bürgerlichen Gesetzbuches über die Gesellschaft des bürgerlichen Rechts (§§ 705 ff. BGB).

Sollten einzelne Bestimmungen oder Teile von Bestimmungen dieses Vertrages unwirksam sein oder werden, wird dadurch die Gültigkeit des Vertrages im übrigen nicht berührt. Die unwirksamen Bestimmungen werden im Wege der ergänzenden Vertragsauslegung durch solche wirksame ersetzt, die den ursprünglich gewollten so nahe kommen, wie rechtlich möglich. Sinngemäß dasselbe gilt für ergänzungsbedürftige Lücken im Vertrag.

(Ort/Datum)

Unterschriftenliste, Namen, Adressen und Telefonnummern der Gründungsgesellschafter

Tabellen

Bezeichnung	WKN	Kauf-datum	Stück / Anzahl	Börse	Kurs Kauf	Betrag	Gebühr	Spekul.-frist	Kurziel	Limite	Stop Loss	Laufzeit / Verfall	Koupon / Hebel	Zusatz-Verfall	Bemerk.	Verkauf-datum	Stück / Anzahl	Kurs Verkauf	Betrag	Gebühr	Bestand aktuell	Gewinn / Verlust	Prozent netto
Wertpapier A																							
Wertpapier B																							
Wertpapier C																							
Wertpapier D																							
....						Geb. Kauf (Summe)											Geb. Verk. (Summe)					Geb. gesamt	
Konto 1																							
Konto 2																							
(Abgrenzung Verw.-Kosten)																							
Gesellschaftsvermögen																							
Einzahlungen insgesamt																							
Einzahlungen monatlich																							
Anteilswerte																							
Performance																							
Monatsrendite einzel																							
Monatsrendite kumuliert																							

Bezeichnung	Übertrag Kurs 31.12.	Kurs 31.01.	Kurs 28.02.	Kurs 31.03.	Kurs 30.04.	Kurs 31.05.	Kurs 30.06.	Kurs 31.07.	Kurs 31.08.	Kurs 30.09.	Kurs 31.10.	Kurs 10.11.	Kurs 31.12.
Wertpapier A													
Wertpapier B													
Wertpapier C													
Wertpapier D													
....													
Konto 1													
Konto 2													
(Abgrenzung Verw.-Kosten)													

Bezeichnung	Übertrag Wert 31.12.	Wert 31.01.	Wert 28.02.	Wert 31.03.	Wert 30.04.	Wert 31.05.	Wert 30.06.
Wertpapier A							
Wertpapier B							
Wertpapier C							
Wertpapier D							
Konto 1							
Konto 2							
(Verw.-Kosten)							
	(Summe) 0,00	(Summe) 0,00	(Summe) 0,00	(Summe) 0,00	(Summe) 0,00	(Summe) 0,00	(Summe) 0,00
Gesellschaftsvermögen	100,00	0,00	0,00	0,00	0,00	0,00	0,00
Einzahlungen insgesamt							
Einzahlungen monatlich							
Anteilswerte		0,00	0,00	0,00	0,00	0,00	0,00
Performance							
Monatsrendite einzel		0,00	0,00	0,00	0,00	0,00	0,00
Monatsrendite kumuliert		0,00	0,00	0,00	0,00	0,00	0,00

Depotverwaltung

laufende Einzahlungen

Mitglied	Übertrag		Jan	Feb	...	Nov	Dez	Jahresende	
Name	bisherige Einzahl.	Anzahl Anteile						lfd. Jahr Einzahl.	gesamte Einzahl.
Mitglied A								0,00	0,00
Mitglied B								0,00	0,00
Mitglied C								0,00	0,00
....								0,00	0,00
....								0,00	0,00
....								0,00	0,00
....								0,00	0,00
....								0,00	0,00
Einzahlungen	0,00	0,00	0,00	0,00		0,00	0,00	0,00	
Anteilswerte		100,00							

Anzahl der Anteile

Mitglied	Übertrag	31.01.	28.02.	...	30.11.	31.12.	Jahresende
Name	Anzahl Anteile						Anzahl der Anteile
Mitglied A							
Mitglied B							
Mitglied C							
....							
Summe der **Anteile**	0,00	0,00	0,00		0,00	0,00	0,00

Berechnung des Anteilswertes

Berechnung	31.01.	28.02.	...	30.11.	31.12.
Vermögen	0,00	0,00		0,00	0,00
Einzahlung	0,00	0,00		0,00	0,00
Betrag	0,00	0,00		0,00	0,00
Anteile	0,00	0,00		0,00	0,00
Anteilswert	0,00	0,00		0,00	0,00

Wert der Anteile

Mitglied	Übertrag	31.01.	28.02.	...	30.11.	31.12.	Jahresende
Name	Wert der Anteile						Wert der Anteile
Mitglied A							
Mitglied B							
Mitglied C							
....							
Vermögen	0,00	0,00	0,00		0,00	0,00	0,00

Wertberechnung

Buchanzeigen

WIRTSCHAFT UND

FINANZEN im **dtv**

Herrling/Federspiel
Wege zum Wohneigentum
(dtv-Band 5834)

Dichtl/Eggers (Hrsg.)
**Marke und Markenartikel als
Instrumente des Wettbewerbs**
(dtv-Band 5835)

Herrling/Mathes
Der Buchführungs-Ratgeber
(dtv-Band 5836)

Weber
Kosten- und Finanzplanung
(dtv-Band 5838)

Thomas
Praxis der Betriebsorganisation
(dtv-Band 5839)

Richter/von Schirach
Die richtige Unternehmensform
(dtv-Band 5840)

Schwan/Seipel · **Personalmarke-
ting für Mittel- und Kleinbetriebe**
(dtv-Band 5841)

Haug · **Erfolgreich im Team**
(dtv-Band 5842)

Eller · **So gestalte ich
meine Altersversorgung**
(dtv-Band 5843)

Weisbach · **Professionelle
Gesprächsführung**
(dtv-Band 5845)

Kastin
**Marktforschung mit
einfachen Mitteln**
(dtv-Band 5846)

Gramlich
Geldanlage in Fremdwährungen
(dtv-Band 5847)

Lobscheid
Mitarbeiter einvernehmlich führen
(dtv-Band 5848)

Kuntz · **Die private Rente**
(dtv-Band 5849)

Knapp
Geld flexibel anlegen
(dtv-Band 5850)

Then/Denkhaus · **Zeitarbeit**
(dtv-Band 5851)

Hammer
**Soll ich mich selbständig
machen?**
(dtv-Band 5853)

Wolff
Deutsche Aktiengesellschaft 1998
(dtv-Band 5854)

Schmitt
Streß erkennen und bewältigen
(dtv-Band 5855)

Sinn/Sinn · **Kaltstart**
(dtv-Band 5856)

Witt/Witt · **Controlling für
Mittel- und Kleinbetriebe**
(dtv-Band 5858)

Deuker
Kostenrechnung für Praktiker
(dtv-Band 5860)

Kleine-Doepke
Management-Basiswissen
(dtv-Band 5861)

Hauptmann
Die gesetzlichen Renten
(dtv-Band 5864)

Diwald
Zinsfutures und Zinsoptionen
(dtv-Band 5866)

Wirtschaft und Finanzen im **dtv**

hiermit bestelle ich das *Excel*-Modul für Verwaltung und Wertberechnung eines Investmentclubs zum Preis von DM 38,– zzgl. USt und DM 5,– Verpackungs- und Portokosten.

(Voraussetzung für die Nutzung des Moduls ist eine installierte *Microsoft-Excel* Tabellen-kalkulation ab Version 5.0)

Adresse:

_____

_____

_____

Telefon:

_____

oder **per Email:** Martin.Aehling@t-online.de /oder **per Fax:** 02 28/21 11 33

Martin Aehling

Kurfürstenstr. 33

53115 Bonn

bitte
freimachen

Bestellkarte

Excel-Modul
Depotverwaltung und Wertberechnung

Das *Excel*-Modul Depotverwaltung und Wertberechnung ist für Investmentclubs mit bis zu 50 Mitgliedern ausgelegt und umfaßt neben einer übersichtlichen Benutzerführung mit Dateneingabemasken verschiedene Auswertungsroutinen, Übersichts-, Druck- und Archivierungsfunktionen sowie sämtliche notwendige mitgliederbezogene Zuordnungen von Anteilen und Erträgen.

Das Modul ist als .xls-Datei auf Diskette abgespeichert. Ebenfalls auf der Diskette befindet sich der im Buch abgedruckte Vertragsentwurf.

Für ein problemloses Arbeiten mit dem Modul sollte die Rechnerleistung mindestens 8 MB betragen.